A・ウェーバー
ALFRED WEBER
「歴史よ、さらば」

戦後ドイツ再生と復興における
ヨーロッパ史観との訣別

アルフレッド・ウェーバー 著
中道寿一 監訳

福村出版

FAREWELL TO EUROPEAN HISTORY or The Conquest of Nihilism
by ALFRED WEBER
Translated from the German by R. F. C. HULL

First Published in England 1947
KEGAN PAUL, TRENCH, TRUBNER & CO., LTD.

緒 言

　この素描(スケッチ)は，戦争の最後の局面の時期，すなわち，戦争が，その後の歴史の進路に根本的な影響を与える出来事へと展開しつつあることが明らかになった時期に書かれたものである。だから，この大きな変動がその輪郭と内容において正確に考察されているかどうかは分からないが，しかし，少なくとも，この大きな変動の本質とその精神的内容をある程度把握することができていると思う。わが国の運命に関して，ヨーロッパの運命に関して，私たちドイツ人はまだ最終的なことについて何も知らない。
　ドイツおよびヨーロッパの運命をその手中に握っている人々は，有罪の者を追い詰めるばかりではなく，彼らはまた，彼らの行わなければならない再建の諸課題を私たちに押しつけていることはさておいて，処罰されていないものを除名したり，また，処罰されていないものを無期限に軍事的ないし政治的に投獄することのない，生き生きとした歴史的視点を身につけた人々が存在しているということを，覚えているだろう。処罰されていないものを除名してはいけない。なぜなら，もしそういうことを行えば，今日のあらゆる生活及び経済の相互依存性から考えて，結局，その害は自分自身に戻ってくるだけだからである。処罰されていないものを投獄してはならない。なぜなら，長い目でみれば，いかなる人間も，現に有機的に生きているものが，できるだけ早い機会に，有機体として自らを再構成しようとするのを阻止するなどできない相談だからである。彼らは，今日ではないにしても明日には，秩序を樹立し平和をもたらすであろう。したがって，このことは，すべての人にとって，内面的満足を意味している。たとえそれが困難な平和であったとしても，それはまだ，あらゆる

国民に対して，もちろん，最も激しく苦難に耐え抜いた国民に対しても——ドイツは今日最も激しく苦難を耐え抜いた国民の一つである——未来を残すであろう。

　本書は断じてわが国民をないがしろにするものではないが，もし私がいつか本書を書いたことを後悔するようなことがあるとすれば，それは恐ろしいことであろう。それが恐ろしいのは，私にとってだけではない。それは，真の世界回復を達成しようというあらゆる試みが無意味になるということを意味しているから，恐ろしいのである。

　今日，世界の運命はごく少数の者の手中にある。世界の運命を握る者が歴史上かつてこれほど少なかったことはない。世界の運命を握る者は，そうした巨大な課題を果たすことができるであろうか。

　他方，ドイツ人は，その大多数の者に豊かな才能が与えられていながら，しかし今日ではそれとはまったく逆の状況にある。この秩序を愛する——そのことについて争う者はいないであろう——しかも勇敢な国民は，彼らに起こったことを真に理解することができるであろうか。「理解すること」とは，単に表面的に理解することではない。この観点からは，目の見えない人々でさえ，ひとたび彼らが，これまでほとんど彼らに知らされてこなかった，あるいは，彼らに歪曲されてしか示されてこなかった真実を知るようになれば，諸事象の恐るべき相互関係を把握することができるであろう。しかし，それは精神的存在として理解したことにならない！彼らは，外からの圧力や外からの支配の下，その悲惨さや苦難を甘受できるであろうか。甘受できるに足る精神的能力を持っているであろうか。彼らは，自己に沈潜し，自らの人間的深みを再発見し，自由を求める活力が湧き出るような新しい基盤を見出す力を持っているであろうか。彼らは，悲嘆にくれて，受けなければならない運命の厳格な実行者に対して，激しく反発したり，あるいはもっと悪い場合には，そうした実行者を憎みはしないであろうか——彼らが自らに招いた恐るべき大災難を歪曲したりあるいは忘却したりしないであろうか。彼らは，勝ち誇ったように歴史によって偉大な国民に課される最も過酷な試練に対して耐えられるであろうか。それは，彼らの影に対する勝利ではないのか。彼らは，自らと格闘しながら，新しい光の中で自らの内面の豊かさを新たに発見することができるであろうか。そ

うすることができたとき，彼らは再び，この地上のあらゆる国民の仲間入りをすることができるであろう。

アルフレッド・ウェーバー
1945 年 2 月

補　注

　ヨーロッパで戦争が終わった後，もう一度このテキストを読み直してみたけれども，その間に起こったあらゆることにもかかわらず，テキストの内容全体としては言うまでもなく，その中のあらゆる事柄を変更する理由を見出さなかった。ドイツ的なあらゆるものに対して浴びせられた，そして，事件の後，当分の間は減ずることもないであろう憎悪の波を，私たちは自ら受け止めなければならない。本書の最終章からさらに考察しなければならないことは，まさに今現れている，あるいは，まさに今頂点に達しようとしているこの憎悪について，また，その後の私たち全体としての責任について，どのように考えるべきかということである。こうした出来事の途方もない大きさについて人々は当時理解していなかったけれども，このことは今も依然として変わっていない。

　読者諸氏におかれては，最終章が戦後の新しい事実を前提にして書かれたものであることに留意してもらいたい。私がここで暗示した深淵の深さは今やまったく明白である。だが，もっと明白でなければならないと私が願うのは，私たちが自らに課さなければならない課題である。たとえその課題が，私たちの征服者たちによって軽くもなるし重くもなるかもしれないものであったとしてもである。

アルフレッド・ウェーバー
1945 年 6 月

もくじ

緒言 ··· 3

序論 ··· 8

第1章　西欧の特異性(ユニークネス) ·· 22
　第1節 教条(ドグマ)の自覚——西欧をかたちづくる動態的変化(ダイナミズム) ······ 22
　第2節 ヨーロッパにおけるホメロス時代（紀元1000〜1250年） ······ 33

第2章　教条(ドグマ)の弛緩と深淵の発見 ·· 35
　第1節 ダンテ ·· 35
　第2節 レオナルドとミケランジェロ ·· 36
　第3節 シェイクスピア ·· 42
　第4節 セルバンテス ·· 58

第3章　再教条(ドグマ)化，非難，孤立 ·· 61
　第1節 教条(ドグマ)の復活と生への自然主義的アプローチ ······················ 61
　第2節 17世紀 ·· 64
　第3節 パスカル ·· 68
　第4節 レンブラント ·· 70

第4章　教条主義(ドグマティズム)そして次代を予見した諸見解 ······················ 77
　第1節 18世紀 ·· 77
　第2節 過渡期 ·· 91

第5章　絶頂と破壊——19世紀 ·· 99
　第1節 実現 ·· 99
　第2節 動態的変化(ダイナミズム)の噴出，精神的分裂，深淵の喪失 ············ 101
　第3節 間奏 ··· 113

もくじ

第6章　ニーチェと破局……………………………………139
　第1節 ニーチェ………………………………………139
　第2節 偽りの平和（1890〜1914年）と大災厄の時期………203

第7章　現代とその課題……………………………………242

第8章　超越性の暗示…………………………………………275
　第1節 無生物における超越性（本質と経験）……………276
　第2節 生物における超越性（生物学的超越性）…………277
　第3節 精神における超越性…………………………………280
　　　i　超越的力の本質と複雑性……………………………282
　　　ii　主体の存在の構造, 存在の核, 化身力としての先天的力…286
　　　iii　人間の固有性…………………………………………287
　　　iv　絶対的なものと相対的なもの………………………290

訳者あとがき……………………………………………………294

訳者紹介…………………………………………………………302

序 論

　物事を歴史的に見ることのできる人からすれば自明のことであるが，私たちは，この破局，すなわち，これまでやっとの思いで切り抜けてきて，今も何とか持ちこたえているこの破局によって，周知のような歴史の終焉，すなわち，西洋文明が形成してきた歴史の終焉という状態に立ち尽くしている。

　拙著『Kulturgeschichte als Kultursoziologie（文化社会学としての文化史）』において明らかにしたように，近代の科学的発見及び技術的発見以来，私たちが生活しているのは，広く開かれた空間と無限の多様性を持つこの慣れ親しんだいとおしい地球ではなく，目覚ましい方法で従来通りの幾何学的拡張を図りながら（空間的）短縮や収縮，絶えざる世界的接触をも推し進めている新しい星なのであり，それ故にそこに住むすべての人々の生活は一変したのである。かつて私たちは，事件発生後約半年たって「はるか遠くのトルコで戦争が起こっている」と聞いたものであるが，現在では，毎日，国家間の権力闘争，世界を巻き込んだ国家間の戦闘，諸国家の計画や行動が疾走するような速さで直ちに耳に入ってくる。場所はどこであれ，行われたあらゆることは，私たちがどこにいようとも，瞬時に，できたてのほやほやで食卓に供される。あたかもそれは同じ町で，ほとんど同じ部屋で，継続的に起こっているかのようである。要するに，私たちは，空間の征服によって，伸縮自在な世界に住んでいるのである。

　同様に，私たちは，すばらしい音色，色彩，熱とエネルギーの世界，広範な影響力を持っていた初期の物理学や化学を，素朴に，かつ無邪気にも，現実生活においてきわめて重要なものと見なしている。しかし，このことと，私たち

が，まず科学者として，次に素人として，以下のことを知っていることとはまったく別物である。すなわち，こうした事柄は，宇宙の無限の空間を，光を放ちつつ突き抜けてくる無数の力のうちのほんのわずかな一部分にすぎず，私たち自身がその熱を放つエネルギーの中で生き，そのエネルギーを利用しているということ，そして，こうした諸要素は，光線や波動，量子という形をとって，たえず音や熱や光，雲や障害物をつきぬける目に見えない音響効果や，光学的幻影へと変化し，これまでは思いもよらなかった宇宙での通信を私たちにさせてくれるということ，私たちが対面している「固形物」は仮面であり，エネルギーの継続的な偽装にすぎないのであり，まさにその本質上，私たちの手には届かないものであること，しかも，その「固形物」はあらゆる不可解な電気，磁気，放射能及び他の構成要素（物質とみなされていた宇宙も今やそういった構成要素に分解されてしまっている）を私たちから見えないようにしているということを，私たちはすでに知っている。しかしながら，私たちの貧しい知識ではこの「エネルギーの隠蔽」をほとんど理解することができないので，私たちを取り囲み，私たちがその中で生活している一連の作用(プロセス)を，確率式や自発運動の条件でしか——そのうえ，共通の分母（特徴）に還元することさえできない公式（その例として微粒子理論や光波力学をあげることができる）——表現することができない。さらに，私たちは，無限大や永遠性というものはもはや，カントの哲学にもかかわらず，常にそのことについて語り想像することに慣れてきた古典的かつ父権的な意味においてではなく，むしろ，私たちの環境というなじみのある世界についてのどれも同等に理にかなった非常に多くの考え方として存在するということを知っている。だからこそ，もし私たちがその秘密の本質的な部分に少しでも近づこうとしたり解明したりしたいと望むならば，私たちは，ただちにこれまでにないいくつかの概念を考え出さなければならないのである。要するに，私たちが現象世界をとらえようとするととたんに，明らかに確実と思われていたものが四方八方に飛び散ってしまうということを知っているのである。同時に，私たちは，この知識によって現象世界を完全にコントロールすることができるので，そこには隔たりなどほとんど存在せず，越えることのできない固有の境界線をもった物質，色，音のまったく独立した，侵すことのできない領域などほとんど存在しない，と思ったのである。

この種の構築物【訳注：地球】（ここには，克服できない障害もないし，知覚と行為の分離した領域もない。つきつめて言えば古い物質の基盤，詳しく言えば私たちが非常に固いと考え，世界の本体であることはたしかだとみなしていたものが完全に欠けている）は，実際には，まったく不可解なもの，外見上はその規模を維持しながらも小さな球へと縮んでしまったもの，私たちの考えでは理解できない，想像を絶する深みと幾多の移ろいやすい変化の中に身を委ねるもの，そういった何かになってしまっている。それは，異様に不明瞭なものへと変わってしまっている。すなわち，理論的には，その本体——物質——は，いわば透明で「超越」を内在して光り輝くものを通す一種のカーテンのようなものになっていくはずのものであるが，実際には，その中で機能している諸要素を変更することによって十分形成可能であり理解可能であるようにみえる物質的ないし暫定的なネットワーク（関係網）となってしまっている。私たちは今もなお重力や元素の親和性について語り，有機物の中で生物学的に展開するエンテレキー（活力）について語る。すなわち，私たちは，いわば，この一変した，新たに征服された私たちの地球における集合体の，途方もなく大きな化学的結合力をもった，純粋に生物学的及び精神的な力について知っている。しかし私たちは以下のことに気づいているのであろうか——おそらく深い洞察力のある人々ならばずっと以前から分かっていたであろうけれども——，私たちは，ただ言葉を操作し，本質的に私たちの理解を超えている様々な力や作用とたわむれ，物事を説明するために（私たちはそう考えているのだが）一種の心理的な省略表現を整然と使っているだけであって，物事の象徴の背後にはただ私たちの無知が潜在しているだけであり，また，常にそこここに存在するのはあの同じ「超越」であるということに，本当に気づいているのだろうか。私たちがこの超越的なものに直面すると，結局のところ，その超越的なものが作用するための一連の物質的条件を現実的かつ綿密にコントロールしなければならないだけでなく，そうした条件を有効なものとして，まさしく存在する唯一の有効かつ自発的なものと見なさなければならない。そうすれば，おそらく私たちは，私たちの世界像を現実世界に合わせて調整することができるであろうし，また，精神的な意味において，あの大胆な心構えを身に着けることができるであろう。私たちの態度を改め，現代に蔓延しているニヒリズムを克服するためには，そ

の心構えにしっかりとしがみつかねばならない。ニヒリズムとは，多くの人々がすでに分かっているように，私たち西側諸国，とりわけ私たちヨーロッパ人が世界に引き起こした歴史的破局の根深い原因である。私たちには，このニヒリズムの克服は，今では時代遅れとなったあの空間条件に根ざした人間生活の，きわめて外面的な様式に関する古い歴史的社会学的概念の克服と同様に，緊要である。私たちは，あたかも古い地球でまだ生活しているかのように現在まで行動してきた——その結果，先の大戦で私たちは，私たちの知っている今までの世界のために命をかけ，ついに破滅したのである。

*　　　*　　　*　　　*　　　*

　まず最初に，この消滅した人間生活様式について仮説的にスケッチし，どのようにして私たちがそれを破壊したのか，そして，この破壊が何を意味するのかということを示し，できるだけ客観的に論じてみよう。
　エジプト，バビロニア，北インド，中国といった最初の偉大な文明以来，5000年以上の間，記録されている人間の生活は，政治的にも経済的にも精神的にも互いにまったく異なった歴史上の諸集団において組織されてきた。最初の数千年の間，そうした集団は，安定した，非拡張的な（小さな）組織であり，ほとんどが，航行可能な河川の岸辺に位置していた。紀元前1200年頃に起こった騎馬民族の侵入によって，こうした集合体（集落）は，東洋では，大規模な組織へと変化し，中国の場合には，実際にある時期において，領土の拡大を伴った。しかし，全体としては，一つには地理的な理由から，また一つには，その精神的構造と結びついた理由から，そうした集合体は変化しないままであった。すなわち，その本質を根本的に変更し得る歴史を持たず，依然としてただその集団内部で起こる変化と繰り返しの形成過程の下にあっただけである。他方，西洋では，すなわち，ヒンドゥ・クシュ山脈【訳注：アフガニスタン北東部からカシミールにかけての山脈】の西側においては，「歴史」と呼びうるものが，騎馬民族の侵入とともに登場した。互いに異質な生活様式が征服，服従，破壊を繰り返すことによって，国家，王国，そして文化圏が明確な形をとるようになった。そうした諸領域（国家，王国）は，経済交換や文化交

流についてある程度知っていたけれども、にもかかわらず、紀元前1200年から紀元1800年まで——すなわち3000年の間——絶えざる対立状態にあり、すべてを包括する未完の帝国の樹立を目指しながら、最終的には常に戦争によって決着をつけた。しかしながら、そうした帝国を樹立するための不毛な闘いにおいて、この敵対関係からもたらされたものは、結局、終わりのない大変動と、新たな文化内容を伴った新しい勢力区分であった。諸勢力のこの壮大な相互作用が人々の心を魅了してしまったために、ランケやその後継者たちは、まったく異なる性質を持った東方の全光景に目を閉ざして、その相互作用のみを「歴史」と呼んだのである。「歴史」は、普遍的な帝国を樹立しようというローマ人、アラブ人、フランス系ドイツ人による最後の試みが崩壊した後、二つの主要な方向へ流れていったように思われる。すなわち、ヨーロッパによる巨大な領土を征服する流れと、この征服の推進者としてのヨーロッパそのものの内部に存在する大きな政治的かつ経済的組織の均衡を自己調整する流れである。つまり、それは、のちにイングランドが実に目覚ましいやり方で「ヨーロッパの勢力均衡」とみなしたシステムであり、まるですべてのことが一見するとイングランドの利益のためであるかのように作り上げられたシステムである。たしかに大英帝国は、きわめて強力に決定的な影響力を及ぼしたし、また、難攻不落の軍事力によって、ほとんど犠牲を払うことなくこの均衡から利権を獲得し、とりわけその利権を利用して、世界を侵略しその帝国を樹立したのであるが、このシステムはこの世界に冠たるヨーロッパを構成する軍事的にも経済的にも膨張的な列強諸国をまとめるためのきわめて平和的な唯一の様式であったことも、またたしかである。ヨーロッパの諸王国の解体やそうした王国の拘束力の消滅の後、それはまさに、そうした一群のヨーロッパ諸国家がまとまって、国際法に基づく何らかの平和と戦争に関する協定を樹立しようと努力することのできる、考えうる唯一の形式であった。なぜなら、そうした列強は、騎馬民族の精神を持って生まれているにもかかわらず、つまり、貪欲で残忍な欲望を持っているにもかかわらず、散発的ではあるが少なくとも一般的な解決方法を引き出そうと努力してきたからである。「ヨーロッパの均衡」は、19世紀末まで、ヨーロッパと世界に対して平和に関するある程度の条件を提供できる外面的政治構造の決定的な枠組みであった。

19世紀後半の3分の1になってこのシステムを掘り崩す原因となる，あの重要な政治的経済的変化や複雑な精神的変化に関しては，後述する。このシステムの基盤が衰退した。したがって，新しいヨーロッパ的秩序だけでなく，まったく新しい世界秩序が発見されなければならなかった。

　歴史の中には，外部状況およびその中に隠れている可能性と，自発的に行われるこれらの可能性の利用しか見ることはできない。すべては偶然である。すなわち，それは，枠組みの中にもともと存在する無数の可能性の中のたった一つでしかないけれども，構成要素であった可能性が実現しているということである。

　それゆえ，この観点から見れば，第一次世界大戦以前の状況におけるヨーロッパの勢力均衡という古いシステムは，まったく時代遅れとなっているので，大帝国の世界組織間の均衡，さらに今後は，世界均衡へと変化するように見える。しかしながら，この均衡を実現するためには，経済的に膨張しつつあるきわめて不安定な国家の一つ，すなわちドイツ（この国の影響力はこの国の指導者たちの愚行によって絶えず変化しているし，さらに，この国は自らを堂々と「持たざる国」とみなしている）を，平等な権利を持つ列強間の新しいシステムに適合させることが必要であった。しかしその機会は失われた。たとえそれが誰の責任であろうとも。その結果こそ第一次世界大戦であった。

　あらゆる機会と同様に，歴史的機会は1回きりであるが，たとえ一度は失敗したとしても，次々に起こる出来事の圧力の下でまったく新しい形態をもたらすことができる。それゆえ，この時点においても，たった一つのことが可能であった。すなわち，まったく新しいものを創り出すことである。その後，ある種の国際的組織を通して世界の様々な国を（少なくとも形式的には）かなりの程度平等に結びつける試みがなされた。しかし，アメリカや，ある時期におけるロシアの孤立主義政策のため，さらには，勢力均衡について十分な配慮を行うことのできないその国の特異な構造のため，その試みは，たとえ実際には勢力均衡に必要な決定を困難にしたわけではなかったとしても，有効な結果をもたらすことができなかった。したがって，あらゆる重要な問題に関して可能だったのは，入念な議案書交渉のみであり，その試みは結局，権力政治の古いゲームが続いていることの象徴の陰で余興のようになり，公的議論で飾り立て

られることでわずかに曖昧になり，わずかに変化があったにすぎなかった。しかし，公的議論というのは，危機を和らげることはできるけれども，実際にその危機を防ぐことはできなかった。

　たとえこのことがあったとしても，かなりの国家集団が政治的に徐々に発展し，より一層独立を保った競合する別の列強を構成することになったかもしれない。にもかかわらず，特にドイツの国際政治への参加が承認されたあと，すなわち，軍縮会議の決裂を受けて，ドイツの武装権にもはや異議を唱えることが実際にできなくなり，戦争犯罪の拘束がドイツから外されたとき，せめて私たちは以下のことを理解しておけばよかったのだ。すなわち，激しい恨みの感情や深刻な経済状況が，権力の頂点に登り詰めた節操のないドイツの新たな支配者によって，いかに悪用され，その結果，何が起こるのかということを。

　そのせいで，チェコスロバキアの占領（掌握）とポーランドへの侵攻が起こり，イングランドがポーランドと同盟を結んでいたために，第二次世界大戦はある意味では実に軽率に勃発してしまった。戦争は，（一見すると）特殊な原因によるものだとしても，今日のあらゆる大戦がそうであるように，世界的規模にならざるを得ず，それゆえ，もはや古い形態に後戻りはできない。この戦争は，ある特定の方面では，避けられない未来の出来事としてその「全体的」性質を理由に重視されているが，たしかに全体的なものになってしまった。つまり戦争に巻き込まれた諸国民の継続的生存と，彼らが大変な思いをして何世紀にもわたって積み上げたあらゆる文化遺産に破滅をもたらし，それがあまりにも圧倒的であったために，今日の主要な戦争は，私たちの縮小した世界では，2，3の大国だけに限定されるものではないことが明らかとなった。そして，その猛威はとどまることを知らず，守るべき最も価値のあるもの，以前のほぼすべての戦争で，野蛮な原始時代からずっと犯してはならないとして制してきたものさえ，ものともしない。さらに，思いのままに扱うことのできる恐るべき兵器は，戦争を過去の戦争とまったく異なったものとし，もはや「戦争」などというものではなく，きわめて洗練された方法で行われる相互絶滅の体系的なプロセス，まさしく戦争の衣を纏った，世界的屠殺場にしてしまった。それと同時に，こうした兵器は，この大量虐殺や，世界的規模で見るととても小さくなった地球上での限られた選択肢を前提にすれば，とうてい二つの交戦

国だけしか世界の覇権をかけた戦いの最後まで生き残ることはできないことを証明した。この戦争は，こうして集団自殺としての現代戦争の性質を明確に余すことなく示してしまったのであるから，必ずや，まったく新しいもの，すなわちこれまで存在したことのないような完全に性質の異なる世界組織が生まれてくるに違いない，と私は思う。この世界組織の全貌はまだ見えていない。この世界組織は，多くの中間段階を通過して，非常にゆっくりとしたペースでしか最終形態へと到達することができないだろう。しかし，この世界組織の基本原則は，克服されなければならない諸条件の点からも，また，小さくなったこの地球上において私たちが当然突きつけられる選択肢からも，明確に認識することができる。その原則とはまさしく以下のことである。すなわち，人間に可能な限り，いかなる新しい「戦争」も，いかなる新しい大量殺人も絶対に勃発しないように，これらの選択肢を作ることである。なぜなら，新たな大量虐殺は，その時点で予測される手段によって，私たちの基準からでは想像もつかない，並外れて破壊的な次元に必ず達するであろうし，おそらくは，全人類の抹消を意味することになるであろうからである。そしてこれは，クラウゼヴィッツの言うように，あらゆる形式の権力政治というものは，もともと政治的手段の延長として戦争を行うのであるから，権力政治は根本的に壊滅すべきである，ということを意味する。また，このことは順に以下のことを意味している。すなわち，自由競争の原理は，経済生活の広範な領域において長く無視されてきたものであり，シンジケートの原理に取って代わられたのであるが，さらに，外交政策の舞台においても消滅しなければならないであろうということ，また，世界シンジケートは，ごく少数の強力な列強から組織され，様々な形でより小さな国々を包含ないし併合しているのであるから，世界的な大問題を仲裁（調停）することになるだろうということ，これである。

　今日のあらゆる重要な問題に入る前に，私たちが何よりもまず認識しなければならないのは，これはこの縮小した地球上において総力戦を引き起こすほど誰もが浅はかで盲目的であったため，地上のすべての住人の生活が脅かされ，破壊されてしまったこと——これまでの歴史の中で最も無責任かつ自由放埓な出来事——の不可逆的な帰結であるということである。この行為と，この行為によるまさに不可避的帰結によって，世界の歴史は無限に変化するのである。

大小の比較的緩やかに結びついた隣接の諸国家の自由競争に基づく古いシステムと，紀元前1200年頃に騎馬民族から始まった古い「歴史」は今まさに終わろうとしている。

　今や（私たちの視野から）消えつつあるものの多くについて後悔する者もいるであろう。実を言えば，私もそのことを後悔している者の一人である。ある特定の点において，様々な権力集団間のこうした果てしない戦いは，たとえそれが粗野で原初的な方法だとしても，私たちにある種の価値観をもたらすものであった。そのような戦いは，かつてギリシア人が意味した，真の「苦しみ」の素地を作るのである。つまり，主体性，犠牲，勇気をもたらすのだ。このことは1000回も言われてきたことであるし，また，それは1000回とまでは言わないが，少なくとも100回は正しいということが証明されてきている。この損失，すなわち，自ら（自主的に）犠牲となって人としての最も純潔な血を無条件に流すことは，将来の大衆政治から除外される人々はそうではないにしろ，実際に大衆政治へ引きずりこまれる世界の大多数の人々にとっては，実に悲惨である。来るべき時代の急務の一つとして，これまで政治的にも精神的にも主要な役割を果たしてきた国民が被ってきたこの損失を，もっと高貴な自己犠牲のための機会を与えることによって，なんとしてでも埋め合わせしなければならない。

　なぜなら，たかが人生のうわべの模範にすぎないと私たちが重々承知しているもの，すなわち，長きにわたって西側（西欧）において，とりわけかつてのヨーロッパのリーダーたちをその中核において支え，権力政治の圧力と緊張の中で表出していたもの，それをはるかに上回る多くのものが消えてしまうからである。権力本能は，この本能が列強諸国の勢力均衡あるいは勢力拡張にはけ口を求めていたときと同じように，今後も存続するであろう。本性を変えることは不可能である。しかし，大衆政治の時代において，この本能は，主としてごくわずかな地球的規模の大国，すなわち，政治的な世界シンジケートを支持するわずか5カ国の独占するところとなるであろう。そして，こうした大国の権力本能，大国相互間の不可避的な対立（競争）は，これまで個々の国家の権力への衝動を制限しようとしてきた抑制手段とはまったく異なる何かによって，すなわち，もしそうしたシンジケートが崩壊したり戦争へと逆戻りしたりして

も，西欧のひいては世界の没落に類するほどの危険をもたらすことがないような，理想的できわめて現実的な力によって，歯止めをかけなくてはならなくなるだろう。

　要するに，かつての自由独立の国家は，今も大体こうした大国に依存しているのであり，したがって，実際にはもはや古い意味での主権国家ではなく，もはや自らの行為の自由を持つ権力構成体でもない。しかし，客観的にみれば，事実上あるいは法律上コントロールされた国際機関であり，また，自らも多かれ少なかれコントロールを行使している。したがって，組織化した（シンジケートを成した）「世界巨大国家（マンモス）」は，安定した世界統治のために，また，小さな国家が確実に先例に倣うようにするために，そしてとりわけその相互関係のために，共通基盤としての諸理念を受け入れ，また，その諸原則を素直にかつ誠実に固守しなければならないであろう。これはさておき，一方では，巨大国家の相互の利害関係は，たしかに大変強いので，このシンジケートを，他のあらゆるシンジケートと同様に，より一層緊密に結合するようになるであろう。もし万が一，巨大国家（マンモス）がこうした措置に失敗し，連合（ブロック）が崩壊すれば，必然的に第三次世界大戦が勃発して，計り知れない結果をもたらすであろうし，その結果の一つとして，必ずや，人々の破壊されたままの生活の上に新しい世界的シンジケートが創造されるであろう。歴史がどんなコースをたどろうとも，自由に競争する古い主権国家が，隣接する大小の権力構成体と手を組もうという方法は，少なくとも政治的典型としてはその限界に達してしまっている。

　この小さくなった新しいテクノロジー社会において，最初の地球的規模での衝突が起こった1914年に，すでに歴史は，主権国家を不合理的なものに変えてしまっていたが，その時でさえ，主権国家は，まったく異なった種類の大衆層のための唯一の仮面であった。そして今や，私たちがその暫定的な終了に達したばかりの第二の衝突によって，歴史は，主権国家がどうしようもないほど弱いものであることを暴露してしまった。独立した統一体としての国家は，たとえどんなに小さな権力国家でも，政治システムの従来通りの支配類型のままでは，もはや存続することはできないであろう。それが，今すぐにそうなるのか，あるいは，ほかのより一層恐ろしい破局によって引き起こされるのかは，分からないけれども。

しかしながら，歴史的に言えば，それほど顕著なことが起こったことにならないであろう。というのも，以下のことは，それ自体まったく現実離れした異様なことでしかなかったし，ヨーロッパの外側にヨーロッパと対等な力を持つ対抗勢力が存在しなくなることによってはじめて可能となることであったからである。すなわち，ここ500年の間，15, 16, 17世紀には便宜の理由から，また，1800年以降はずっと（ヘーゲルの破滅的な国家幻想により）原則の問題として，今では，かなり偏りのあるいわゆるランケ「歴史学派」によって支えられながら，私たちヨーロッパ人は，まったく意識的及び意図的に，主権国家を完全に道徳領域の外へ，換言すれば，道徳的作用の有効なコントロールを越えたところへと追いやってきたのである。これは，西欧が自らに対して犯した重大な罪であった。それは，西欧に大きな代償を支払わせる罪であった。なぜなら，国民全体は中世を通じて教会の支配下にあり，個々人はその生活，幸福，運命，精神的存在を教会によって，もしくは教会のみによって秩序づけられていたのであるが，かくして国民全体はまったく独善的なものとなり，また，少なくとも外面的には18世紀の人道主義的諸理念によって，いくらかは人としての良識を重視しているように見えた枠組みへ強引に押し込まれることを許容したにもかかわらず，後には，これらの枠組みを放棄しただけでなく，「国益」に訴えながら，良識であれ自尊心であれ，あらゆる尊敬の念までも放棄してしまったからである。このことが顕著になったのは，「国益」という言葉が人口に膾炙されるようになったときである。ここに至って，もっともらしい自己正当化を伴う，非道徳的な国家行為の「存在理由」全体が崩壊した。なぜなら，現在の戦争と現在の崩壊が余すことなく示しているように，そうした非道徳的な国家行為それ自体が，権力のみに基づいたあらゆる経済自立政策（アウタルキー）の終焉をもたらさざるを得なかったからである。

近代国家は今後，何よりもまず，通常のきちんとした行動規範へと調整されるであろうが，後で示すように，その国内行政の重要性が明らかに失われることはないにしても，ボダンの時代以来ずっと国家に帰属されてきたその対外的主権性だけは，これは大国にも小国にも同様に当てはまることであるが，姿を消すことになるであろう。しかしながら，この国家の対外的主権性の消失は，一つには，独立国家の外部に位置していると理解されてきた重層的な国際組織

の成長に役立つであろうし，一つには，真に政治的な性質を持ち，国家より上位にあって，権力政治に対するあらゆる懸念を国家に与えない，新しい集合体の成長に役立つであろう。私たちは，その政治形態において，15世紀のヨーロッパとは異なる，しかも15世紀に先行する中世時代，つまり，そのような国家以前の時代とも異なる，まったく新しい時代を目の当たりにすることとなるだろう。

そのように変化すれば，その政治体には，新しい種類の社会的及び経済的構造，そして，技術と文化の新しい世界のための可能性が見出されるであろう。このことに関しては，すべてのちに詳しく取り扱うことになる。したがって，ここでの言及はこれまでとする。

社会構造における変化に関しては，デマゴギー（扇動）と汚職の手法を駆使しながら，大衆の物質的で感情的な欲望にだんだんと付け込むことでしか大衆をとらえておくことができなかったボルシェビキ・ロシアと国民社会主義の支配下【訳注：ナチズム治下のドイツ】を除くと，これまでの状況に比べて，大衆がこれまで以上に重要なものとなるであろう。新しい世界が，決して多くの財産を有する人々の特権あるいは重要性を認めず，また，大規模な計画によって大衆の安全性，大衆の生活，大衆の仕事，可能な限りの大衆の福祉を指導的動機として持つ限り，新しい世界は，様々に意味を和らげて広義に論ずれば，「社会主義的」になるであろう。未来社会において不可避的になる，大規模組織への緩やかな流れに伴って，統治は，あらゆる大規模組織が見出してきたように，支配階級あるいはリーダーシップをとることのできる恒常的なエリートなしには不可能となるであろう。あらゆる社会と同様に，これもまた統合，将来的にそれらを分離することは疑問の余地もないが，つまり，その社会における支配階級の知性と精神性のレベルや生来の強さ，根気強さの統合，今影響力を強めようとしている大衆によって示される社会的基盤の統合を，特徴としている。このように，新しい世界はそれ固有の文化的外観を呈するであろう。しかし，外観がどのようにあろうとも，それは常にそして所かまわず，新しい平均的タイプの人間の形成をもたらすであろうし，実際に効力がある範囲内で，いつでもエリートがいて，この平均的タイプの人間の本質となり，理想となり，典型となるであろう。そうすると，ただちに以下の点が問題となる。どのよう

な種類の人間が，未来の新しい世界，すなわち，私たちのこの小さくなった地球の方向性を定めるのであろうか？

　それがどのような人間であろうとも，その人間は確実に，大部分を歴史と文化によって，とりわけ，すでに強調した技術的考察によって条件づけられるであろう。しかし，それと同時に，また，これらの条件の範囲内で，その人間がとる姿は，私たちの主体性（イニシアティブ），私たちの意思，そして，深淵についての私たちの理解の産物であろう。深淵とは私たちがそこから自分自身を解き放ち，そして新しい人間が現れるであろう所である。

　もし私たちがそうした価値ある人間になりたいと望むのであれば，私たちは，私たち自身の中にあるこれら深淵こそ，歴史が常に行う，あらゆる人間形成の背景であり基盤であり，そしてそれ自体は本来的に超越的なものでしかないということを理解しなければならない。そうした深淵は再び，私たちが今通過しているひどい過渡期の奈落の底で，ぼんやりと私たちの前に姿を現す。私自身に関しては，そうした深淵を断片的に示し，示唆することができるだけである。断片的であるのは，「超論理的」観点から見て，そうした深淵はいかなるシステムにも役立たないからであり，また，論理的観点から見ても，そうした深淵が古い神話に取って代わったとしても，そうした深淵は基本的に矛盾したものだからである。それらを筋の通ったものへと変えていくことこそ，本書の最終章の目的である。それは，便覧（vade mecum）ではなく，むしろ，私たちを刺激してさらなる探求に向かわせ，私たちの経験を検証し，意識を覚醒させるための一種の精神的注射のようなものであると言えよう。

　それ以上に重要なのは，本書——言うまでもなく『歴史よ，さらば』——の主要な部分【本論】である。決別とは主に社会学的かつ歴史的な考察という意味であり，同様に超越的な意味でも意図されているので，本書は歴史的な経験の直接的な資料の概説となっている。超越性の表現に関しては，最終章よりもここでの方が，私たちの理解にとって適しているであろう。歴史的説明は，必要であるし，また，重要である。なぜなら，まず第一に，「新しいもの」は，簡単には私たちの思うようにならないため，歴史を組み立てるための建築素材としては，どうしても「古いもの」を使用しなければならないからであり，また，第二に，私たちの注意を内部に向けると，私たちの新しい精神的方向性

にとってきわめて重要な問題があることに気付くからである。私たちは，第一次世界大戦まで「古いもの」の雰囲気の中で生活し，また——おそらく地球の広範囲な部分において——そのあらゆる意図と目的に沿って，現在に至るまでずっと生活してきたのであるが，今日の私たちにとって，その「古いもの」の意義とは何か？「新しいもの」と「古いもの」との関係はいかなるものであるのか？ また19世紀はいろいろな意味で，これまでのあらゆる歴史の崩壊を目撃したけれども，同時に「新しいもの」の実現の時代でもあった。その19世紀は私たちに何を意味するのか？ 19世紀において，廃れてしまった古い伝統は，どのくらいの割合で，何かの前兆のように，新たに姿を現したニヒリズム（今私たちはその中で生きているのだが）と混ざりあっているのか。しかし，19世紀そのものは，西欧が精神的に意識されるようになった紀元1000年以降の800年を通じてしか理解できない。この時期は，ある意味において，ギリシアがホメロスの時代からソフィストのニヒリズムに至るまでの3世紀，すなわち，紀元前750年から紀元前430年頃に相当する。この800年間に，西欧が再び歴史的な支配者の地位にのぼったのであるが，私たちは，第一に，西側の発展の本質的な特徴，つまり，この上なく複雑で精神的な逆説に満ち，厳格で神学的かつ哲学的な教条（ドグマ）の最初の状況から少しずつ発展し，やがて人間としての本質に関する古い理解を打ち破ること，すなわち教条（ドグマ）から完全に自由になるということを可能にする精神的な自由を手に入れたやり方に関心を持ち，第二に，私たち自身のより深い発見への道筋を照らし，私たちを導く松明となるかもしれない，その打開のみについて，関心を持てばよいのである。

　そういうわけで，主題に関して研究は以下の通りに分けられる。
1　歴史との決別
　(a) 西欧の本質と，非教条（ドグマ）的なより深いレベルの存在への人間的「突破」（紀元1000〜1800年）
　(b) 19世紀の動態的変化（ダイナミズム）とニヒリズムへの道
　(c) 現代の状況：ニヒリズムは克服できるか
2　超越性の示唆

第1章　西欧の特異性(ユニークネス)

第1節　教条(ドグマ)の自覚——西欧をかたちづくる動態的変化(ダイナミズム)

　私たちは，西欧とその発展における歴史的，社会的特異性について歴史から何を学ぶことができるだろうか。これこそ私の積年の課題であり，私はこれまであらゆる機会をとらえてその解明に取り組んできた。
　たしかに今，このユーラシア大陸の小さな半島は試練の真只中にあるように見える。しかし同時に，この地はかつて自らが勝ち取ったあの栄光にも与っている。それは，この小さなヨーロッパ半島のそのまた小さな突端にすぎなかった古代ギリシア諸都市，共和政ローマが経験したあの危機や栄光と同質のものである。彼らは，ペロポネソス戦争（前431〜前404年）やペルシア戦争（前500〜前449年），ポエニ戦争（前264〜前146年）に勝利することで地中海世界を打ち立て，そこに覇を唱えた。しかも，彼らは，各都市の多様な文化や対等な関係を保ったままそれを可能にした。これらの危機の克服と軍事的成功がやがてはマケドニア帝国，ローマ帝国の礎となったのである。古代ギリシア・ローマの歴史を現在における地球規模の枠組み，すなわち世界と歴史を支配したヨーロッパに置き換えてみれば，まさしくこの地の未来図と言えるであろう。私たち現代ヨーロッパ人は，この未来図の中に寄る辺なく，歴史の片隅に追いやられた人々を発見する。覇権を失い，自らの「文化」を他の文化へと注ぎ込むことを余儀なくされたギリシア人の姿である。もし私たちが，ヨーロッパの過去における特異性，世界政治におけるその経済的役割，歴史におけるその精神的役割を秩序立てて正しく理解し，将来ヨーロッパが置かれるであろう根本

第1章　西欧の特異性(ユニークネス)

的情勢とそこで果たすべき役割を知ろうとするのであれば、このように考えることは決して不当ではないし、ましてや突飛な比喩として一笑に付すこともできないはずである。

　ヨーロッパは、イギリスとドイツという二つの大資本集積地を有し、アメリカ合衆国に次ぐ世界産業の中心地となっている。それを可能にした外的要因については、次のような広範囲に及ぶ影響を指摘できる。ヨーロッパが世界経済を支配しているのは、イギリス、フランス、イタリア、ベルギー、オランダといった帝国主義諸国が綿密なネットワークを形成し、世界中へ工業製品や資本を供給しているからである。とくにドイツは、高度な科学力と熟練労働者を背景に優秀な工作機械や機械製品を製造し、ヨーロッパにおける経済的統合の中心として、さらに世界市場の一大供給地として責務ある地位を占めるまでになっている。ヨーロッパが占めるこうした地球規模の勢力関係については、また改めて述べることにしよう。近年、こうしたヨーロッパの地位について、実のところ一時的なものではないかと言われている。しかし実際には、その地位は、比類ない持続力と回復力に基づいている。むしろ、この地位は、古代ギリシアが古典期を通じて地中海沿岸で確立した地位、あるいはそれが世界史全体を通して獲得する地位と比較してみても、比較にならないほど強力である。とはいえ、ここでの関心は、さしあたり、ヨーロッパにこのような優越をもたらした意志の本質、精神や魂の特質及びその展望に止めておこう。

　ヨーロッパがその意志と精神によって世界政治において果たしてきた役割は、固有の動態的変化(ダイナミズム)に由来する。ヨーロッパは、まさにこの特異な動態的変化(ダイナミズム)によって、紀元1500年以来、地球の頂点に立ち続けこの星をヨーロッパの下に従属させてきたのである。その勢力たるや、かつてギリシアが小さな地中海世界に打ち立てた覇権とは比べ物にならない。やがてヨーロッパは移民政策を推進し、二つの大陸と南半球の3分の1をヨーロッパ化した。この土台の上にヨーロッパが築き上げたのは、すでに言及した世界規模の資本主義だけではない。ヨーロッパは、そこに「西欧世界」としか呼びようがなく、一息に消し去ることなど容易にできそうにない、正真正銘の地球規模の構造物さえも創り出した。南北アメリカ、オーストラリア、南アフリカといった地域はまさにその「西欧世界」に属していると言えよう。そこでは、ヨーロッパに何らかの起源

を持つ人間が支配権を握り、また若干の精神的変調を伴いながらも、多かれ少なかれヨーロッパと一致するような精神風土が形成されているからである。しかし、ここで注意すべきは、そこに近東やロシアといった「白人」地域が含まれないことである。近東は主にアラブ人、ペルシア人、トルコ人の領域であって、西欧世界から外れるだろう。また、ロシアは近東よりも精神、経済、権力政治という点で西欧と密接な結びつきを持つにもかかわらず、やはり西欧世界には属さない。彼らは、ヨーロッパとはまったく異なる精神世界に住んでいる。実際、この地域にはヨーロッパが有する動態的変化(ダイナミズム)を見出すことができない。それはヨーロッパをヨーロッパたらしめている精神的、心的本質の徴候にすぎないが、ヨーロッパ以外の地域に対しては全世界を西欧化する源泉となっているからである。

　ヨーロッパは、その動態的変化(ダイナミズム)が現在のような最終かつ完全な開花形態をとる以前から、自らの動態的変化(ダイナミズム)との内的関係においてのみ理解される、一連の社会構造の段階的発展を経験したただ一人の生き証人である。もちろん、その最終段階こそ、上述のような、科学によって支えられた資本主義の全世界への爆発的拡散である。アラブ世界の征服が進み、その伝統文化の大半が同化したあとも、近東や北アフリカといった「白人世界」は、インドや中国と同様、今日に至ってもなお、日常の便宜のために独自の社会形態をほとんど改めることなく固守し続けている。これらの地域では、ヨーロッパ人が影響力を持つことに対して極端に保守的であり、首長やスルタンといった旧体制が不動の地位を保っている。いくつかの相違を考慮に入れたとしても、こうした近東の特徴と古代地中海世界には一つの類似点がある。それは、古代地中海世界が、ローマ帝国治下においてさえ、首府・都市・地方という同心円状の基本構造を決して変えなかったことである。またロシアは、数々の動乱をくぐり抜けてきたように見えるが、その実、ボルシェビズムが登場するまで、いっときも途切れることなく、途方もなく巨大で、原始的な農奴国家であり続けた。この国では、様々なかたちで圧制、搾取がまかり通り、労働の改善が議論に上ることなどほとんどなかった。近年、わずかばかりの産業が所々に点々と起こったとはいえ、それは、内発的に、一歩一歩成長してきたわけではないのである。

　さしあたりここまでヨーロッパの本質を検証してきたかぎりでは、そうし

第1章　西欧の特異性(ユニークネス)

た社会形態の段階的発展，すなわち膨張を続ける資本主義の登場という帰結をもってするこの地に特有の，重要局面の変容過程，これこそヨーロッパの特異性(ユニークネス)をなすものだと言える。ヨーロッパがたどってきた発展的段階論は，すでに経済発展論においてあらゆる地域に通用する普遍理論へとまとめ上げられている。しかしそれは，厳密には，ヨーロッパに限定されるべき理論である。一般に，文明は新たに創出された技術的進歩に自ら適応していくが，そうした文明に起因しない経済「段階」など存在し得ないからである。しかし，ヨーロッパには，まさしくこうしたほかに類を見ない貨幣経済の転換と，古代から生き延びた大土地所有が存在している。後者は，やがて政治・経済的複合物である封建制へと結実する。その特徴は農奴制に基づく大小様々な組織が織りなす構造的多様性であり，一部は物々交換により，また一部は貨幣交換という媒体を通して発達した。やがて，そうした封建的ネットワークを基盤として都市が台頭してくる。これら中世都市の発展は，もっぱら手工業や交易を生業とし，いくつかの都市が寄り集まって小さな経済単位を構成していたという点でまったくヨーロッパ特有の現象であった。やがて封建制は，貨幣の流通によって維持される都市内部に起源を持った都市経済によって変容，あるいは外部へ浸透していった。そこに近代国家が登場する。近代国家は，広大な領土と大きな人口を効率的に組織するため，常備軍と官僚制を備えていた。そのあらゆる努力は，かつて中世諸都市が構成していた小さな経済単位を一つにまとめ上げることに向けられていた。そしてついに資本主義が登場する。その兆しは中世都市に現れたが，近代国家において促進され，周知の過程をたどって世界を完全に変えてしまうことになる。

　これら一つひとつの段階は，一続きのセットとして準備され，次々と効果的に取り替えられていく演劇の舞台装置として機能している。それは，単に新たな精神段階への到達を示すだけでなく，新たなシーンで主役を演じることになる新しい人間類型を導く伏線となっている。すなわち，騎士のあとには職人が，職人のあとには廷臣が，廷臣のあとには資本家と労働者が続々と登場する。こんな具合に，まったく新しい人間類型の世界が，その都度，舞台を引き継いでいく。とはいえ，騎士の時代は，騎士だけが演じるのではない。そこには，もう一方の主役として，頑固なまでの誇りを持った小作農が登場する。彼ら

は，基本的には農奴であり，自由を渇望していて，自らを封建諸侯のくびきから解放しようと，新興の都市職人たちと手を結び，頑強な抵抗運動を続けている。次いで，廷臣の時代には騎士の時代とは異なる小作農が登場する。彼らは，ラ・ブリュレ（La Bruyére, 1645～1696）が明らかにするように，前代の小作人たちとは違ってまったくの無抵抗を信条としていた。一方，職人たちも以前は誰にも従属することのない親方であったが，この時代には単なるブルジョワへ転落していた。資本家時代の前段階であるきらびやかな重商主義は，ある種の貴族政体と密接な関わりを持っていた。そこには聖職者から学者に至るまでの教養層が登場する。このとき急速に存在感を増してきたのが訓練を受けた官僚であった。こうした例はほかにいくらでも見つけ出すことができる。著しい多様性を内包した世界は，一つひとつ順番に現れるというだけでなく，数世紀にわたって，あたかも万華鏡のように絶えず変化しながら同じ時代にも並行して現れた。地球上どこを見渡しても，ヨーロッパ以外にこのような変化を経験したところはない。のみならず，たった一つの地域から始まって，地球の半分を覆い尽くし，他の民族や国々を征服しただけでなく，有無を言わさず植民地化した，火山のようなエネルギーの噴出を経験したのは，ヨーロッパだけであった。

　ところで，こうしたヨーロッパの動態的変化（ダイナミズム）や多様性は，一体どこに起因するのだろうか。その答えは，歴史において西欧の精神的起源がかたちづくられたその逆説的な仕方にある。歴史の初期に登場する民族，たとえばゲルマン人やローマ人は，経験に富み，聡明であったため，あるいは正確には，最高度の信仰を持っていたため，ヨーロッパ各地へ爆発的に広まっていくことができた。両者が彼ら以外の新興の，まさに勃興しつつある民族にとって精神的滋養となったときにはすでに，その思索能力は限界にまで鍛え上げられており，髪の毛をより分けるような，繊細で，緻密な教条（ドグマ）をわが物としていた。とくに後者は，その卓越した価値的優越によって信仰を消化吸収していった。ゲルマン人やローマ人たちが確たる信仰を持ち始めるや否や，そして彼らが信仰を貪欲に吸収すればするほど，その新鮮な精神的影響力によって信仰が広まるという好循環が生まれた。その結果，信仰に活力が吹き込まれ，またその古い姿も保たれることになった。かくして，歴史は西欧が展開していくまさにその起点か

第 1 章　西欧の特異性(ユニークネス)

ら，次の特定の時代という終点へのみ達するよう仕向けたのである。たとえば古典時代は，それ以前のエーゲ文明があったからこそ誕生した。とすると，西欧は生まれたときからクモが紡ぐ巣のような，きわめて緻密につくり上げられた論証的構造世界に取り込まれていたと言える。こうした世界が，また次の時代に同様の法則，規則そしてタブーを自らに課していくのである。結果として，西欧では新たな時代の始まりを告げる神話形成作用が，一時代の終わりを迎えるにあたり新たな光によって自らの神話を形成し直すか，あるいは完全に放棄されてしまうことで，まったく異質な精神的要素の中へと消えいくのである。

　何にせよ，人類は歴史の中で何がしかの倫理体系に組み込まれてきた。そうした倫理体系は，できた当初こそ厳格に守られるが，そのあいだに台頭してきた新たな人間類型が主役となるに及んで，換骨奪胎されるのが常であった。そうした行動規範(エートス)は，超俗的な，そのもっとも高邁な理念において，その達成のために，人間におけるもっとも活き活きとした本能にある種の歪みをもたらす。西欧が精神的に覚醒しようという瞬間に，新しく，力強い生命を持った勢力がこうした行動規範(エートス)を真摯に受け取ろうとすれば，この種の歪みが生じることはやむを得ぬことであった。そして，まさにこの歪みこそが西欧をかたちづくる動態的変化(ダイナミズム)の基礎，すなわちその特異な本性を解明するための鍵なのである。もし私たちがこのもっとも生命力に満ち溢れた勢力が持つ歪みから生まれたのでないとすれば，私たちは，数次にわたる十字軍や厳格をもってなる新たな修道院の爆発的拡大以後，すなわち紀元 1000 年以後，しばしばヨーロッパでくり返される精神的な爆発を，あるいは単なる物質的な帰結というより理念的帰結を求めた革命への志向をほとんど理解できないであろう。実際，私たちは，一連の科学・技術の爆発，あるいはヨーロッパの資本主義が現実に全世界へと侵入していったことを知っている。こうした歪みが見られるところには常に，それに伴う様々な余剰勢力を見つけることができる。それは自らを管理し，特定方向へと導いていく力であるが，他の民族では消え去るままに放置され，自然の中へと，したがって歴史的事象というゆっくりとした循環の中へと消尽していく。

　一方ヨーロッパでは，あらゆることがヨーロッパ内部における根本的変革へ進むか，あるいはヨーロッパ外部へと爆発的な動きを見せるかという針路問題

へと集中し，緊張に充ち溢れていた。西欧がはじめてその巨大な内的緊張に直面したのは，教会と皇帝の対立であった。当時教会は，権力の座をめぐり内紛が頻発していたものの，一定の教権を確立することに成功していた。この事態は，歴代皇帝にとって，教会が諸侯と同等の自立勢力として，つまり単に精神上の勢力というにとどまらず，世俗の勢力としても無視できない存在となったことを意味していた。それに加え，聖職者によって聖別された封建騎士と小作人や都市とのあいだでも緊張が生じていた。小作人や一部の都市は，自由を求め貴族階級や王侯と戦っていた。この戦いはイタリアでは成功を収め，アルプス以北では領域主権を有する近代国家の誕生というかたちで終結する。これらすべての緊張，すなわち自由と抑圧という両極をめぐる戦いは，ヨーロッパを貫通する力強い底流となってヨーロッパを揺さぶり，その政治的ありようを規定している。その結果，特権階級と非特権階級のあいだに大口をあけて横たわる巨大な亀裂が意識的革命という結末を生み出すことになる。やがてこの緊張関係が，素朴で，若々しい本能の同質性と，のちに宗教対立や禁欲主義を生み出す傾向とのあいだにある，はじめからして逆説的な対立の温床へと変容，成長していくのである。

　西欧と同時期に勃興した若き民族，おもにアラブやロシアといった文化空間は，キリスト教とそれが生み出した文物を盛んに吸収していた。しかし，アラブ世界を形成するイスラム教由来の文物は，理念よりも現実に即したものであり，その柔軟性からあらゆる本能的生命に対して自由な活動の余地を与えた。しかしそれは，より正確に言うなら，適応能力の高さとそれに伴う信仰によって，ヨーロッパにおける動態的変化（ダイナミズム）とはまったく正反対のもの，すなわち極東諸文化のさらに外側おいて今日に至るまで連綿とその命脈を保ってきた，あのもっとも強力な伝統主義以外に何も生み出すことができなかった。他方，ロシアでは，東方正教会の吸収以後，それまでとまったく異なった展開が生じた。しかし，それによってロシアに動態的変化（ダイナミズム）が現れることはついになかった。というのも，ロシアが吸収したのは，事実上，キリスト教における迷信的なまでの儀式崇拝と神秘主義だけだったからである。それゆえまた，信仰がある程度の深みをもって影響を及ぼし得たのは，ごく一部の人々に対してだけであった。この国に住まう大半の人々は巨大な群衆であり続けた。彼らは，たしかに，思

第1章　西欧の特異性(ユニークネス)

いついたようにキリスト教精神に目覚めることはあっても，全体として，本質的には，その土着性，すなわち旧来の異端信仰をほとんど手つかずのまま保ち続けていた。

　西欧の緊張の完成，さらに古代ギリシア・ローマという異教文化とそれに伴う高度な哲学的思索力や，古典キリスト教世界においてなお現実性をもって心の底から受け入れられていた神話，生命に対する好意的受容，世俗主義から生じたあらゆる分派は，アラブ世界によってその教条的外皮(ドグマ)を剝がされながら動態的動因(ダイナミック)として吸収された。その過程で次第にイスラム的なものが生み出されていったが，それはすぐにまた固い外皮にくるまれてしまった。ロシアは，キリスト教を受容したときに，異教文化から表現，彫刻，建築に関する若干の古典様式を吸収したにすぎない。それらは，たしかにロシアの芸術に多大な影響を及ぼしたが，その精神的深淵には達し得なかった。すなわち，異教文化はロシアに根本的に反キリスト的なもの，生命という永遠の問題に対するキリスト教的見解とは明らかに異なったものを与えたのである。一方西欧は，古代キリスト教を吸収すると同時に，古代ローマ終焉以後，混合主義というかたちで浸透していた古代異教文化をも一気に飲み干してしまった。こうして古代異教文化はキリスト教と同様に権威を確立したが，その権威もキリスト教同様に絶対的なものとなった。多くの西欧人が古代異教文化を理解するほど，それも主としてビザンツ帝国という仲介者を介して理解するにつれて，歪みを伴った本能的生命とならび，キリスト教とそれに関係する精神的態度に由来する従来とはまったく異なった本能や精神の形態が成長してきた。それは，古代の神話やギリシア的弁論術の受容といった伝統の外面的受容をはるかに超えたものであった。そこには，実際第二世界と呼べるものが成長していた。この世界は，人々が現実に住まうと同時に，歪みつつあるキリスト教の趨勢から自らを解き放とうとするとき，避難所として探し求められたものである。精神面から見ると，この第二世界こそ，西欧史を貫く，決して絶えることのない連綿たる古典復興(ルネサンス)の唯一の原因なのである。それはまた，古典文化の揺り戻しが起こるたびにますます重要性を増す歴史的現象の本来の順序と関連して，なぜ西欧の魂ではキリスト教から生じた来世志向と古典世界によってはぐくまれた現世の享受という二分法的分枝が増えてきたのかについて語らなければならない理由

となっている。ひとまずキリスト教が生み出してきた緊張を置くとしても，西欧を巻き込んできた，あるときは衝突し，またあるときには協働するあり余る諸力は，西欧が独自性を確立するそのときまで，一段発展するごとにそのより力強い促進力となってきたのである。

　人間が本能的，霊的構造物として存在する，また人間が自らを支配する様々な諸力の圧力にさらされながらいくつもの層によってつくり上げられていると考えるなら，その内的な積層構造はヨーロッパ人においてもっとも極大化しているに違いない。ヨーロッパ人とは無数の力が活動する場であり，まさしく幾多の力の坩堝そのものである。過去の偉人，すなわち生命というものを十分に，心の底から存分に生きたいと願い，自らが生命と密接に結びついていると考えた者は，そこに足場を占め，自らを表現した。もし，そうした偉人が，その心の奥底に秘めた魂を静かに守りながら，心の上っ面の部分に避難所を求めないとすれば，当り障りのない才能の多様性が彼らの中で静かに共存することになる。そこでは，彼らが持つ無数の記号体系があり，それぞれの体系が自らの言語で言葉を交わし合っているのである（そして，彼らがジレンマから解き放たれるには，これがほとんど唯一の方法ですらあった）。そうこうするうちに，偉人たちは，自分自身が空虚な壁に，つまりずらりと居並ぶ教条(ドグマ)の壁によって四方をぐるりと取り囲まれていることを思い知らされることになった。しかも，たちの悪いことに，これらの教条(ドグマ)は，彼らがヨーロッパ人であるというその出自そのものであると同時に，そこから派生する歴史的，技術的，哲学的，思弁的教条(ドグマ)でもあった。一方，彼らにしてみれば，古典的教条(ドグマ)が今にも自分をそこから解放してくれそうな気がするのに，実際にはその都度自分がそれにいかに厳格に拘束されているかを思い知らされるのだった。彼らが万物の核心へと，すなわちあらゆる教条主義(ドグマティスム)の背後に存在し，すべてをしっかりととらえる存在の起源へと達するためには，言い換えるなら，何ものにもとらわれず思索にふけり，シンボルとしてあるいは自らが望むどんなかたちであれそれを表現しようとすれば，すべての教条(ドグマ)をいったん脇に取り払ってしまうか，粉々にしなければならなかった。

　あることが彼らの救いとなった。ヨーロッパは，若々しい情熱でキリスト教を受け入れて以来，世界のどの文化領域にも見られないほど絶対者に満たされ

第1章　西欧の特異性(ユニークネス)

てきた。仏教やヨガを別としても，もっとも両者にはかなりの違いがあるのだが，大宗教の中でキリスト教ほど額面通りに絶対者思想を徹底した宗教は存在しない。そうした他の宗教にはない絶対者思想は，私たちの生命をかたちづくり，個人という存在に対してきわめて高度な要望を出し，それゆえに絶対者を渇望する魂が有する山をも動かすエネルギーを覚醒させながら，現世の実存へと注ぎ込んでいる。そのことによって，ヨーロッパ人へと注ぎ込み，ヨーロッパ人を活性化してきたあらゆる絶対論的な宇宙創造論が，再び活性化することになった。その結果，これらの絶対者思想は，存在の真只中での長いまどろみから目覚めたのである。その意義は明白である。すなわち，たいへんな精神的高みへと達した人間は，かつてそうした人物が新たに目覚めた絶対論的教条(ドグマ)の寄せ集めの中でしたように，いまだ教条(ドグマ)化されていない存在の深淵へと突き進んでいくことでのみ，自分自身というものから独立した方法を発見できたのである。ヨーロッパが精神的な独立を成し遂げると同時に，西欧のほとんどすべての偉人は自分自身の殻を突き破るという問題に直面した。これが教条(ドグマ)という観点から見たヨーロッパの精神史である。しかし，西欧の偉人が非教条(ドグマ)的な価値をどうとらえていたか，そして彼らがいかなる価値に執着したか，さらには，彼らがどのようにしてそうした価値を理解，修正したのか，これこそが本当の意味でのヨーロッパの精神史をかたちづくっている。そしてまた，このことこそいまだ私たちが心の中に抱き続けている問いの答えなのである。すなわち，なぜヨーロッパは，教条論(ドグマ)的な絶対者のみならず，非教条(ドグマ)的な絶対者の探求も諦めた19世紀に没落してしまったのか，さらにその物質的繁栄にもかかわらず，魂の調和を四散させ，その奥底に流れる力強い調べを完全に破壊することになったニヒリズムの長い過程で振るわれた威力に屈していったのか，という問いである。

　私たちは上述した道しるべを発見し，また，私たちを取り巻く現代の精神的なニヒリズムからの脱却法を模索する上で，新たな見取り図を，すなわち存在に関する新しく，根源的な理解を得ようとするのであれば過去800年にわたる生気に満ちたヨーロッパ史において幾人かの代表的な偉人たちがどのようにしてこの種の問題を打破してきたかということに意識を集中しなければならない。その際，歴史の動態的変化，そして社会学的に意味のある用語で言うならば現

在における物質と魂の諸問題から説き起こすが，これらの問題についても同じように注意を払わなければならない。しかしそこには，はじめから次のような問いが影を落としていることに留意すべきである。すなわち，少なくとも私たち今日のドイツ人にとってこの上なく重要な問い，私たちはまさにそうありたいと願うのだが，過去における魂の経験が回復能力を持っているか否かという問いである。それゆえ，この問いにはかなり広範な分析が加えられるであろう。

　私たちは，ヨーロッパが伝統に縛られた起点から外れ，生命の束縛のない光景へ至る道のりが，なぜギリシアのそれよりも数百年余計にかかったのか，難なく理解することができる。それは，ヨーロッパが生まれた地には思索を精神的に干からびてしまうまで搾り上げたいくつかの固定した正統主義が存在したからである。一方，ギリシア人たちは，自由に目覚めてからというもの，自分たちが，部分的にであれ全体的にであれ極端に変幻自在な，存在に関する神話的解釈の濃い霧に包まれているということを知っていた。その霧は啓蒙された意識に照らし出されるまでは徐々に濃くなっていったが，哲学的，合理主義的，ソフィスト的思索の旋風が登場してからはその餌食となっていった。しかしヨーロッパでは，教条主義(ドグマティズム)の道から逸れようとするすべての階梯は，（若々しい自己解釈という刺激にもかかわらず）心の中だけでなく外面的にも妨げられていた。それら一つひとつの試みは，教条(ドグマ)や聖職者といった障壁がいたるところに存在しており，破門や追放，究極的には異端審問と処刑によって脅かされていたため，長いあいだ極端な危険を伴うものであった。もし，個人が自我に目覚め，自らの個性を表現しようとすれば，大変な勇気を，あるいは初期に限定すれば，古典文化に関する誰が見ても当たり障りのない関心を必要とした。というのも，古典文化は，魂の深淵に達する世界観として教会の神学者たちによって吸収，昇華されていたので，教会も大目に見ていたからである。

　そして，直接に理解された絶対者の実証，すなわちある種の究極存在の実証は，ヨーロッパにおいては，一人ひとりが世間一般の考えから離れて，心の中でひそかに行うという，ほとんど表に現れないかたちで生じざるを得なかった。一方，古代ギリシアでは，偉人のみがそうした仕事を引き受けることができたし，またそうであるがゆえに，疑いを持たれることなく一般に受け入れられ，時代という織物に編み込まれていった。そこには，彼らのような精神的に隔絶

した偉人たちが灯台のように立っており，私たちが探し求める道を指し示してくれるであろう．

　私たちが注目すべきは，彼らのような人物，その中でももっとも偉大で，もっともまばゆい光を放つ人物である．

第 2 節　ヨーロッパにおけるホメロス時代（紀元 1000 ～ 1250 年）

　おおよそ紀元 1000 年から 1250 年にかけて，キリスト教では実体や人間の内実を発見すると同時にその深化が始まる一方，ベネディクト会やシトー会，さらにはフランチェスコ会やドミニコ会といった修道院が勃興し，また十字軍以降教会に捧げられる騎士団の数も増加していた．これらすべては並行して発生しただけでなく，お互い支え合いながら進行していた．まさにこの過程が始まったとき，初期，盛期スコラ哲学として知られる力強く，きわめて思弁的な精神活動が展開されていた．もちろん，この活動が教条主義の一つの頂点を形成していたのは間違いない．しかしその一方で，そうした活動はゴシック芸術や『パルジファル』のような英雄譚で最高潮に達する宗教的衝動とは別に，ある種の不偏不党，すなわち教会さえも批判の対象とするような態度をも生み出していた．こうした中立性は，たとえばトルバドゥールと呼ばれる吟遊詩人たちや，放浪修道士の詩に見ることができる．またその批判的態度は，様々な異端説やそれに類するものは別として，ゴッドフリート（Gottfried von Straßburg, 1170? ～ 1210?）の『トリスタンとイゾルデ』に典型的に示されている．その結果，古代異教文化，すなわち生命の前教会的な見解や叙事詩あるいは悲劇的世界観といったものが再び脚光を浴び，幾度かの絶頂期を経験することになる．その例として，たとえばドイツでは詩人たちが活き活きと，ときとしてあまりにも鮮烈な色遣いで描く荘厳かつ悲劇的な『ニーベルンゲンの歌』を挙げることができる．

　しかしこれらすべては，生まれてはまた再生される他のすべての文物に見られるように，いわゆる「母型」であり，素朴さを保っている．この素朴さは，あらゆる面でギリシアのホメロス時代と同様のものである．それは，緻密で探

究心あふれるものであったが，それ自ら実存に対する十分に自覚的で，独立した，普遍的な解釈を生み出すことができなかった。とはいえ，この時代が成し遂げたものはたしかに壮大であり，その生命的象徴の多くはいまなお私たちにとって重要であり続けている。しかし，そこには私たちの苦悩や疑問を解消する抜け道をほとんど見つけ出すことができない。実際，私たちの案内役を務めることができるのは，この道行で出くわす，たった一人で屹立し続ける卓越した人間たちだけである。彼らこそ，私たちに進路を指し示してくれるであろう。

第2章　教条(ドグマ)の弛緩と深淵の発見[1]

第1節　ダンテ

　それは，早くもルネサンスの幕開けに酔いしれていた13世紀終わりのイタリアで，西欧の先駆者の中でもとりわけ孤高の人物とされるダンテ（Dante Alighieri, 1265～1321）によって幕を開けた。逆説的な方法を採るため意識的な努力と恐ろしいほどの芸術的才能の点で，ダンテは最も偉大なる美の創造者であった。思索の細部に至るまで教義的なキリスト教の唯一最高の神の概念にとって，ダンテは最後の砦でもあった。たしかに，ダンテには，前3世紀における中世的思考という大きな重荷が反映されていることを見出すことができるし，宗教的なものに限っていえば，古典教義的な哲学の究極の理想型が見て取れる。しかし，ダンテが語りたいと望んだもの，あるいは否応なしに語らざるを得なかったものは，それとはまったく別の，新しく，非中世的なものであり，それはのちに西欧的な意味において永遠となるものであった。ここでは，ダンテの驚くべき造形性について語ろうというわけではない。その造形性は，彼によって解釈された中世的な「別世界」に対する現実的な視点——それは希望に満ちたものでもあり，はかないものでもあるが——を私たちに与える。『神曲』は抽象的であり，私たちにはあまりなじみのないスコラ的な文章で綴られているにもかかわらず，その客観性によって，この作品を読むことは類まれな芸術的娯楽となった。それは，近世において古代世界を自由に動き回ることのできたルネサンス人の技能と見識をもってはじめて生み出されたものであった。また，ここでは，ダンテ特有の人文主義(ヒューマニズム)について語り尽くそうというわけ

でもない。世俗的でありながら崇高なる輝きに照らし出されるその人文主義(ヒューマニズム)は,『神曲』の中心人物たち,すなわち,主人公の詩人ダンテ,彼を導くベアトリーチェ,ダンテの案内人であり旅の同伴者でもあるベルギリウスやソルデッロらに共有されている。彼らはみな,不運にも永遠なる断罪を受けた者たちであり,それゆえこの作品は非常に高い精神世界へと高められているのである。ここで重要なのは,詩人ダンテは,この世界を神聖で神秘的な力に満ちたものととらえながらも,その力を決して教条(ドグマ)的なものとしてではなく,経験的な所与として直に感じ取っていた点である。彼は,その力をキリスト教における教条(ドグマ)の意味において解釈し,表面上はキリスト教的応報の体系へと築き上げることで,その存在意義を具体化した。そして,彼はその力を,それ自体で自存するもの,ただそこにあるものとして理解していた。それが底なしに悲惨で,一筋の希望によってしか救済されないものであったとしても,恐ろしき地獄の応報を厭うことなく人間らしくその力を唱えようとする人々に対して,ダンテは憐れみと恩情の念を抱き,堂々とその同情心を表現した。実際,彼は罪を宣告された人々の運命を涙ながらに嘆き,その素晴らしい詩のいくつかは,フランチェスカ(Francesca da Rimini, 1255～85),マラテスタ(Paolo Malatesta, 1246～82),ウゴリーノ(Ugolino della Gherardesca, 122?～82)といった追放者について書かれた。これは,人間実存に横たわる不可解で超越的な力に抗おうとする偉大なる最初の西欧的視点である。人文主義(ヒューマニズム)に染まったこのような視点は,それ自体の逆説的な美徳によって,生についてのまったく新しい解釈を呼び起こした。そのアプローチの独創性と明快さが放つ魅力によって,ダンテの詩は西欧社会の指標もしくは将来への指針の一つとなっていったのである。

第2節　レオナルドとミケランジェロ

　長く続いたイタリア・ルネサンスの全盛期の終わりには,ドグマは脇に追いやられ,非教条(ドグマ)主義のはっきりとした展望が導かれるようになった。レオナルド(Leonardo da Vinci, 1452～1519)とミケランジェロ(Michelangelo Buonarroti, 1475～1564)は,こうした時代に活躍した人物である。

第2章　教条(ドグマ)の弛緩と深淵の発見

　レオナルドは，魅惑的な複雑さを持ち合わせた不可解なる人物であったが，何が見えようとも恐れることなく人間の深淵を覗き込もうとしていた点で，間違いなく彼は幻想的なものに縛られない人物であったといえる。彼の知識と行動の広さは，おそらく同時代においては比類なきものであった。同時に，超越的で内在的な神の力の存在を容認する点においては独特な人物でもあった。ベールに覆われているかのようなその力の存在は，あるときは形而上学的輝きに満ちた風景として，またあるときは描写の直接的な対象として象られることによって，現象的な実体の中にうまく取り入れられている。例えばそれは，聖アンナ，マリア，キリスト，モナ・リザが描かれた作品において認められる。モナ・リザについていえば，謎めいた力を持ったあの不可解で危険な微笑みこそが真の主題である。レオナルドが表象化してみせたその微笑みは，人々が何かはっきりしない衝動でそわそわし続けてしまうように，その神秘的な力によって知らぬ間に私たちを惹きつけてやまない。

　ここで，ミケランジェロについて適切な観点で正しく語ろうとしたら，丸ごと一冊を要するだろう。ミケランジェロは，若い頃から世界中におよぶ人間の深淵について興味を抱いていた。このことは作品上にもよく表れている。もちろん彼の作品がそのことを完璧に表現しているとは限らないが，それはまるで鏡の間に居るかのように，彼の真意を明らかにするのに役立つものだ。ミケランジェロは非常に複雑な人物で，その複雑さは完全に生まれつきのものであった。彼は，キリスト教文化や異教的文化といったまるで異なる様々な表象を深く洞察し，圧倒的な造形力と創造力とでそれらを表現した。空想的作品に飽きてしまった彼は，それらをたぐり寄せ，変形させ，その対立や矛盾のすべてを使って，原始的な神の時代には無かったようなやり方でそれらを可視化してみせたのである。

　ミケランジェロは敬虔なクリスチャンとして知られるが，実際は，晩年のみならず詩集の創作に取り組んでいた若い頃からプラトニズムやネオ・プラトニズムに魅了されており，その経験と表現においては真に古典的な人物であった。表象としての古典的世界は，クリスチャンやそのユダヤ的祖先と同様，彼にとっても現実的なものであった。彼は，男女の肉体美によって引き起こされる悪魔(デモーニッシュ)で憑依的な情欲に苦しみ続けていた。老いてなお元気な彼は，このもっ

とも現実的で具象的な悪魔崇拝に心奪われていたのである。同時に彼は、自らの経験や習慣——それはたいてい美の庇護をうけたものであったが——によって、生を支える諸々の力が底知れない深遠にあることを学んでいた。実際、彼には身内への援助を惜しまない献身的なところがあり、ありふれた人間性(ヒューマニティ)を持ち合わせた人物であった。このことは、彼自身の描く聖家族や幼子イエスを抱く聖母マリアにおいてよく表現されている。最も典型的なのは、子へ授乳する神秘的な母の姿が表現された『メディチ家の婦人』のあの驚くほど悪魔的(デモーニッシュ)な人物像である。また、祖国の自由と独立のために闘おうとする紳士的で実践的な闘士でもあった彼は、超越した雄々しき力についてもよく認識していた。それはすばらしき闘士の像として作品中に表されていくことになる。その始まりは、まるで神によって創造されたかのような『ダビデ像』における若々しき威厳の顕現である。この雄々しき力については、それ以降も様々なかたちで表現されていった。奮闘し這い上がろうと苦悩する男性的な作品群は、張り詰めた精神力についての造形的な美として生み出された。すなわち、彼は、無限の潜在力というものを堂々たる描写によって具現化し、個人のシンボルや肖像として凝縮させたのである。その例としては、ブルータス、『メディチ家の廟墓』の二人の君主、立法者であり稲妻のごとき意思によって弱く哀れな人間性(ヒューマニティ)を抑制し超自然的な力を支配する偉大なるモーセ、そして『最後の審判』において圧倒的に神格化された厳然たるキリストの姿が思い起こされよう。ここでのキリストは、まさに創造された全人類の運命に対する悪魔的(デモーニッシュ)な支配者にほかならない。システィナ礼拝堂には、ミケランジェロの超人的な創造力が満ちあふれている。銀白色に染まったその神秘的な世界は、私たちを大いに高揚させ、内的世界として私たちの内に大きく立ち現れ、あのアーチ状の天井画に描かれたあの世から、まるで語りかけられているような気分になる。しかし、ミケランジェロの心の奥底がもっとも表現されているのは、おそらく『ユリウスの墓』や、メディチ家廟墓の『朝』と『夕』、『昼』と『夜』における人物たちであろう。彼らの一人ひとりには、見えない力や彼らの苦闘についてのミケランジェロの理解のほかに、そうした力によって絶えず荒らされてきた生を必死に耐え抜こうとしたミケランジェロ自身の苦しみが表現されている。つまるところ、彼はその力の恐ろしさに魅了されてしまったのであった——そこからは、あたかも槌(つち)

第2章　教条(ドグマ)の弛緩と深淵の発見

と鑿(のみ)の振動が感じ取れそうなほどである。一方で，陰鬱なものや悪魔的(デモーニッシュ)なものから逃れられない人類の境遇を模したミケランジェロの作品は，束縛された運命からいたずらに逃れようとしたところで，彼らを閉じ込められている厚い壁を突破することなど到底できない奴隷の姿において表現されているが，これほど端的に私たちの心を強くとらえるものなどほかにはない。超越的なものの強大さについては誰もが理解するところだが，ミケランジェロはそれを人間の身体性と悪魔的(デモーニッシュ)な興奮とによってわかり易く表現したのである。

　ミケランジェロが扱った神話的象徴を解体することで明らかになったのは，そこから教条的でも神話的でもないものの見方や経験が生み出されたという点である。それは，超越的世界の領域の中でかたちづくられ維持されている人間存在の根拠といってよい。ミケランジェロは，その超越的世界を，個人においては象徴的にとらえることで，その力を創造的な形態で可視化し，同時に，集団においては集約的に表現することで，彼らを何か超人間的なものへと昇華させてみせた。ただし，それは決して神々しい世界への昇華ではない。それはむしろ，彼自身が強く体験した完全に世俗的な力の相互作用を具現化したものであり，それによって作品の多くは誇張され，実物よりも一際大きな存在となり，深い人間性(ヒューマニティ)に満ち満ちたものとなった。それがいくら表現を抑えるものだったとしても，卓越的な生気なるものは，どの作品においても同じように表出している。ミケランジェロの作品に複雑さを欠いたものなど一つもない。例えば，感情の激しさにもかかわらず感傷的な哀愁に満たされている人物像のように，彼の作品にはみな複雑な生が表現されているのである。このように，ミケランジェロの作品は，現実世界に対応することで，私たちに対して驚異的な影響力を及ぼしてくる。それはまるで，すぐ目の前で高らかに奏でられる神のメロディーのようである。

　生の暗さと明るさは，旋律と響きのようにいつも混在している。それが不協和音を奏でるものであったとしても，そのハーモニーは私たちを揺さぶり，解放する。それらはすべて，いくつかの基礎音が反響したものであるが，その振動は，この現象界においてミケランジェロの内面を興奮による混乱状態へと変えてしまった。彼自身が述べるように，「発火はいつも激しい炎を引き起こす」のである。すなわち，「美」の現れは，深い苦痛をもって彼自身が認識し，

経験した「醜」という存在を併せ持つものであった。ミケランジェロにとって，「美」とは，決して偶発的なものではなく，あらゆる実在の根拠として確信できる超越的な力であり，私たちがそれを完全に明らかにすることなど到底できない。

　　かくして，美は，燃えるような情熱とともに焼きつくされることはなく
　　それは，ただ幾らかの神々しき灯りとして，
　　熱烈な魂を見出すが如く，我の愛を燃え上がらせる
　　例えば，ある淑女は，老いに悲しむ
　　しかし，もしもそなたと出会えたならば，私は完全に死ぬことはない
　　なぜなら，我は，死してなお，そなたの美を感じ続けるに違いないからだ[(2)]

「美」とは，何度も輝き出すために，その超越的な領域へと退こうとする具象的な力である。

　　この世にあるそなたの偉大なる美は
　　花輪が引き裂かれるように時間を貫き　永遠不滅なのかもしれない
　　わたしはそれを集めて束ねたいと願う
　　いつのまにか時が過ぎ去ること　その喜びすべてを
　　幸福に生まれ，天賦の才能に恵まれ，吉兆あり，洗練された，
　　そうした素晴らしき環境のもと，高潔なるかの人は，
　　今なお天使のような清らかさで満ち溢れんばかり[(2)]

しかし，ミケランジェロ自身，「美」に心奪われ，次のように叫ぶほどであった。

　　魂は魂を燃やし，精神は精神に向かって叫ぶ！
　　わたしはそなたにそなわった輝きを探し求める
　　しかし死を免れない人間にとって，美はかろうじて知りうるのみ
　　それを喜んで見出そうとする者は，いっそ死んでしまうに違いない[(2)]

第2章　教条の弛緩と深淵の発見

　邪悪で恐ろしいものも含めてミケランジェロ作品のすべては，この力による打ちひしがれるような体験から作られている。ある部分に限れば，彼は，「超越的なもの」が生の中へと流れ込んでくるようにも感じられるあのぞっとする力の印象——それは，ソクラテス的産婆術に頼ることなく認識される「美」である——を可視化してみせたのであった。

　　わたしの魂は天に背き，
　　どんな旗のもとでも知り得ない
　　その危難から逃れるためには　いかにして戦えばよいのか
　　そして　恐ろしい怒号と轟きの中　いかにして生き残ればよいのか
　　その敵の軍隊の中で　そなたの救援がなかったならば
　　肉体よ！　血よ！　十字架よ！　究極の苦しみよ！
　　汚れた罪が贖われたことによって，
　　父が生まれ，そしてわたしが生まれた！[2]

　超人的な美しさをたたえるメディチ家廟墓の『夜』は，この彫刻家が体験した恐怖についてのありのままの告白である。彼自身は次のように語る。

　　夜よ，暗くとも優しき時よ！
　　あらゆるものに旅路の果ての安楽をもたらす夜よ
　　おまえを賛美するものはだれでも　見識に優れたものであり
　　おまえを崇めるものはだれでも　知恵に優れたものである
　　死の影よ，魂がようやく
　　心を痛める苦悩と悲哀を遠ざけたにもかかわらず，
　　悲しむ者が，確かなる安堵に辿りついたにもかかわらず！
　　おまえは傷ついた肉体に再び力を与え，
　　涙を乾かし，痛みを和らげ，
　　魂を災いのないものへと清めてしまう[2]

豊かな生の輝きや世俗性の一切を支えた圧倒的な「美」の経験と同様，恐ろしさや残酷さの経験もまた，この偉大なる彫刻家が駆け抜けた「ルネサンス」においては些細な出来事であった。だが，彼が見事に表現してみせた「超越的なもの」は，決して教条(ドグマ)的なものとしてではなく，現前の事実として扱われている。ミケランジェロ自身のそれへの執念について何も感じるところがないとすれば，それは盲目というものだ。実際に，キリスト教，ユダヤ教及び古典的神話の表象化のすべては，各々その起源から切り離され，もはやその神話的意味に頼っていない点で，すっかり人間的なものになってしまったと言ってよい。

第3節　シェイクスピア

　シェイクスピア（William Shakespeare, 1564～1616）については何を語るべきだろう。彼もまた，教条(ドグマ)が解消しつつあるルネサンスの中で活躍し，世界の宿命や様々な人物像を描き出した。そこには，ミケランジェロの人物像が無言で語ったメッセージと同じことが，むしろ饒舌に語られている。フリードリヒ・グンドルフ（Fredrich Gundolf, 1880～1931【訳注：ドイツの文芸学者】）は，シェイクスピアとは，私たちが抱えるあらゆる困難を体現した人であり，したがって，私たちは彼についてより詳しく考察すべきであると断言する[3]。
　シェイクスピアの創作人生は，大きな個人的体験をした30代の時期と，1590年代のソネット集を執筆した40代の時期との二つに区分できる。グンドルフの言うように，「悲劇的な」後期に対し，前期は比較的「倫理的」な時期である。前期には，幾つかの史劇が誕生している。特に『ロミオとジュリエット』や『夏の夜の夢』を代表作とした一連の喜劇が創作されたのは，人々の支持と影響力とに満ち溢れた絶頂期であった。この時期の彼は，全力で創作活動に取り組み，おおむね人生をあるがままに受け入れ，その価値と意味について深く問うことはなかった。一方で，後期には，『ジュリアス・シーザー』に始まり，『ハムレット』『オセロー』『リア王』『マクベス』，そして『アントニーとクレオパトラ』『コリオレーナス』『アテネのタイモン』『テンペスト』などが発表されたが，この時期の彼は，存在の媒介物である怪しげな力による恐怖

第2章　教条の弛緩と深淵の発見

の体験に曝され，それに耐えねばならなかった。時には『トロイラスとクレシダ』や『アテネのタイモン』のように，その経験はいきなり辛辣なアイロニーとして現れるが，それが最も高まるとき，憂鬱に満ちた最大の悲劇が訪れる。『テンペスト』では，ほろ苦い魔術によって事を成そうとすることにうんざりした主人公が魔法の杖を折ってしまう。彼はこの杖でこの世のあらゆる魂と力に魔法をかけていた——すなわち，その魂と力とが悲運なる人物像へと変換されることで，それらに内在する超越的なものが表現されているのである。

　シェイクスピアについては，こうした後期における自覚的な経験と表現の形式，すなわち，その第二の最盛期の作品に関心が寄せられている。しかし，シェイクスピアをよく知るために重要なのは，彼の作中人物は，それがいかに造形的であろうと現実的であろうとも，またどれほど個性的でユニークであろうとも，彼ら自身によって，また彼ら自身のために存在する「私」として扱われてはいない点である。彼らの具体的な性格描写に織り込まれているのは，むしろシェイクスピアの「私」と彼らの宿命である。グンドルフが述べるように，「力が人の姿となり，様々な自然力，緊張関係，肌の色，大衆性を具象化している」。すべての作中人物はこうした彼の創造力によって誕生したが，彼らが「人類がもともと持ち合わせている一般的な本質」から離れていくのは，「多様な『私』の統一を表現するため，生きた台詞を用いて，様々な人物像にその本質を表現させる」ためである。というのも，「どんな人間にでも人間性が溢れている。たとえ何も言わずに無目的に日々を過ごす人でも，気を張った特別な自分，もしくは『第二の私』が存在する。つまり，品位ある人間はみな，自分自身の中に存在する複数の人格を統一的に生きているのである」。こうした個人的な人間の統一性と普遍性は，最も強靭な人物でさえ，底流物のようにどこにでも存在する何か具体的なものとして，本人だけに経験しうるものである———このような統一性についての理解のもとで，超個人的な力を具体化したもの，すなわち，シェイクスピアの作中人物の緊張や苦闘は，彼らの個々の意識を含め私たちすべての人間が経験するような人間関係のもつれや対立が顕在化した現象界におけるものである。こうした人間の統一性と普遍性は，夢想家として活躍した前期から空想家として活躍した後期を通してシェイクスピアが作り上げた超越的なものへの手掛かりである。それは同時に，彼の描く運命

劇や作中人物が，世界中の人々に感動を与えるための鍵でもある。個人的な運命が何か普遍的なものへとかたちづくられる過程で，実際に偉大な権力としての無類の力があれば，人はいつでもやり直すことができたはずだし，今でもまだやり直すことができる。シェイクスピアは常にこのことを意識しながら運命的なるものを描写した。それは，私たちが深く共有するものとして描かれたり，あらゆる人間がみな同じ理由で立ち現れる故に，人々を互いに結びつけるしっかりとした根拠がなければ社会的枠組みを完全に欠いてしまうような情況として描かれたりする。

　シェイクスピアが描いてみせたものは，総じて人間の宿命という領域についてである。それは，個々の登場人物の単なる作用でも反作用でもなく，すでにグンドルフが指摘したように，常に宿命と人格とが神秘的に融合したものとして描かれている。たとえ宿命が神話的に象徴されていなかったり，独立した解釈がなされていなくとも，たいていの場合それは複雑な状況や人物描写の中に組み込まれている。それは古典的悲劇における宿命とは対照的で，したがって，芝居の登場人物たちを話のなりゆきを語るための単なる媒体ととらえることは誤りである。そうではなく，彼らはある特定の力が具現化した存在であり，私たちの本質がその存在のあり方へと組み込まれることで，それは一般的な人間状況を象徴する。このことは，前期の作品において顕著である。前期は史劇の創作をもってはじまった。バラ戦争の間に蓄積され，数世代にわたって国を揺さぶり続けたイングランドのあらゆる邪悪な力の概要を理解し，リチャード三世をその最後を飾る王としてとしてとらえなければ，私たちは『リチャード三世』の中で次々と起こる出来事も彼が象徴しているものについても完全に理解することはできないだろう。邪悪な力を解放することでその宿命には憂鬱な陰が映り，そこでは，相次ぐ殺し合いをもたらす野心と相互の憎しみが駆り立てられ——『ヘンリー六世　第三部』で起こるのと同様に——邪悪な惨事は，まるで世界中を揺るがすような事件として具体的に描かれていく。『リチャード三世』はこうした宿命の中で始まる。極悪非道の猫背，リチャード三世は，自分が握っているあらゆる恐ろしき力をいわば意識的に振りかざしておきながら，（有名なプロローグで語られているように）生まれながらの容姿の醜さを理由に，その振る舞いを正当化する。このように異様な変貌を遂げ，見事なまでに

第 2 章　教条(ドグマ)の弛緩と深淵の発見

悪魔的(デモーニッシュ)なリチャード三世の中にこそ、その力は具現化されているのである。ラスト・シーンでは、崇高なる霊的な力によって、黙示録のごとく照らし出された恐ろしき殺人から逃れようと懸命にもがく彼の姿が描かれている。偉大なるマーガレット女王やその他の女王たちは、夫や子どもを奪い、古典悲劇を思わせる呪いのコーラスで荒廃をもたらし、ついにはリチャードとそのよきライバルであったリッチモンドよりも前の時代に殺された人々の亡霊までもすべて闇夜に解き放ってしまう。こうした出来事にもかかわらず、依然としてこの物語は終局に至らない。それは、まるでこのスペクトルな領域から退いた後も、依然としてその力が別の方面へと働きかけることをやめないことをほのめかす。具現化された悪の力は、馬が安全にそれを運ぶように何度となく手に負えない自尊心を呼び起こすだろう。この芝居の全体には、宿命を表したアーチ状の背景との奮闘を余儀なくされた自然の力について、素晴らしい演出が施されている。

　まだ陰りのなかった中間期のシェイクスピア作品の中でも、『ロミオとジュリエット』ほど有名な作品がほかにあろうか？　ここでは、同様の苦悩が、実際には愛の力に捕らわれながらも表面的には希望に満ちた水準にまで高められている。恋人たちを外側から支配する力、または、はじめから逃れられない宿命によって、家族の不和や破滅への運命的プロセスが何度も繰り返され、彼らはこの過酷な不和の嵐の中へと引きずり込まれていくのである。

　シェイクスピア自身が当時、この超越的な背景を経験していた可能性はあるが、彼が劇中のあらゆる場面においてそれを表現するとき、それはまったく意識していなかった。彼の手は、天性のインスピレーションによって、ただ直観的に導かれていたのである。

　だが、ソネット集が執筆された後期に入ると、シェイクスピア自身がある交際関係のただ中にあった。それは、彼自身と、彼を冷遇する貴族の友人、そしてその友人と彼自身の両者を誘惑する「黒婦人」との交際である——彼女は特別美しい女性ではなかったものの、邪悪な魅力を湛え、どういうわけか彼の身体も心も虜にしていた——。それは、最強の者であっても激しく振りまわされてしまいそうな愛憎劇の恐るべき力と、その超越的な力によって生み出された終わりなき苦痛の経験である。それはしかも限りなく深い経験であったので、

彼は絶望の中，まるでミケランジェロのように，非常に憂鬱なトーンで，次のように叫ぶのである。

　　人の弱点が僕の心をこんなに魅惑するとは
　　この強い力を君はどういう力からもらって来たのか……
　　君の芥のような行為の中にさえ
　　非常に巧妙な力と自信があるので
　　それが君の極悪の行為が最善以上のものに思わせる
　　この悪を美とする君の力はどこから来たのか【訳注1】

　これは，容赦なく愛の突風にさらされた者による，驚くほど率直な苦痛の叫びである。

　輝かしきエリザベス女王の宮廷には，彼女の欲する愛や虚栄心を満たすものはほとんどなく，野望や陰謀や非難に満ち溢れ，わざとらしさの感じられる場所であった——それはまるで，燦然たるエリザベス朝の外観に反した，精神的なイングランドの地下聖堂を思わせるものであった。シェイクスピア自身の経験も含め，日々この宮廷で繰り広げられる親密な交際から切り取られた光景は，この世の邪悪な力の中にたしかに存在する超越的な背景をシェイクスピアに意識させるものとなり，それは，後の円熟期における悲劇の中で表現されることとなった。ここにおいて，彼は，前景の芝居を通り越して，完全な客観的実在へと迫る。すなわち，シェイクスピアの展望は「夢と同じものでできている」【訳注2】人類という領域へと向かうようになる。彼の経験もまたそのようなものであり，静穏，温情，陽光など人類の夢の中に織り込まれたあらゆる事柄について理解していたにもかかわらず，また，私たちを絶望に追いやるような陰鬱な力だけではなく，魂を解放するような輝かしい力についても描写しているにもかかわらず，その旋律は，人間性についての深く憂鬱な悲哀を奏でているのである。こうしたことは，シェイクスピアの人生経験における精神的な傾向そのものである。それは最も人間的ではかり知れない深遠な財産ではある。しかしそれは，超越的な経験における何か普遍的なものとは区別されるべきものであり，したがって，それは完全に色彩を異にするものである。教条的では

第 2 章　教条(ドグマ)の弛緩と深淵の発見

ない超越的なものそのものの展望と個々の色彩の区別は，彼の予言者としての人格と，時代人としての人格とが同じものではないということを意味する。しかし，この偉大なる非教条(ドグマ)的な予言者の展望のごとく，台詞と演技を使って世の全体を見渡そうとしたこれほど傑出した例はほかには見当たらない。

　シェイクスピアにとって，超越的領域とは，単に人間界の範囲を超えたものではない。それは，むしろ宇宙そのものの形式や本質と密接に関連している。それは単なる芝居の装置などではなく，宇宙の力と，歴史的にも精神的にもきわめて重要な人物とをまっすぐに結びつけるものである。シーザーの殺害という歴史的事件の重要な場面では，宇宙全体が同情しているかのようにその動揺が描かれている。共謀者の一人で，実にまじめな人物であるキャスカは，次のように陰鬱に述べる。

　　あなたは平気でいられるのですか？　大地の平衡が破れて，
　　まるでクラゲのようにグラグラ揺れているのに。ねえ，シセロさん，
　　私もずいぶん暴風雨(あらし)というものは知っています，吼え猛る烈風が，
　　節くれ立った樫(かしわ)の梢を引裂くのも見ました，大海原が
　　垂れこめた雨雲を凌(しの)がんものと，天に沖(ひい)り，怒り，逆巻(さかま)くのも見ました。
　　だが，今日今夜まで，まだ火の雨を降らすという
　　暴風雨には遭ったためしがありません……
　　そればかりじゃない——いや，私はそれからずっと，この抜身のままでいるのですが——
　　私がちょうどキャピトルの前へ来かかると，
　　一頭の獅子がやって来ました，しかも私の顔をぎょろりと睨むと，
　　そのままなんの危害も加えず，のっそり行ってしまった。
　　かと思うと，恐怖に顔色を変えた，この世の人とは思えない，
　　女が，百人ばかり一団になって，なんでも全身火になった男が，
　　街を練り歩くのを見たと，そう断言するのです……【訳注3】

　次の事例もまた，同様の戒めを反映したものである。カルプルニアは，雷と稲妻の鳴り響く夜にシーザーを呼び出し，この後に彼を脅かすことになる危険

な事態を警告する。シーザーは彼女を安心させようと、いったんは躊躇してみせたものの、彼女の願いや秩序の混乱にもかかわらず、またあらゆる前兆や前触れにもかかわらず、おのれに差し迫った死の運命を十分意識しながら元老院をあとにする——彼は、真のシーザーになるべく、そして、シーザーとして死を迎えるべく旅立ったのであった。

　これらの出来事と描写についてそのすべてをいちいち逐語的に理解する必要はない。シーザーが死を迎えるには、激しく揺さぶられるような生命の躍動こそが必要であった。ここで重要なのは、その大いなる生命力の具現化である。

　『リア王』においても同じことが言える。リーガンとゴネリルの底知れぬ冷酷さがリア王に明かされることによってはじまるこの騒乱劇は、単に二人の娘の残酷性を具象化したものではない。彼女たちは罪の意識も感じぬまま、年老いた父を夜の闇と激しい暴風雨の中に晒し、まるで浮浪者のような境遇に追いやる。それ自体は自然現象ではなく、追放された父や恩人の狂気のために用意された表現形式であり、演出効果を高めるための単に偶発的で副次的なものにすぎない。それは、大きな混乱についての念入りに計画された表現であった。すなわち、人間の宿命という怪物によって刺激された世俗的な力の恐怖が、リア王という事象を生み出してしまうのである。

　『マクベス』の主題は、立派で気高くも陰気な性質を持つ一人の男が、自然の力を掴み取り、それに翻弄されていくというものである。その力は、女性の姿をした霊的な化身たちと遭遇することによって彼の中で目覚め、やがて支配的なものになっていく。そしてその力は二度、重大な場面で現れる。それは決定的な役割——権力組織全体を動かすような——を演じるヘカテーと魔女たちによって、そして、殺されたダンカン王の騎兵たちが互いに滅ぼし合ってしまったという噂によって。それは、物的実体を欠いたバンクォーの亡霊よりもはるかに彼の心を強くとらえ、重要なものとして立ち現れる。ただしその全体は、心理的なレベルにおけるミステリアスな一連の出来事を表したものである。このことは、芝居の雰囲気を奇妙で含蓄のあるものにしている。ここでは、精神的な不安と良心の呵責にしたがった行動を追い求めているにもかかわらず苦しみから逃れられないマクベスとその妻の運命が、きわめて表現力に満ちた形で表されている——それゆえ人を感動させるのである。シェイクスピア本人

第2章 教条の弛緩と深淵の発見

が語るように，それは人間の悲劇的運命と登場人物との交錯の象徴なのである。超越的な力は言葉や記号を生む——そして，自らそれを生み出す気質のある人間は，ただちにこの超越的な力へと引き込まれてしまう。それは，本人が十分自覚しているにも関わらず，何か恐ろしいこと，本来の自分に逆らうようなこと，すなわち何か残虐的なことをしかねないというほどまでに——つまりは，そこからは逃れられないのである。邪悪な者にも立派な者にも備わるこの超越的な力は，彼らの表面的な行動の中だけではなく，彼らの本質においてこそ非常に現実的で重要なものとして描写されている。深刻な心の苦悩について，マクベスは次のように言う。

　　そうなれば，同情というやつが，
　　生まれたばかりの裸の赤ん坊の姿をとって，疾風にまたがり，
　　天の童子も目に見えぬ天馬に乗って，
　　その恐ろしい所業を万人の眼に吹きつけ，
　　風は涙に溺らされるだろう【訳注4】

これは，ありのままの哀れみを表現することを意図したバロック様式におけるあいまいな言い回しとは明らかに異なる。それはちょうど以下のマクベスの妻の台詞のように，実に真に迫り，人間の深淵から湧き上がってくるようなものである。そこでは，誘惑の力にたちまち屈してしまうし，魂の選択の残虐性について苦悩してしまうのは当然のことである。

　　人殺しの悪霊ども，
　　この女の乳房にたかって，
　　甘い乳を苦い胆汁に変えておくれ！
　　お前たちは姿も見せずに，
　　いつも自然に背いた悪事の手助けをしているではないか【訳注5】

超越的なものの本質は，その言葉が示す通り，力強く描き出されている。それは，シェイクスピアの最盛期における作品群を入念に見ていけば，その至る

ところに見出すことができる。それは，すべての登場人物に崇高さをもたらし，彼らの振る舞いと行為の源泉となっている。そしてそれは，彼ら自身の人格の中にも，また彼らの運命の中にも，基本的にはおなじように存在する。彼らの行動は，彼らの運命が託されたあらゆる力がいわゆる伝統的に具現化されたものであり，そこにこの超越的なものの本質は存在しているのである。

『オセロー』は，嫉妬を題材とした典型的な作品とされているが，これもまた，ただそれだけの単純なドラマではない。グンドルフがすでに示したように，もっとも正確に述べるならば，この作品は輝かしくも尊き「アウトサイダー」についての物語である。主人公のオセローは，自分には手の届かないある身分に固有の力に苦しめられ，最終的にはその力によって押しつぶされてしまう。イアーゴは，シェイクスピアの他の作品における悪役たちのように，人格が磨かれていくような悪役ではない。グンドルフの言葉を借りるなら，彼は「死刑執行人」なのである。この死刑執行人は，ある場所でオセローと出会い，滅ぼすために舞台に現れる。その場所は，オセロー自身が深く根をおろしつつも，同時に不安定で異質な場所，すなわち，美しい白人女性との情熱的な結婚という，彼の置かれた境遇のうちで最も人間性溢れる場所であった。一度そこから立ち去れば，彼はこの環境に滅ぼされるしかなく，それは彼の自滅と彼女の死を意味した。

 だが，そのお前の胸，その中に俺は俺の思いを籠めておいたのだ。
 生きるのも死ぬのもそこに懸かっておるのだ。
 俺の命の川が流れるのも枯れるのも
 その泉次第なのだ。そこからほうり出されてしまう！
 その泉を，きたないひき蛙がつるんで
 子を生む水溜まりにしてしまう。若々しいばら色の唇をした
 忍耐の天使も，もうこうなったら顔いろを変えて——
 そうだ，すさまじい地獄の形相になってしまえ！【訳注6】

すべては準備されたものである。すなわちそこは，嫉妬の力によって自滅を引き起こさせるという役割を担った死刑執行人に出くわすため，あらかじめ定

第2章　教条の弛緩と深淵の発見

められた場所であった。この嫉妬の力は，オセローの気質とはおよそ関係なく，単にその場の苦悩によって生まれたものである。

　こうした超越的な背景と，その避けられない影響力について説明するために，『アンソニーとクレオパトラ』や『コリオレーナス』を読み解いてもよいだろう。しかしそれは，ここでは必要ない。

　なぜなら，私たちがここで関心を持っている最もわかりやすい事例は，シェイクスピア作品の中でもきわめて包括性が高く最も有名な『ハムレット』と『リア王』の中に見出すことができるからである。

　『ハムレット』は，いかにも古典的な運命劇やオレステスの悲劇の近代的な続編のような作品であるが，それは，直ちに心がおじけづくような出来事の表面に隠された，疼くようなその力についての荘厳なる光景について，シェイクスピアが私たちに示してみせた最初にしてもっとも重要な作品である。ハムレットはもともと，行動を起こすことに関して臆病ではない。彼は，恋多き王と母親の仮面をうまく剥ぎとってやろうと企むが，それはちょうど，追放された彼がイングランドで計画した帰国の企てと同じように，彼の最期を意味するものであった。最後の決闘へ挑む彼は，徹頭徹尾，大胆な人物であった。彼はその決意をひた隠しにしながら，その企てを積極的に実行に移し，壮大なる終局へと至ろうとする。しかしそれは，父親の出現によって打ち砕かれる。彼は邪悪な実体によって悪い胸騒ぎでいっぱいになり——とはいえ，彼は身震い一つせず堂々と立ち振る舞っていたのだが——不意に深淵にひそむ無限の力に目覚めるのである。それは，彼の人生を消耗させたり，彼の人生を破壊しかねないものであったのだが。このことで，彼は心を固く閉ざし，己を悪魔のごとく何事もお見通しな人間へと変えた。彼はこの力を秘密裏に行使するため，自分を取り囲むすべての物事に対して仮面を被ることにしたのである。彼は自分の透視力にとても耐えきれず，彼自身と彼が為すべき行為を覆い隠す偽りの狂気を装うが，彼の友人であり共謀者であるホレイショーだけには，その純粋な感情を隠さずにいた。一方で，彼はやけになって，最愛のものまで滅ぼしてしまう。オフィーリアは彼にとって空っぽの存在になってしまっていたし，彼の母親に関することでいえば，彼は，父親の亡霊が自分の目を覚まさせたという経験をしてしまったことに恐れおののいていた。このようにハムレットは，怪物

のように未知なるものやこの世の混沌を示すものによって打ちのめされるのであるが，彼を突き動かし，彼の本質をも揺り動かすその力の意味と内容について，彼は絶え間なく考えさせられるようになる。墓掘り人の場面を思い起こしてみよう。彼は，王の仮面を剝ぐために計画されたシナリオ通りに自分が行動することなど，容易いことだと思っていた。ところが，彼にはそれが果たせなかった。背後からふいをつけば王を仕留められるという機会が訪れたとき，彼は後悔の念に屈したのである。彼が実行に移せなかったのは，自分が行おうとしている復讐と罪を極端に比較することで，そうした行為が象徴的な規模へと誇張されてしまったからである。

〔剣を鞘に納める〕
さあ，もとに戻っていろ，いいか息をこらして待っているのだぞ，
あいつが飲んだくれて眠るか，怒り狂うか，
床の中でけがらわしい快楽に夢中になるか，
賭博をするか，呪いの言葉を吐くか，そのほか何でもいい，
救いようのない汚れた行いに耽るときがきたら，
いいか，その時こそ，飛び出すのだ，斬り倒すのだぞ。【訳注7】

シェイクスピア作品の中でもとりわけ輝かしいアイロニーと辛辣なウィットをともなって，底力によるこの過度な洞察力は行動を麻痺させる。ハムレットは偶然にも"ねずみのごとく"ポローニアスを突き刺し，自分自身もまた偶然に死に臨むことになるが，最終的には己に課した通りに，王への復讐は成し遂げられるのであった。

亡霊の出現の背後に立ち現れた底知れない深淵への洞察力は，最も見事で，最も繊細で，最も崇高な人間を，目を眩ますことも傷を負わすこともできる鋭くとがった剣へとのように徹底的に鍛える一方で，そこに求められる人間的感情も几帳面な特質も失われてしまう。おおよそこうした事柄が，偉大なる詩人が真に伝えたかった趣意である。

このことが，『リア王』においては別のやり方で示されている。すなわちここでは，事象の背後に隠された悪の力が意味すること，つまり，愚かな虚栄や

第2章　教条(ドグマ)の弛緩と深淵の発見

　思慮なく怒りを爆発させることの影響は，最も王に相応しい者すら打ちのめすことができるのだということを示すやり方ではなく，ぎらぎらとした狂気の中に潜む恐るべき真実を知らしめるというやり方で，その趣意は示されているのである——それは，リア王に対してだけではなく，あらゆる人間に対して示されている。それが『リア王』のすばらしさである。真実とは証されるものである——このことは，その真実の恐ろしさにもかかわらず，『ハムレット』よりも『リア王』において強調される。それは単なる真実ではなく，または単なる闇でもなく，それはむしろ暗闇においてこそ光り輝き，心を暖めるような真実である。実在の悪魔的(デモーニッシュ)で邪悪な力について，これほどまでに明確で，現実的で，豊かなものとして描かれた例はない。それは，ゴネリルとリーガンという二人の賢い姉妹の中に見て取れる。彼女たちは，権力に対する欲望と満足という彼女たち自身の目的のために，父親を放り出し飢えさせるように設定された人物である。同じような悪魔的(デモーニッシュ)な特徴は，エドマンドにおいても見いだせる。すなわち彼もまた，異母兄のエドガーを利用して，ゴネリルとリーガンと同じような行為を行っているからである。彼は，おのれの野心と，姉妹と同じ限りなき残忍性によって，冷酷な悪知恵をもって善き父を見棄てる。本来こうした邪悪な力は，相互に引きつけ合い，共に巣を張るものである。そうしたやり方の方が，自らが捕らわれ犠牲になるよりも美しく気高いからである。しかしこれに対して，外見的には見えない美しく気高き性格については，決してそのような力によって表現されることはなかった。それは，コーディリアの誇り高く優しい愛のようにいつも世の手本として示されたり，リア王に対するケント伯の寛大で勇敢な愛のように厳格で辛辣だが勇気ある行動の中に示されたり，さらには，リア王と同様に追放された状態を乗り越え，堂々と狂気を装い，内なる勝利を勝ち取ったエドガーのように，忍耐の限界を受け入れることにおいて示されたりする。エドガーは自分が深い苦悩の中にありながら，年老いた盲目の父親を援助し，もう一人の父としてリア王の世話をする。最も重要なのは道化師である。彼のリア王への愛情は決して揺らぐことはなく，失墜した王を激励するため，言葉では表現できないファンタスティックで自由な振る舞いをしてみせる。だが時折，彼は冷静に王を慰め，そうして王は，自らの憤りによる盲目から目覚めるのである。

これらはみな，自由な詩的空想によって描かれた人物であり，ここで彼らは善良で高徳なもう一人の存在となる。彼らの控えめな愛情や温もりのような率直な利他主義は，こうした第二の存在のあちこちにみてとれる。それは，リア王という象徴的人物を滅ぼすために悪の力が地獄から立ち現れる際に鳴り響くメロディーのように。彼らは人間的，宇宙的な騒動の只中にありながら，私たちの運命を決定づけるような超越的な力など持ってはいない。このことは，この作品においてもそうであるように，彼らにいつも二重性や本能的特質が備わっていることから理解できる。私たちは，恐ろしい思いをしながら，すなわち彼らの凍った息で温かな心を蹴散らすような時だけ，そのことを知るのではない。私たちはそれを彼ら自身やあらゆる物事をそれぞれ自分の「私」の中への凝縮させた，いわば本質的な核として経験するのである。それは，二人の姉妹がはじめて登場する場面で，互いが自己の邪悪な利己心によって悩まされている様子において見事に表されている。この点に関してはエドモンドもまたよく似ており，彼が第三の勢力を獲得しようとするや否や，たとえどのように戦おうとも，結局彼らは己の狭隘な心に飲み込まれ，その強欲なる飢えによって互いが互いを貪りあう。嫉妬心ゆえに，ある者が誰かに毒を盛ったが最後，すべてが失われたことを知り自滅していくことになる。ここで，魂を揺さぶるような人の力の徴候や，あらゆる物質的な破滅に対する勝利，陰鬱な恐怖のただ中ですら感じることのできる心の温もりを，誰が感じずにはいられようか？死に関していえば，リア王とコーディリアは，終盤において二人を襲ったあらゆる出来事にもかかわらず，勝利者であった。リア王は娘を抱きしめ，次のように述べる。

　　牢へ行こう，さあ。
　　ふたりだけで籠の中の鳥のように歌おう。
　　そなたがわしに祝福を頼む時に，わしは膝をついて
　　恕(ゆる)してくれとそなたに頼もう。
　　そういうふうに暮らし，
　　祈ったり，うたったり，昔話をしたり，
　　金ぴかの蝶々どもを笑い，かわいそうな奴らが

宮中の噂をするのを聞いてやったり，その連中を相手にして，
　　誰は寵を失い，誰は得，誰は用いられ，誰は追い出されたと話したり，
　　我々が神々の密使でもあるかのように，
　　不思議な世の成行きについて心得顔をしたり，牢屋の壁に囲まれて，
　　そんなことをしているうちに，月の出入りとともに満干する……【訳注8】

　心温まる力と同一となった純粋な人間性(ヒューマニティ)は，その輝きを放つことで，監禁や死が大したことではないかのごとく非常に神秘的で圧倒的なものとなる。その結果，実際に邪悪な力の呪文は砕け散る。彼らが克服した問題は，ここまで愛情豊かな台詞で，またいつまでも記憶に残る台詞で描写されることなどこれまでなかっただろう。

　シェイクスピアがこの作品を世に出した頃，彼は，超越的なものの確固たる本質について十分知りつくしていた。すなわち，それは私たち自身の中で格闘し，そうして私たちをかたちづくっているのである。したがって，『リア王』の深い悲しみの中に彼が見出したのは，温く眩しく気高い力には崇高なる魂と世界とを解放する力強さが秘められており，表面的な世の盛衰など彼らにとってはどうでもよいことであったということである。

　『テンペスト』は全体的に憂鬱な物語であるが，この中でシェイクスピアが伝えたかったことは，人生の暗さや愚かさは，気まぐれな精神と高貴な心を持つ者の杖によって嘲笑され，無害なものへと変えられるのだ，ということである。主人公はその解釈的な杖を折ってしまったが，これは単なる切ない別れの物語ではない。その力の本性や傾向，内的一貫性についてのある見解が，その明るいリズムの中に刻まれている。すなわちその力は私たち人間の生を構成するが，そこではやろうと思えば精神を解放することもできる。これは，超越的なものについてシェイクスピアが最後に獲得した理解であり，それが彼の思想であった。それは，私たちにはっきりと呼びかける。「気がついたか？　ここは天国であり，そして地獄である。すべての背後でこの両者は息づいているのだ」。

　さらに，ある解釈を付け加えることができるだろう。登場人物の中に超越的なものが解き放たれ，その力の寄せ集めによって彼らは成り立っているにもか

かわらず，でき上がった彼らは無くてはならない存在として，実に生き生きと個性的な人物として描かれている。多くの場合，彼らの人格の核心にはコンプレックスがある。とりわけ，彼らを一様に支配する世襲的権力は，こうした解釈の典型もしくは象徴として表される。ただし，よく調べてみると，それが悪役に限った特徴づけであることがわかる。リチャード三世やイアーゴに始まり，『リア王』のエドマンドとコーンウォール，『ハムレット』の好色の王，クローディアスなどがそうである。実際，偉大なヒーローのほとんどは，彼ら自身の中にどうしようもなく矛盾する二つの力がせめぎ合っており，運命に突き動かされるようにして，彼らはそのもう一人の自分と闘っている。こうした彼らの奮闘を通して，私たちは，シェイクスピアが示そうとしたきわめて貴重で優れたメッセージを正確に受け取ることができる。それは，一般的なモチーフとしての『ハムレット』や，さほど露骨でも災難の多い道のりでもないものの二つの愛がもつれ合っていく『アントニーとクレオパトラ』などに限らない。『ジュリアス・シーザー』のブルータスもまた，私たちの心を惹きつけ，戯曲全体の雰囲気を創り出している。ブルータスは，高貴な資質の持ち主でありながら，シーザーへの愛とローマ的自由の意志とのあいだで引き裂かれていく。実際，彼は外的な事件よりもむしろそうした苦悩において打ちのめされていくのである。シェイクスピアのこうした考えは，別の戯曲においてもきわめて明瞭に描かれている。『マクベス』において示されているのは，もともと劣勢でありながら運命によって優勢となっていく世襲的権力や，そもそも優勢でありながら見えないところへと沈み込んでいくような権力が，いつも運命の嵐の背後に存在しているという理解である。こうした中で，登場人物の変転は引き起こされる。高貴で公正な人物であったマクベスは，終盤において乱暴な殺人者と成り果て，悪人も同然となる。魔女たちは，彼をそれほどまでに変えてしまった野心の力が，はじめから彼の中に眠っていたことを知っていた。予言の力によって彼の中で野心が燃え上がることも，マクベス夫人や衝動的な別の自我を持つマクベス，地獄の淵にたたずむ彼すべてに対するさらなる予言にてその野心が助長されることも，彼女たちは理解していた。彼は，最初に非難を浴びたあとも依然として心の中でもがき続けていたが，実際には，第一の予言において既に変化は訪れていたのである。それは，自己の内側にある力と，巧

第2章　教条の弛緩と深淵の発見

みに近づいてくる外側の力とがよく似ているために，自分自身では気がつかなかったのである。したがって，彼は明らかに無力で，登場人物の変転の犠牲となった人物であると言える。より正確かつ観念的に述べるとすれば，彼は闇の犠牲者であった。彼が自分の核と一体化することで，彼の内にどうにもならない力が完全に目覚めてしまい，それは，高い潜在力をもって他を排していくことになった。

　そのような一見難解で学者風の解釈は，実際には非常に広い説明的意義を持つということが後々明らかとなるだろう。どんな時代のどんな人間も，マクベスの運命には圧倒されるように，こうした例によって超越的で個性的な生の背景は照らし出されるのである。

　シェイクスピア作品の登場人物はみな，迫り来る悲劇に対して常に崇高な態度で臨んでいる。というのも，——改めて抽象的に言うならば——どうにもならない力に捕らわれたとき，彼らはただそのなりゆきに身をまかせ，その力に苦しめられ虜にさせられたりしながらも，それが自分の本質へとずかずかと深く入り込んでくるのを受け入れる。このどうにもならない力が，あらゆる具体的状況を含む現実の世界においては，それ自身が無意識に発するものである以上，それらは具体化されたものや表現されたものの実質的な内容となる。もし，それらがもっと根本的に異なる何かであるとするなら，それは何か前もって条件づけられた，絶対的で超越的な存在である。したがって，登場人物たちは——はじめから彼らの本質がもっぱらそのような力に依存していようと，あるいは，運命によって自らとその力を結びつけていようと——，いずれにおいても超越的なものと深く関わった存在であると言える。彼らは個人的な存在ではあるが，それと同時に，超越的な事象を体現した存在でもある。実際，彼らのほとんどがそうであるため，私たちは戯曲を読んで人間を支配する超越的な力の本性について理解するだろう。彼らはそのような特徴を備えた存在である。そして同様に，私たちは戯曲のあらゆるところにその力の支配に抵抗しようとするような普遍的な人間性が描かれていることに気がつく——このことこそ，シェイクスピアの作品が偉大である所以である。それは，全人類を結びつける超越的なものそれ自体の中に，また，その生き生きとした積極的な生命力が感じられる場面において，そして，人間の飛翔や奮闘——それは深くて底の

尽きない人間的な場——のすべてにおいて。

第4節 セルバンテス

　ルネサンスの最後の巨匠はセルバンテス（Miguel de Cervantes Saavedra, 1547～1616）である。温かな人文主義（ヒューマニティ）と「絶対的なもの」をともに喜劇の対象にしたことで，まるで彼がそれらをあざ笑っているかのように見えるかもしれないが，少なくとも彼は，この双方について人々の記憶に残るような仕方で徹底的に表現した人物であったことはたしかである。初期教条主義（ドグマ）の風刺画では等しく覆い隠されていた絶対的な超越的自然とヒューマニズムの輝きをともに世界に知らしめようとするとは，なんと比類なき着想であったことか！　これらには，世間の共通感覚やありふれた自己愛に対して何がなんでも抵抗しようとする者に魔法をかけたり，度重なる災難を通して人の心を惹きつけるような効果があることをセルバンテスは心得ていた。それは，彼の際限なき利他精神の魅力によるものであり，それはサンチョ・パンサに備わる特性でもある。小説におけるサンチョ・パンサは，第二のキホーテとでもいうべきいわば影の存在として気の狂ったドン・キホーテとともに旅をするが，高貴な心を持ち，高潔で，心優しく，本当に大切な事柄のためにはどんな犠牲も厭わない人物である。この作品が，神秘的な力について描かれたものであるにもかかわらず，サンチョ・パンサを現実的な人間の描写として受け止めることができるのは，その神秘的な力から生じる人間的な温かさや絶対的な忠誠心ゆえである。「人間」と「絶対的なもの」についてのこの風刺作品が，非常に刺激的で魅惑的である理由はここにある。

　この大胆で自由な精神によって，初めて教条（ドグマ）の緩みが表現された。それは，あらゆる装飾をはぎとった人間の生に対する初めてのまっすぐな視線であり，また，再び人類をしっかりと結びつけるためだけに彼らをずたずたに引き裂いてしまうような力が蔓延している深淵を覗き込んでやろうとする初めての態度であった。西洋の発展の初期においては決して越えることのできなかった超越的な生のとらえ方を生み出したのは，このすべてを直視し，それを表現しよう

第2章　教条(ドグマ)の弛緩と深淵の発見

とした若者の気質であった。ルネサンスの時代には純粋な個人主義が満ち溢れている。それは、実際には厳密な意味での普遍的な個人主義ではなかったにせよ、生にとって深刻な崩壊を招くような、少なくとも純粋な個性に対する熱烈な賞賛をヨーロッパが初めて経験したのはまさにこの時期であった。ルネサンスの運命はここにある。より深く洞察する人々は、にわかにこの崩壊の核心に着目したが、実際には、彼らはみな一様に、「人間の不変性」やその超越的なものとの確固たる関係性を見つめていたのである。それは彼らの創造の対象となり、超越的な啓示の時代にそうであったように、人々を鼓舞し支配するような超個人的な実体として表現された。私たちがもし、今日において必要なメッセージの本質を受け取ろうとするならば、この啓示から教条(ドグマ)的な覆いをすべて取り除かねばならないだろう。

私たちが知ることのできるこの本質について、当時はまだ十分に理解されてはいなかった。しかし、いくらかの重要な点を欠いていたとはいえ、その後の200年間にその思索の道は切り開かれ、人々は新しい教条(ドグマ)主義に当惑されつつもそれを深く経験していくこととなった。そうした営みが、ヨーロッパ及び世界中の精神的活動にとっての視座となっていったのである。

私たちが今日直面するあらゆる問題の根底がそれらに基づくものである以上、その思索とそれらを取り巻く情況についての研究は続けられていくべきである。そして、18世紀への方向性を特徴づけた精神的な困難と緻密な思索についても探究していくべきであろう。なぜなら、これまで根本的かつ普遍的な知識とみなされてきた教条(ドグマ)に対し、そのベールを突き破ることは決して不可能ではないという意識が大きく高まった時代こそ、18世紀という時代であったのだから。

〈原注〉
(1) ヘルマン・カイザーリング（Hermann Keyserling, 1880～1946）は、傑作でありながら不運にも未刊行のままとなっているある研究書において、"想像から創造性の源泉へ"と至るあり方を明確に説明している。ここでは、表現に関する事象とは別のものが照らし出されている。それは、西欧という歴史的要素を根源とするもの、すなわち、直観的で超越的な生の背景の発見（break-through）と

いう現象であった。一般的な意味における超越論とは，カイザーリングが伝えようとした経験よりも，より世俗的な次元のものである。
(2)　J. A. サイモンズ訳「ソネット集」XLVII, XXXIII, LV, LXXI, XLIV からの引用。
(3)　Shkespeare: His Life of Work, Berlin, 1928

【訳注】
1　「ソネット集」『シェイクスピア全集 8　悲劇Ⅲ　詩』，西脇順三訳，筑摩書房，1967 年。から引用。
2　「テンペスト」第 4 幕第 1 章より。
3　「ジュリアス・シーザー」『シェイクスピア全集 6　悲劇Ⅰ』，中野好夫訳，筑摩書房，1967 年。から引用。
4　「マクベス」『シェイクスピア全集 7　悲劇Ⅱ』，小津次郎訳，筑摩書房，1967 年。から引用。
5　「マクベス」『シェイクスピア全集 7　悲劇Ⅱ』，小津次郎訳，筑摩書房，1967 年。から引用。
6　「オセロー」『シェイクスピア全集 7　悲劇Ⅱ』，木下順二訳，筑摩書房，1967 年。から引用。
7　「ハムレット」『シェイクスピア全集 6　悲劇Ⅰ』，三上勲訳，筑摩書房，1967 年。から引用。
8　「リア王」『シェイクスピア全集 7　悲劇Ⅱ』，斉藤勇訳，筑摩書房，1967 年。から引用。

第3章 再教条化(ドグマ),非難,孤立

第1節 教条(ドグマ)の復活と生への自然主義的アプローチ

　キリスト教そのものから起こった教条(ドグマ)の再燃は,16世紀と17世紀の大きな宗教戦争をもたらしたのであるが,それと時を同じくして,17世紀初頭にまったく同じ歴史の息吹の中で,三つの発展的な力が出現した。それらは,西欧の動態的変化(ダイナミズム)の中の新たな緊張感と古い教条主義(ドグマティズム)の崩壊から生まれ出た,近代国家,近代資本主義,及び近代科学である。三つともどれも本質的に自然主義的であり,三つのどれもが相互にお互いを補強して人の生活への影響を広めつつあり,そして三つのどれもが決壊した教条(ドグマ)の堰を越えてどんどん勢いを増して台頭し,すべての再教条化(ドグマ)の試みを妨害した。そうして,生命を,単なる生物学,もしくは,もはや求心力のある一つの精神の流れに合流することのない単なる知性のよどみへと押しやってしまったのである。どのようにしてこれらの事象が発生し,ひそかに結びつけられるようになったか,ということについては,私はほかのところで既に述べてきた。これらの影響力が結合したことの歴史的重大性は,このような力の純粋に不可欠なものとしての噴出そのものを,もはやさらなる制裁を保持することも認めることもなく,全体を取り囲む物質的精神的な影響の一種として,今度はその力そのものの背後に,そしてとりわけ西洋の後に続くあらゆる発展にゆだねたことである。かくして,西欧は,あの不調和へと陥ることとなった。その不調和こそ,ヨーロッパの世界征服にもかかわらず,その中に危険を宿らせ,ついには,ニヒリズムと,今日の危機的状況(カタストロフィー)へと導いてしまうものであったのである。

これら三つの発展的な力がいかに精神性を偽装しようとも，あるいは精神性なるものの下に身を隠そうとも，これらとともに，純生物学的な原理が，それ以降の西洋の歴史の流れを支配した。知は力なり，とベーコンは語るが，その知とは，もはや，近代科学のことを意味したのである。その前後に，いかに多くの要素が知の分野に貢献しても，形勢は変わらず，今や，実体的な力へと発達を遂げている。資本主義，この自然な利得の本能の結果として生じた経済は，やがてそこからはみ出して成長を続け，はじめはゆっくりと，そして突然にテンポを速めて，すべての生活を狂わせた。それは，純粋に生物学的な力のあらわれ以外の何ものでもなかった。では，近代国家についてはどうであろうか？人々が，上述の生物学的な性質の包み紙をさらに包み込もうとした試みは，まさしく無に帰してしまった。それはむなしい業であった。たしかに，統治にかかるすべての政治的枠組みは，根本的かつ本質的に，権力によって構成されている，というのはその通りである。そのことは，暴力の所産を起源としていようが——ここで議論の対象としている時代以前は，世界中の国家がそうであった——，連合により形成されたものであろうが——古代やルネサンス期の都市国家，スイス誓約同盟とアルプス北部の都市の政治的なグループ分け，のちに北アメリカの諸邦によって再現されたような場合がこれにあたる——，事情は変わらない。暴力から生まれたものであれ，自由意思から生まれたものであれ，権力は，当初から，政治的支配の本質であるとともに目的である。権力は，人が，権利，自由，富，公共の福祉，拡張発展といったものの創出または保護をするために，政治の圧力の下でさらに適合させたいと望むものが何でも注ぎこまれる容器である。すべて，このことは，自明の理である。しかし，今発展を続けている「欧米」の初期段階にあったヨーロッパにおいては，その時までのすべての政治の輪郭は，教会の認可または封建的な忠誠から流れ出た上述の生物学的な力と密接な関係を有していた。ヨーロッパの全体が，おおむね，キリスト教会の権威によって装われるタイプの政治的有機的組織体に覆われていた。国家という，集中や拡大が可能な，単一の有機的組織体としての純然たる権力は，旧来の封建制と君主制の社会的単位の崩壊後，今私たちが考察している時代がルネサンス期イタリアの都市国家の様式を生じさせる以前には，存在していなかったのである。それゆえ，今まではさらなる制裁によって束ねられてい

第3章　再教条化(ドグマ)，非難，孤立

たヨーロッパは，あらゆる階級のおびただしい数の人々が競合する政治集団すべてが互いに捕食しあう場となり，対内的にも対外的にも制限を受けない主権という観念や，高みにある精神的な権威に顧慮することなく活動する権利といった考えを，自分たちのために主張する場となった。そうしてついには，このようなほしいままの活動を直ちに休む間もない拡張主義へと置き換えていく，競争の場と化するに至ったのである。かくして，ここに，「国家理性」という考えが出現した。これは，機知に富んだ取り扱いに陥りやすい主題であるが，フリードリヒ・マイネッケの『国家理性の理念』によって成し遂げられ，かつ明瞭にこれは為された。その理論的装飾を取り去るならば，ヨーロッパにおける「国家理性」の内実は，当時の絶対君主たちの中に具現化し，そして発達して資本主義経済の勃興をともなう近代国家へと成長を遂げた，権力への貪欲な飢餓感の具体化にすぎないということができる。その飢餓感とは，支配するためのより多くの領域と領民を求めて，ヨーロッパ内部もしくはその対岸へと向かっていったものである。たしかに，今まで知られていなかった人権の集中と合理的な統合が出現することはした。また，究極的には公共の福祉の思想が導かれることにはなった。しかし，何よりも先がけて出現したのは，あれやこれやの王朝，または王室の従来通りの主張で薄化粧してはいるけれども拡張もしくは戦争へ向かう抑制のきかない衝動であったのである。ヨーロッパにおいて，そして，ヨーロッパを通して，世界は政治的暴力の波に襲われた。これは，その外側に存在し，ありとあらゆるものを問わずに行われ，西洋による世界支配を作り上げた，一種の権力の生態であった。また，西洋の内部においてすら，同様の無情な圧制化と奴隷化の過程は，「近代国家」として出現した様々な政治的中心の間に存在した競争があったがゆえに，わずかに抑制された，というだけのことであった。

　近代資本主義及び近代科学は，今や生活の支配権を獲得して新しい生物学的な「獣の世界」と姉妹のように似かよった形態となった政治構造の中で揺られている。したがって，私たちは，次のことについてきわめて明晰でなければならない。このような世界は，生物学的なものであり，獣の世界である。ホッブスがまさしく称したリヴァイアサンの世界であって，その世界には，金銭欲や便利な道具と補助物によって育成された主知的な権力志向が充満している。こ

のような世界は，純然たる生々しい力と発展に占拠された世界であって，そこには西洋の思潮が流れ続けてきた。この思潮は，しばしば，堤のようなこれら純然たる生々しい力と発展に取り囲まれては反抗した。しかし，それよりも多い頻度で，深い想像力による驚くべき熟考をもってこれらに取り組み，その結果，あまりにも頻繁に，高潔な自己欺瞞の中へ墜落することになったのである。

　私たちは，以上のようにしてかたちづくられた重大な不調和，それに続く道程，及びその後刻まれた歴史の動態的変化（ダイナミズム），すなわち西洋の勃興，その全地球の包囲，そして今日の転落を明晰に理解することによってのみ，全体巻を組み立てることが可能である。

　私たちは，すべてのこの種の事柄の中から，主としてヨーロッパだけに関係する事柄と，それらが表出した意思の力とともにその中に存在する精神的な力に対する深い理解を，万難を排して引き出せばよい。私たちにとって重要な精神的所産には，三つのグループがある。その第一は17世紀に展開し，その第二及び第三は18世紀に展開したものである。

第2節　17世紀

　この世紀には，主としてキリスト信仰者の群れにおける教条（ドグマ）の再来と，本書において既に概要を述べた事象の国家への反映である「自然主義的なアプローチ」が同時に発生した。教条（ドグマ）の再来は，結果として，人間の生命の深みを見えなくすることになった。その深みは，ルネサンス時代には畏れもなく凝視され，深みを凝視した偉人たちは，底なしの穴へと落ち込んでいた。しかし，ミルトンが，神の深淵とその中に君臨する，あるときは明るくあるときは暗い悪魔的な力を壮大に歌い上げるとき，彼はもはや，単なる詩的な衣にすぎない，古びた信仰の形式をとってはいない。ミルトンの霊性は，完全に，その深淵と力を解き明かすためにキリスト教が創案した教条的な枠組みによって，内部から満たされている。彼は，教条的（ドグマ）な幻を，最も崇高な熱心さで，わかり易く言い換えるとともに宣言し，まったき信仰の情念をもって描写したのである。そして，そのようなミルトンの姿は，重要な一例にすぎない。すべての世界観と人生観

第3章　再教条化, 非難, 孤立

の枠組みとして存在するキリスト教の強固なしきたりは, 私たちが見ようとするあらゆるところで強制されているのである。

しかし, これに加えて, 国家によって推進された新しい科学とは, 数学, 物理学及び天文学に基づき世界を解明しようとするものであった。この新しい科学には, その数理的な定式と法則によって, ドグマの再来に伴って統合されたものはどんなものでも, ほぼ同じスピードで分裂させる傾向があった。教理と信仰は, 人間の歯車にぴったりとかみあった現実生活と人生の展望を奪回することや, 外見上は, 審問や国家による強制の助けを借りて網状の組織を課することを試みるかもしれない。しかし同時に, その同じ国家によって促進された科学的・数理的思考というものが, 編まれた糸を再びほどいた。そうして, 結果的に, 旧来の神学的世界観が混迷し影を失っただけではなく, 人間の「内面の」状況も変化した。なぜならば, 彼らの経験のすべては, この幾何学的かつ数理的な物の見方の根本原理で充満し, 無限小と無限大の間をさまよったからである。さらに人間自身の「自我」が, 無限の中に存在する点となった。人間は, 数理的に理解された「全体」の中では, 原子として, 点となる一方で, 同じ人間を, 教条の再来は, 事物を質的に見るというまったく異なる目的の下に, もう一つの全体にはめ込もうと企てた——さらに言うならば, 同じ人間について, ルネサンスでは, 個性というものに満たされながらも全世界の人々に縛りつけられている！という質的な形態を与えていた。

こうして, 新しい要素が入ってきた。「自我」が, 自らが点にすぎないことを感じ取り, 次のように問いかけることを始めたのである。「私は存在するのだろうか。どのようにして私は自分であることと, 他者を認識することを理解しうるのか？」【訳注1】。ここで必ず引き合いに出されるデカルト (René Descartes, 1596～1650) は, 彼自身はこの新たに獲得された信仰の時代に対して敬虔であったにもかかわらず, このように彼自身と世界のために問題を提示し, そして, 存在及び人間性ならびにほとんど抽象的に理解されていた個人に関する形象についての解釈を開始した——その解釈の流れは, 歴史的には, 天文物理学の視点と相似たものであったと言える。全体的に, それらの解釈は磁石のように作用し, 宗教的, 古典的, 自然主義的等のほかの種類の独立した哲学の形で存在するものの潜在能力だけをそれら自身に引きつけた。その過程は

長期にわたり，出された結果は，西洋の自己認識及びその政治的意思に関するおびただしいものとなった。たしかに，これらの解釈は，たとえ西洋が滅びる運命にあっても決して失われるものではなかったと言える。なぜなら，平均的な個人の「自我」でさえあれば——すべての個性の可能性がそのままに満たされており——初期の「知識への出発点」にむかう単なる無限小の点にすぎないものであり続けたからである。しかし，そうではなく，生命における「中心的な位置」を陣取ることによって，完全性を持った「自己」というものが，進展をした。そうして，重大な精神的革命が遅かれ早かれ発生することは疑いがない状況となり，結局，実際的，政治的なものとなったのである。

　この種のものはすべて，17世紀にはまだはるかに遠いものであった。しかし，この内面の大変動は，生命と人間性に対する数理的な見方を元来伴っており，非常に強力なものであった。それにもかかわらず，外面の形式の下で隠されていたのである。内面の大変動が，先覚者や予言者のような，当時の地位の高い者たちに達したとき，その効果は絶大であった。結果的に，政治的権力者のグループは，発達を遂げた新しい教条主義（ドグマティズム）と連携し，それらの精神的領域において国家権力の集中を通してすみやかに独立を勝ち取り，自由都市と小作人階級の崩壊及び貴族の宮廷への召集と時代を同じくして，より広い社会の概念に基礎を置く，際立った貴族政治を手に入れた。これらの新しい権力国家は，集中せしめたその権力を——スペインの事例を取り上げるならば——前時代の弛緩を引き締めてカルデロンの理知的な古典主義が成立する余地を作るために使用した。それは，信仰の全域を尽くすものであった。ベラスケスは，写実的で荘厳な人物像によってこの新しい次元に住みついた。そして，同じ頃に勃興した権力国家フランスが，模範になるものとして，あるいは全ヨーロッパに役立つものとして，創造的な力のすべてを宮廷の周りに集めた。これらの創造的な力は，ルーブルから，ベルサイユから，コルネイユから，ラシーヌから，モリエールから，そして，教養人であるオネットーム【訳注2】からさえ，外部に向けて発散されていた。いずれの模範も，どの点から見てもゴシック様式と同様に強迫観にとらわれたものであり，一度は存在していたものであった。しかしながら，こうしたことすべてにもかかわらず，人間が置かれた状況に対する数理的な見方によって引き起こされたむずかしい問題については，未解決の

ままであった。この数理的な見方は，再確認されたキリスト教の教義の中に意識的に浸された新古典派とバロック様式の社会を侵食し，まさにそのまま，キリスト教であれその他のものであれ，すべての教義に対する問いかけに結びついた。そして，人間自身の存在と本質にかかわる，まったく新しい独創的な経験という観点から，これらの教義に対する問題を提起するのである。しかし，この問題提起は，時代の文化によって薄化粧させられていた。魂の問題は，人間の生命のもっとも深い局面が触れるところでさえ，もっぱら社交的な表現として発現した。今や，それがすべての物事と，演じられた劇的事件の水準であった。「彼の中には宇宙はない」と，フランス人スアレスは，19世紀終わりのラシーヌの作品の中で語った。この事情は，人間の諸問題に関心をはらっていたモリエールにおいてさえ，同様にあてはまった。カルデロン【訳注3】の作品を通じて創造の宇宙は現出するが，それも，幻想のわなに捕らわれてしまっている。ベラスケスの作品には，このようなことは直接には現れていない。しかし，やはり同様の事柄が，彼の作品の壮大さの背後でさまよっていることを感じ取ることができるのである。

　しかしながら，この時代の最も偉大な二人の人物が，この問題に取り組み，そして表現した。この二人は，いずれも，新しい科学によって提出された問題からこれに手をつけた——それは，「全体」との関係における「自我」の問題である。はじめの一人は，私たちに逆説的な解答を与え，後の一人は，今日でさえ私たちを揺さ振るほどの悲劇的な解答を与える。前者のパスカル（Pascal, 1623～1662）と後者のレンブラント（Rembrandt Harmensz. van Rijn, 1606～1669）は，ともに，新しい数理学によって作り上げられた「自我」と無限の間の緊張関係から話し始める。両名は，いずれも，いまだかつて知られることのなかったような自己の孤立に悩まされている。両名はいずれも，空虚さの瀬戸際にいるがゆえに，意識の中に入り込むにつれて，はかり知れないものと理解しがたいものの前に立ちつくす。このような体験は，彼らの身の回りにおいては前例のないことである。このような彼らの体験は，何世紀にもわたって震動し，その震動が私たちを打ちのめし，今日でさえ私たちの存在をかく乱するのである。

第3節　パスカル

　パスカルをめぐる社会状況のすべてを確認しても，ここで私たちは，彼の考えの複雑さに軽く触れることができるにとどまるのであるが，それでも，パスカルがもはや追い詰められてついに発した言葉が「社会は，国家と同様に，無秩序から逃れるための程度の低い妥協であって，ただの慣行にすぎない」【訳注4】というものであったことに深く不安を覚えさせられる。そしてその時，これらの慣習の背後にある人間と無限を観察した上で，パスカルはこのように語っているのである。「目に見える世界のすべては，無限という衣についた，目立たない折り目にすぎない。私たち人間のいかなる考えも，その近くのどこにも到達できない。人間はすべての考えられる空間を超えて思考を膨らませるかもしれない。しかし，事物の実在と比べれば，ただ極小物を作り出すだけだ」。かくしてパスカルは問う。「無限の中に存在する人間とは何か？」そして答える。「無限と比較すれば無，無と比較すれば無限，無と無限の間に存する中間のものだ」。霊的なものの重要性について，パスカルは次のように語る。「この光の中で自身を見つめる者は，自分自身に恐怖を覚えるであろう。そして，その者自身がこれら無と無限の二つの深淵の間に自然から彼に与えられた生命を生かされていることを観察し，その神秘——自分自身——を目の当たりにして打ち震えるであろう」。この神秘を，パスカルは精神を尽くした表現でこのように表現する。「なんという怪獣なのだ，人間は！　なんという珍しさだ！　なんという怪物，なんという混沌，なんという矛盾，なんという偉観なのだ！　すべての事物の審判者であるとともに地上のおろかな虫けら，真理の管理人であるとともに不確実性と誤りの巣窟，宇宙の誇りであるとともにカス！　もし人間が自分自身を賞揚するならば，私は彼を打ちのめす。もし人間が自身でへりくだるなら，私は彼を賞揚し，自分自身が不可解な怪物であることを理解するまで，それを続けるであろう」。この怪物のさらなる特質は何なのであろうか？　他の事物との間では，「人間は，その人間自身の目からも偽り，虚偽，偽善，にすぎない」。そして，「もしすべての人間が，それぞれが他人について何を語っているかを知るならば，地上には四人の友人も残らないであろう」。私たちの道徳はどこに向かっているのであろうか？「船に乗るものは港

第 3 章　再教条化, 非難, 孤立

に帰る, しかし道徳においてはどこにこの地点を見出すか？」回答はこうである。「風習が心地よいものを決定し, そして同時にまた正義を決定する」。「正義とは作り上げられたものである。権力を正義に従わせることができなかったので, 人は権力に従うことを正義とし, かくして正義と権力は手をたずさえることができている」。「そうして, 私たち人間は, 遵守することを強制されるもののことを『公正な』ものであると思う」。「風の変化によってもその性質を変えないような善も, 悪も, ほとんどない」。「盗み, 近親相姦, 嬰児殺し, 親殺し, すべてが徳行に囲まれて位置を占めてきた」。「唯一たしかなことは, 道理だけで判断され, それのみで正しいものはないということである——すべては時の中で揺らいでいる」。「したがって, 自我はまったく憎むべきものである」。「そういうわけで, 真実無比の美徳とは, 自我を憎むことである」。

　パスカルの洞察のすべてとその表現の様々な陰影をここに示すことはできないが, そこには, 黙想に根ざした, ニヒリズムの深淵に関する比類なき悲観と恐怖が進行している。このような事態に直面して, 彼にとっての唯一の魂の救済は, 19 世紀にキルケゴールが自身の魂にとって必要であるとみなしたものと同一のパラドックスの中に存在するに至ることになる——それは, キリスト者の信仰への没入と, 信仰により備えられた耳目をもって解き明かしを受ける教理であった。偉大なる数学者であり, 計算機の発明者であった, 彼, パスカルは, それゆえに上着に信仰告白を縫込むことになる。縫いこまれた信仰告白は, 1654 年 11 月 23 日月曜日以来, 彼に灯火をともし救いを与える信仰の証であり, お守り, 守護の盾の題銘として, 彼の行くところどこへでもついていった【訳注5】。生命と人間に対するパスカルの圧倒的な観察から判断しても, また, 「理性」の失敗から判断しても, それは, そこにのみ魂の救済が存する, 「中心的真理」を証明するために必要とされたものであった——それは, パスカル自身のためのものであり, また, その彼が示すように, 人類一般のためのものでもあった。

第4節　レンブラント

　これら「中心的真理」は，結果的にレンブラントのための救いともなった。彼は，青年期には，プロテスタンティズムという異なる光の影響を受けずにいたのであるが，やがて，芸術家としての内省的な力により，これに圧倒されたのである。才能ゆえに，自分自身で世界全体を経験し，そしてそれを表現して，彼は結局，パスカルのように，自分が独り無限の中に立っていると感じるに至り，その危険な問題にさらされることになる。しかし彼は，まったく異なる方法によって，「全体」の中に遺棄された経験と，そこにおけるむき出しの自己への沈潜の経験を解決する。この自己への沈潜，ただ独り立つということが，彼の明暗の配合による表現において，人知の限界を越えた独特の品質の誕生をもたらす。すなわち，彼の作品である絵画に見られる特徴的な明暗がそれである。この明暗は，彼が奇妙に強めた光によってもたらされている。この光は，彼の中の神秘的なところから湧き出し，連続した光の束となって，あるときは広く，またあるときは狭く，半暗闇もしくはまったくの暗闇の中の物体と群集の上に落下する。このような光の法則は彼が他人から継承したものかもしれない。しかし，この法則は，彼の成熟した時期には最高のものとなり，後の1642年の妻サスキアとの死別のような悲劇的な経験や1657年の破産による生計を立てる資力への脅威の結果，哲学的な意味をはらむようになった。無限と無との対立が，その超越した光によって作られた可視的な現実として，人間と物体の間の世界から掲げられているのである。したがって，そこにはパスカルとの深い類似点が認められる【訳注6】。

　しかし，効果においてまったく異なるのは，どういうことなのだろうか！レンブラントは，全体と無の間で人間らしく孤立した中心点を一歩も譲らない。彼は屈服しない。1657年の彼の財産の競売以後は，老齢となって1669年にそこで死ぬことになる美術商の店における最愛の人と息子を伴う最後の隠れ場所に至るまで，レンブラントの人生には，精神的な試みがつきまとった——このすべてを，レンブラントは圧倒的な精神力で描き続けたのである。彼は，自画像という形で，段階を踏んでそれを再生している。描き続けられた自画像は意識的な自叙伝であり，最後の自画像は，人生の地獄と深淵のすべてが刻まれた

第3章 再教条化(ドグマ),非難,孤立

顔で終わっている(すなわち,エクサン・プロバンスにある『自画像』, viz. Self-Portrait in Aix en Provence)[1]。それらの中で最も感動的なのは,すべての存在物の上に横たわる影の上の老人の微笑に認められる,ぎこちない作為である(ケルンにある『自画像』, Self-Portrait in Cologne)。このような,彼に迫って取り囲んでいる孤独な暗闇に対して向けられた,レンブラントの絵画的自叙伝的表現を考慮するならば,彼以前のどの芸術家も,これに類することはやっていなかったと言える。それにしても,レンブラントは,困難な人生のこちら側で頑固にやり通す点において,パスカルとは異なっている。人生の年を経るごとに,彼はぞっとさせる深みを見せられていくが,しかしながら,感じやすくデリケートな,人間的な柔和さや天来の思いやりという性質も,そこに刻まれていくのである。そして,苦悶する意識の中で暗闇と格闘するときでさえも——この点はシェイクスピアと似ているが——,レンブラントの存在に不可欠の部分としての官能性の美が刻まれていると言わざるを得ない。レンブラントは,古代の文物やユダヤ教やキリスト教の神話を用いるのと同様に,一方では風景も用いる。そして,彼は,自らの経験という広大な領域を表現する目的のために,これらのジャンルを同等に扱う。その経験は,いつも,地上にしっかりと密着していながら無限の絶対者と関連しており,また,いつも,シェイクスピアが熟知した,俗世間の憂鬱であふれている。

ここでは,これらすべての豪華な作品については,ほのめかす程度しかできない。レンブラント作品においては,いったい何がその重要な特徴であるかについて述べれば,十分であるに違いない。シェイクスピアまたはゲーテにとってそうであったのと同様に,彼にとっては,それがいかなる種類であったとしても,すべての神話は,それを通して事のてんまつが一般的に起こり,普遍的な主題の提示がなされる媒体であるにすぎず,そこに置かれる敬意という点においては,彼と同時代のミルトンとは,完全に異なっているのである。それゆえ,非常に個人的である一方で無尽蔵の知恵を含む旧約聖書の物語と伝説が,特に,彼が成熟し深い苦悩の中にあった年月においては,最も感じやすい性質を持つものとして最も重要な画題を(しかしながら,神話的なうわべにとらわれない形で)レンブラントに提供し続けたのに違いない。忘れられないのは,未知の世界に対するあきらめを含む『マノアの生贄 (Manoah's Sacrifice)』である。

『ダビデとアブサロムの和解（The Reconciliation of David and Absalom）』，は王にふさわしい威厳に満ちている。『ウライ川でのダニエルの幻（The Vision of Daniel at the Brook Ulai）』，天使ガブリエルが雄羊の奇蹟を解釈する身振りのこの上ない優美さ。『孫を祝福するヤコブ（Jacob Blessing his Grandchildren）』は，レンブラントの人間愛をそのありあまるほどの豊富さで示す。そして，最後に，おそらく，全作品の中で最も力強いのがこの二枚の絵である。『サウルの前で竪琴を弾くダビデ（David Playing the Harp Before Saul）』，彼は泣いている。そして『天使と格闘するヤコブ（Jacob Wrestling with the Angel）』である。後者は，非常に神秘的な美しさを持った絵画であり，私たちは，その秘密に触れることはできず，わずかに，身体の美しさを表現する南欧の形式に対する防御がすべて崩れてしまった，と語るほかはないのである。それゆえ，この美しさが絵画の統一性の中にそっくりそのまま入り込んでいる。しかも，それにもかかわらず，この作品は，主観的には，レンブラント自身につきまとっている暗い運命を予想させるものである。

　さらに，キリスト教の神話の頂点にある霊的な事柄へと荘厳美が進路をとったのは，レンブラントにとっては偶然のことではない。すなわち，『円柱に縛りつけられたキリスト（Christ at the Column）』，そして公正に賞賛される『放蕩息子の帰宅（Return of the Prodigal Son）』である。さらには神話的な肖像画作品において，レンブラントは，みごとな，予言者のような『ダビデ王（King David）』や神秘的な『キリスト（Christs）』と一緒に，後にも先にもどの画家にも匹敵するものがない，一度見たら両の目は決して忘れられない，世界を覆う憂鬱を描くことができた。『手を洗うピラト（Pilate Washing his Hands）』のような場面でさえ，あるいは『聖パウロ（St. Paul）』もしくは『福音書記者マタイに書き取らせる天使（An Angel Dictating to the Evangelist Matthew）』のような神話の擬人化においてさえ，彼は，生命の神秘を彼自身の個性とともに輝いている不滅の力で表現する。偉大なる人類に現れる生命の神秘――それが，彼がどこにおいても究極的に探しているものなのである。生命の神秘，それは，いつも，レンブラントをつかまえて揺さ振る，彼の最愛の主題である。そしてその雰囲気は，『夜警（Night Watch）』や，とりわけ，あの非凡な『ユダヤの花嫁（Jewish Bride）』のような著名な作品群をさえ覆っている。他方で，

第3章　再教条化，非難，孤立

　再び晩年にはシェイクスピアのように，彼は『織物商組合の見本調査官たち（Staalmeesters）』において，見事な明快さと沈着さを備えた老練家としての彼自身を見せている。

　このように，もし，レンブラントが見て私たちに与えるものに，底知れぬ深いものや神秘だけではなくて，たとえばシェイクスピア同様のほのぼのとした生命の充足もあるのだとすれば，孤独な自己喪失の中にあるレンブラントとシェイクスピアとの差を示すもの，のみならず，レンブラントと同等の豊かな表現力を持っているミケランジェロとの差をも示すものは，おそらく，彼の自己の神からの分離と，無限の絶対者のもとでの自己への沈潜から生じているものである。その相違は次の点にある。すなわち，レンブラントについては，ごく大雑把に言えば，彼が神話と比喩と象徴の中で表現する普遍的な特質が，個人としての単独の「自我」によって依然として外界へ放出され，散布されているのである。それは，究極の力であり苦痛の源としての「自我」から来るメッセージであり，普遍的な重要性のメッセージさえも，いわば普遍性自身の中に沈めてしまうのである。ここでは，シェイクスピアもしくはミケランジェロとは対照的に，個人はいつも直接に無限の絶対者と対面しており，彼自身が存在するものの中間の領域にいることに気づいている。くだんの領域では，超越的な力がレンブラントを囲み，それらの力相互の争いが彼を呑み込み，彼を刺激し，粉砕し，撃ち滅ぼす。しかしそれは同時に彼を賞揚する。自己の神からの分離，及び，無限の絶対者との協調——それらは二つの対照的要素である。その中間には，何もない。

　この感じ方は，決してプロテスタントのクリスチャン固有の感じ方に狭く限定されるものではない。これらの超越的な力が——なんとも力強く！——作用していたシェイクスピアの存在が，これを証明する。しかし，レンブラントと一緒にそれらは消え失せた。なぜなら，新しい数理的な人生観の流行した社会状況がそれらを駆逐していたからである。それらは，ほこりのように四散してしまっている。そして人間は，孤立した，家を失った者として，無限の絶対者から来る光線に捕えられて，重苦しい明暗法の真ん中にある彼の中心的な居場所で空虚さの瀬戸際を耐えなければならない。

　これが，この偉大なる魂のメッセージへの鍵であり，パスカルによってきわ

めて悲痛かつ厳格に示された状況である。目をみはらせるメッセージというものは，とても困難なことであるが，ともかく，非常に微妙な人間性からのみ生み出される。この人間性は，驚くほど自己育成をはかる熱心の泉からもたらされる果てしなき宇宙に没頭する，そのような自己から生ずるのである。このメッセージは，あるいはそのように私には見えるということではあるが，17世紀における最も知的に深い，最も重大な言説であった。そしてそれは，その数理とその権力への意志によって，教条的でも主観的でもない神の超越性の流れを事実上阻止して干上がらせ，そして自己に真の意味における浸礼(バプテスマ)を受けさせることを不可能にしていたのである(2)。

〈原注〉
(1) イタリック体で記すこの作品のタイトル及び以下の作品タイトルは Phaidon 版レンブラント画集による。図版の番号は，順に 58, 61, 509, 511, 519, 525, 526, 528, 591, 598, 611, 622-4, 595, 614, 410-13, 416, 415-17. である。

※著者が参照した Phaidon 版レンブラント画集は，Abraham Bredius ed. The Paintings of Rembrandt. Vienna: Phaidon-Verlag, 1936. と推定され，画題と図版番号も一致するが，同書は絶版となって久しく，特にわが国ではすでに稀覯本となっている。そこで，参照の便のために，順に示されている 17 作品について，同書の図版番号に係る作品に対応する画題，制作年代，現在の所蔵情報，及び一般的作品番号を掲げる。なお，一般的作品番号については，同書も採用する HdG（C. Hofstede de Groot）に準拠する。

58　エクサン・プロバンスにある『自画像』viz. Self-Portrait in Aix en Provence　1659 年，グラネ美術館，エクサン・プロヴァンス，HdG 524
61　ケルンにある『自画像』Self-Portrait in Cologne（別名『笑っている自画像』）　1669 年，ヴァルラーフ・リヒャルツ美術館，ケルン，HdG 560
509　『マノアの生贄』Manoah's Sacrifice　1641 年，アルト・マイスター・ギャラリー，ドレスデン，HdG 27
511　『ダビデとアブサロムの和解』The Reconciliation of David and Absalom　1642 年，エルミタージュ美術館，サンクト・ペテルブルク，HdG 38
519　『ウライ川でのダニエルの幻』The Vision of Daniel at the Brook Ulai　1650 年，ベルリン美術館（島），ベルリン，HdG 53
525　『孫を祝福するヤコブ』Jacob Blessing his Grandchildren（別名『ヨセフの息子を祝福するヤコブ』）1656 年，カッセル州立美術館，カッセル，HdG 22
526　『サウルの前で竪琴を弾くダビデ』David Playing the Harp Before Saul　1656 年，マウリッツハイス美術館，ハーグ，HdG 36

第3章　再教条化(ドグマ)，非難，孤立

528 『天使と格闘するヤコブ』Jacob Wrestling with the Angel（別名『天使とすもうをとるヤコブ』）　1659年頃，ベルリン美術館（島），ベルリン，HdG 13
591 『円柱に縛り付けられたキリスト』Christ at the Column　1644年，ヴァルラーフ・リヒァルツ美術館，ケルン，HdG 125
598 『放蕩息子の帰宅』Return of the Prodigal Son　1662年，エルミタージュ美術館，サンクト・ペテルブルク，HdG113
611 『ダビデ王』King David　1651年，カプラン・コレクション，ニューヨーク，HdG 39 ト・ペテルブルク，HdG 113
622-4 『キリスト』Christs　1648年，ゲマルデギャラリー（絵画館），ベルリン，HdG 158
595 『手を洗うピラト』Pilate Washing his Hands　1660年頃，メトロポリタン美術館，ニューヨーク，HdG 129
614 『福音書記者マタイに書き取らせる天使』An Angel Dictating to the Evangelist Matthew（別名『聖マタイと天使』）　1661年，ルーヴル美術館，パリ，HdG 173
410-13 『夜警』Night Watch（別名『フランス・バニング・コック隊長の市警団』）　1642年，アムステルダム国立美術館，アムステルダム，HdG 926
416 『ユダヤの花嫁』Jewish Bride（別名『イサクとリベカ』）　1666年，アムステルダム国立美術館，アムステルダム，HdG 929
415-17 『織物商組合の見本調査官たち』Staalmeesters（別名『織物検査委員』）　1662年，アムステルダム国立美術館，アムステルダム，HdG 928

(2)スピノザはこの問題には影響を与えない。なぜなら彼の神学的超越概念は純粋に教条的であって，それを別とすれば，力に関しては，あまりにも容易に自然主義に負けるからである。私たちはただ，彼の神学的政治論である『トラクテイト』【邦題，『神学・政治論』】についてだけ考えればよい——特に第16章及び彼の倫理に関する章である第9章。

【訳注】
1 デカルトが『方法序説』Discours de la méthode pour bien conduire sa raison, et chercher la vérité dans les sciencesにおいて行った有名な問いかけである。
2 L'Honnete Homme　17世紀フランスにおいて完成された，教養人の典型。英国のジェントルマン，『論語』に登場する君子に相当する。
3 ペドロ・カルデロン・デ・ラ・バルカは，ロペ・デ・ベガ，フランシスコ・デ・ケベードと並ぶ17世紀スペイン・バロック演劇の代表的な劇作家，詩人である。奇知・誇飾というバロック的表現を得意とした。
4 パスカルの著作『パンセ』からの引用。本節における著者の叙述は，以下，同書の引用を重ねながら続く。
5 1654年11月23日午後10時半，31歳のパスカルは決定的な「回心」を経験し，以後，絶対者キリストを受けいれる信仰の道に入った。彼は，この恩寵体験とそこから得られた平安を羊皮紙に記したメモ『覚え書』を衣服に縫いつけ，終

生肌身から離さなかったといわれる。
6 哲学・社会学の立場からのレンブラント論としては,ほかにジンメル(Georg Simmel, 1858〜1918)による'Rembrandt, Ein kunstphilosophischer Versuch'(1916)があり,高橋義孝訳『レンブラント——芸術哲学的試論(岩波書店,1974年),浅井真男訳『ジンメル著作集8 レンブラント』(白水社,1994年)として日本でも刊行されている。

第4章 教条主義(ドグマティズム)そして次代を予見した諸見解

第1節　18世紀

　18世紀はもはや，この言葉の重みに耐え忍ぶことができなかった。また，18世紀はこれ以上その重さを感じる必要がなかった。18世紀は，古い教会の教義(ドグマ)と新しい哲学的な教義(ドグマ)をめぐる権力政治的な競合関係及び絶えることのない論争という同一の基盤の上に立っていた。それ故に，18世紀は，初期の原点（古代）へと精神的に逆戻り——強力な抑制があったにもかかわらず——の状態にあった。しかし18世紀は，政治的にも精神的にも17世紀とはまったく異なる諸条件に囲まれていた。なぜならば，ヴィルヘルム・フォン・オラニエ（Wilhelm von Oranien, 1748～1806）により導入された，ヨーロッパ勢力均衡システム（人々はすぐに，このシステムの中に，これまでの古い超生物学的制裁処置にとって代わる，新しい，永遠とも思える西洋人の生存原理があるとみなすようになった）によって国家の大飢饉を食い止めるか，あるいは，少なくとも調整するという方法（それは，飽くことを知らない相互の強奪本能に対する緊急措置でしかなかったけれども）は，この均衡感情に起因する調和の観念を生活全体の中へ流入することを可能にしたからである。16, 7世紀とはまったく異なる天体学的・物理学的・数学的な思想の第二の流入があったが，それは，人間の生存観へと流れ込み，人間の精神に形式と内容を与えた。普遍的な均衡に基づいた普遍的な調和を思い描く傾向——そのような傾向は，理性の神格化よりも，一般的に受け取られている以上に，新たな生存観のモットーとなり得たのである。

こうした生存観は、それぞれ別個に、三つの大きな流れに分枝して、この世紀を滔々と流れた。その三つの流れの中の一つは、ほぼ孤立したままであったが、他の二つは互いに吸収しあい、一つになった。
　一つ目の流れは、この世紀が偉大な時代であると考える人々からまったく無視されてきたのであるが、この流れは、すでに 17 世紀末に胚胎していた。それは、結局のところ、三十年戦争（1618 〜 48）の衝撃的な余波に起因するものであった。その流れは、感情の動きであり、パウル・ゲールハルト（Paul Gerhardt, 1607 〜 76）の素朴な教会音楽からヨハン・セバスティアン・バッハ（Yohann Sebastian Bach, 1685 〜 1750）やヘンデル（Handel, 1685 〜 1759）へと徐々に大きくなる流れであった。その感情の動きは、やがて、カトリック的バロック様式の超越的な性質と接触し、したがって、バロック様式の外的形式と一致するようになっただけでなく、その究極的真理に対して永遠に通用する表現を与えたのである。この動きを表現するのに不可欠な方法こそ、新しい音楽であった。その音楽は、無限のもの［神］とそのポリフォニー［多音］の構成と生気に充ち溢れているし、他の領域から来てなおもその領域にとどまっているかのようにも見えるし、すでに人間の感情で飽和した超越的諸力との格闘を、新たに、鮮やかに人々へ知らしめるものであった。リヒャルト・ベンツ（Benz, 1884 〜 1966）とともに、私達はそれを西洋の「永遠の」音楽と呼ぶことができるだろう——なぜ「永遠」なのかと言えば、それは、美の究極の高みへと上りつめたからであり、ベートーベン（Beethoven, 1770 〜 1827）やシューベルト（Schubert, 1797 〜 1828）において、想像を絶する調和にまで到達したからである。
　私には音楽について語る資格はない。しかし、南や西の建築をまずは模倣し、やがて 1690 年以降に独自の様式を徐々に獲得したドイツのバロック様式が、自ら語っている。これらの荘厳な空気に覆われた建築物への理解（しかし、私たちが今日、実際に持てるのはヴィンケルマン（Winckelmann, 1717 〜 68）などの建築の尺度である）を受け入れようとするものであれば、城の階段や、教会の会衆席や聖歌隊席にすら、無限の広がりがあることに気づくようになる。その無限の広がりはやがて天井や丸天井で空間の制限を破るかのように見え、無限の宇宙を窓から注ぎ込ませる。これを理解する者は、外観の壮大な調和のと

第4章　教条主義(ドグマティズム)そして次代を予見した諸見解

れた秩序から，いたるところに無限の宇宙への突破口を与える内装へと導かれる。この内装は，あらゆる線の揺れの中に，軸受(ベアリング)や影像のゆったりとした襞のある衣服の中にあり，それら自体は暗号のように，うっとりとその計り知れない未知のものを指しており，内装から純粋な旋律へと恍惚として舞い上がるのである。無限の宇宙は地球上に閉じ込められ，そして，多様な音楽は色と石に変わった。これは，すでに17世紀の終わりには始まっていた。18世紀の前半に強化されたが，それはもともと優美で繊細な派生をロココ様式の中に持っていた。のちにそのロココ様式は，1760年ごろ，バロック様式のうらやましい程の気高さを陽気な世俗性の下に押し殺すようになる。

それは，あたかも，カトリック教会がまだ厳格であったときに，バッハとヘンデル，すなわち二人のプロテスタントによる力強い楽曲がこうしたカトリック教会から突然鳴り響いたかのようであり，あたかもグルック（Gluck, 1714～87）の純粋さ，ハイドン（Haydn, 1732～1809）の明るさが教会の中で反響しているかのようであり，あたかもモーツァルト（Mozart, 1756-91）の熱意が教会を満たし，この世のものとは思えないように奏でているかのようであり，さらに，あたかもベートーベンとシューベルトにおいては，神秘的なもの——それは，両者の音楽に充満している——との凄まじい格闘をすることで，人間は，この建築様式に相応しい，新しい言語を語っているかのようである。

これは，一つの重要な方向であり，17世紀末と18世紀全期間の一つの偉大な業績である。それは，あらゆる深遠な魂を構成し，また自ずとその魂を実証する，あの非教条的な言葉の時代の開幕を意味している。この言葉とは，最大限に発達した言葉であり，また，人間全体（というのも，その言葉は，最初の短期間が過ぎれば誰にとっても理解可能である）が，常にそこへと立ち帰ることができるし，また立ち帰るであろう言葉である。なぜなら，その言葉は，宇宙への扉を開くからであり，そして，感情を無制限にほとばしり出させるからである。もしそこに言葉があれば，その言葉は，あらゆる概念的なもの及びあらゆる特別なものから切り離されるので，人間が創造したほかのいかなるものとも異なって，時空を超えたものとなる。言葉が精神に影響を与えること，すなわち，精神を掻き立て，精神で考えられるものとの絆を解きほぐし，そして精神を解放するということは，乗り越えられないことであり，この意味においてこ

の言葉は，私たちがこれまで語ってきたあの超越性の象徴である。

　それでも，この言葉には一つの限界があった。つまり，それ自身の特殊な普遍性という限界である。超越的な領域の経験，すなわち，その内部で争いが継続し，かつ，こうした偉大な楽曲において調和がその領域を支配しているという経験は，ある意味で，理解しにくい経験である。たとえそれが人間と宇宙とのはっきりとは説明しにくい結びつきについて語っているとしてもである。しかし，その経験は，具体的な言葉を提供することはまったくできず，具体的な質問に対する返答を提供することもまったくできない。その経験は，実際の日常生活及びその紛争を調和へと変えることはできない。たとえその経験が見事なまでに万事を解明するものであるとしてもである。

　かくして，18世紀に生じるのは，この普遍的な人間の言葉，すなわち，音楽という賜物は，その時代の心的・精神的な流れが意識的に抑制される，その方向にはほとんど影響を及ぼすことはなかったということである。その経験は，その側面から，すなわち，初期の諸概念によってそれらに課されていたドグマという足枷から，第二及び第三の発展方向，つまり理念的な方向と詩的・予見的方向を，解放することはできなかった。この音楽という流れを力強く推し進める方向は，堂々と突き進み，人間的価値について語るものであった。しかし，こうした同じ人間的価値を言葉という形で理解する方向は，別個に分かれて進んでいった。

　18世紀のこのような概念的把握ないしは言語的把握は，啓蒙，理神論，理性偏頗，合理主義，楽観主義（オプティミズム），ルソー（Rousseau, 1712～1778）の自然崇拝，疾風怒濤時代（Sturm und Drang），ドイツ観念論等々の名称を使って特徴づけられることが多い。私達が問題にしている超越的価値の点で，これらの言葉の背後にはどんな価値があるのだろうか。

　18世紀の「楽観主義（オプティミズム）」については，留保つきで語らなければならないであろう。たしかに，17世紀の非道で残忍な権力闘争が緩和されたとき，そして権力均衡という観念と実践が，一種の救いの手となる福音のように登場する以前でさえ，ライプニッツ（Leibniz, 1646～1716）の弁神論とともに，古い宗教原理に起源を持つが新たな息吹を発散する複雑なオプティミズムがこの世に現れ出て来たのである。同時に，イギリスでは，新プラトン主義から示唆を得て，

第4章　教条主義(ドグマティズム)そして次代を予見した諸見解

この世界とその諸部分の一切を包括する美について印象的かつ熱狂的に述べたシャフツベリー（Shaftesbury, 1671～1713）説が生じた。その少し後には，例えばヤング（Young, 1773～1829）やアダム・スミス（Adam Smith, 1723～1790）のような人々の道徳哲学において，パスカルの陰気なペシミズムが解消し，人間の共同生活の基盤たる生得の共感に力点を置いた，まったく表面的というわけではないが，しかしきわめて実証主義的な側面が際立つようになった。ところがである。ヴォルテール（Voltaire, 1694～1778）（彼は，ライプニッツの強大な敵対者であるピエール・ベール（Pierre Bayle, 1647～1706）【訳注1】に依拠して，道徳的なものを同じく「我々の四肢のように」生得のものと明言している）は，『カンディード』【訳注2】の中で，すべての世界のうちで最良の世界たる現存世界についての理神論＝汎神論的表象に対して鋭くかつ痛烈に攻撃している。しかし彼は，『ザディーグ』【訳注3】のような別の諸著作の中では，辛辣な嘲りをもって，このような考察を展開してはいない。偉大なる【訳注：版画家である】ホーガース（Hogarth, 1697～1764）は，自己の作品をかの有名なひどく諷刺的な人物作品『進歩』で始めている。また，『ヤフー』【訳注4】においてスウィフト（Swift, 1667～1745）の行った，人間に対する痛烈な嘲笑の上を行くことは困難であろう。従って，17世紀において強く感じられていた，人間性が持つ底知れぬほど深くかつ暗黒の側面は，18世紀においても決して忘れられることはなかった。自然崇拝に対するルソーの悲観主義(ペシミズム)＝楽観主義(オプティミズム)的跳躍後の18世紀後半においても，その側面は忘れられてはいなかった。1784年のヘルダー（Herder, 1744～1803）の『人類の歴史哲学に関する思想』――そのポジティヴな側面に関しては，直接的に二，三のことを言わなければならないであろう――に，以下のような二つの文章が存在する。「ある人間をその世代の軛のもとへ，その同胞の弱いあるいは気違いじみた恣意のもとへ晒したのは，どんな運命だったのか」。そして，「このことは，我々の野蛮な力と邪な奸智のうずまくこの地上において勝利をおさめる真理を我々に説いて教えてくれる」。ここでは何一つ隠し立てはなされていない。一方でカント（Kant, 1724～1804）は，「根本的な悪」の存在について述べているけれども，まだ，「人間性の性悪さは，その言葉を厳格な意味で解するならば，すなわち，そうした悪を行動原理としたり動因とする意図としては，……悪意

であるのでない(何となれば,それは邪悪となるからである)。そうではなくて,むしろ,それは,心の歪みなのであり,私たちがその生じた結果の故に悪しき心と呼ぶことになるものなのである」[1]。これは,たしかに,強力なトーン・ダウン(緩和)であり,底なしに深い深層次元の一種の平準化である。なぜなら,それは,そうした独立した全体としての人間の中に悪の本質的な力を見たり是認したりすることはなく,ただ,そうした力を人間的な動因の道徳的な序列の「転倒」としてのみ理解可能だからである。これは,存在の唯一の所与として定言命法によって教えられ,狂信的に受け取られている正統性の一つの結果であり,かつ一つの相関物なのである。

さて,私たちはすでに次のことを見てきた。すなわち,数学によって影響を受けた論理的思考——それは物事の暗部と強く結びついていたし,まさに,パスカルもその中にどっぷり浸かっていた——を持つ17世紀にはもはや,何らかの直接的に感知された,超主体的,超合理的な力のための余地など存在しなかった。スピノザ(Spinoza, 1632～1677)の場合と同様に,そうした思考はその超個人主義的性質を保持しながら,全体という概念から華々しく出発したまさにその点において,悪は単なる否定となった。なぜなら,悪は,それ以外の方法では論理的に把握することができないし,また,聖なる全体性[神]の明白な性質とも合致しないからである。はっきりと述べられているように,悪は存在しないものとなった。論理的なドグマ化は,存在の背景に関するかつての超論理的視点を排除した。おのずと一つにまとめられる,偉大な芸術家,音楽家,作家,詩人の場合を除けば,18世紀は,存在とその内奥を解釈しようとしたとき,こうした論理の超構造を払いのけることができなかった。実際的に怪奇な方法で悪の正当化をするライプニッツの神義論から,あらゆる生存の暗い要素と下品さを存在の側での愚かな歪みと見たヴォルテールや,こうした歪みを単に社会へ投影しただけのルソーを経由して,根本的な悪というものは結局のところ概念上の否定——すでに見たように,これは「心の歪み」へ至るだけである——そのものでしかないと解したカントまで。そしてさらに,このカントを超えて,すべての暗い悪魔的領域は,たとえ超越的なるものに接近できるところでさえも,解釈できないままであった。それが解釈できないままであったのは,彼らすべてがこの超越的なるものを論理的なカテゴリーでとら

第4章 教条主義(ドグマティズム)そして次代を予見した諸見解

えようと試み，万事を徹底的に論理的に解釈しようとしたからである。それゆえ，不可避的に，実在の超越的力が形式化され，かつ単なる概念へと弱められ，さらに，溢れんばかりの色とりどりの美の世界は，便宜性というつまらない概念と結びつけられた（『判断力批判』）。さらに，思想と経験の偉大な勝利がうたわれ，また，私たちが「自発的な自由に基づいてそれ自体を完成する善の領域」と呼ぶことのできるものが，機械論的・因果的用語で理解された「現象」世界の中への超越的なものの不可思議な侵入として把握されるところでさえも（『実践理性批判』），偉大な予言者たちによって直接的に理解され開示されていたそのような価値は，図式化され，また，それ自体で存在する意志（カントの「愛情」）に，いわば外部から義務論という行動原理を課しただけである。したがって，至る所で「光の力」のあらゆる長所と実質が奪い取られ，論理的構成物へと変質してしまった世界に直面すると，「暗黒の力」の世界が，スピノザの場合と同じように，その影としてのみ現れるであろうということは明白である。また，この暗黒の世界の存在が暗示されているところでさえ，カントの場合と同じように，そこには，単に否定的意味で理解されていたために，たとえ十分可視的であったとしても，やがて消失し，重要ではなくなるであろうという，固有の傾向が内包されていた。その結果，18世紀の諸観念と精神的構造には（それらがドイツの超越論主義のように巨大な深みへと突き進んだところでさえ），常にこの特性がまとわりついている。すなわち，物事を二つの目で見るのではなく，一つの目でしか見えないということ，生命をいわば可塑的に，その多層性と相互矛盾の中で理解せず，むしろ一面から生命に接触するだけという特性がまとわりついている。これがもたらしたものこそ，少なくとも心が一層狭い人の場合にそうなのであるが，情け容赦のない合理主義的な無味乾燥化と楽観主義的な平凡化へと向かう，しばしば引用される傾向なのである。

　この時代には，全思考形式が17世紀の数学的論理主義に基づくものであったことから，そうした傾向は，人間と社会に関する深い思索の只中において，個人を観念的に形式化したり理想化したりする危険を冒し，また，個人と全体を公平に，互いに条件づけ合い，双方に利益をもたらす自然な関係としてとらえるのではなく，個人と全体を論理必然的な一対の対立物としてとらえるという危険を冒した。その結果，社会契約的国家観をこの一対の対立に適合させる

危険性，すなわち，後で考察するように，まさしく形而上学的観点から正当化される「自然権」という根本原理をこの種の形式主義の中へ沈めてしまうという危険性があった。個人の諸権利は人間性の名において強調されるかもしれないが，国家の本質は疑いもなく合理主義の名において過度の注目を浴びた。それ（合理主義）が個人の本質と，今世紀においても，以前と同様に権力指向に深く浸っている国家の本質とを定式化するようになると，その時代の楽観的精神はこうした深淵な力とその力の理念形成との関係についてはごく軽く触れるだけであった。おそらく18世紀最大の弱点は，概念的に18世紀が生と社会の再モデル化に関する人道主義的理念と18世紀国家の無慈悲な権力——利己主義との間に存在していた深い内部分裂を架橋できなかったということであろう。理念的に言えば，全体として，こうした国家の力への衝動に抑制的力が加えられたことは決してなかった。この問題をさらに深く吟味することなく，その時代は偶然にも軌道に乗っていたヨーロッパの均衡システムによってこの問題を一定の範囲内にとどめた。なぜなら，この均衡システムは，1763年から1793年にかけて，まったく偶然にも，もはや決して権力政治や戦争という暗雲の影を受けることのない，平穏で明るい中間時代をもたらしたからである[(2)]。

　この時期において，歴史的にきわめて重要なその時代の諸傾向が十分に発展することができたし，人類が今まさに人間性と個人の観点から生を理解しかつ形成することに着手できるように思われた。もし今危険なオプティミズムが現実のものとなるならば，この世紀を真に不滅のものにする，きわめて実り豊かなオプティミズムも，現実のものとなる。それは，「啓蒙」と呼ばれるものによる，人間の完全性という観念の中に存在した。

　「啓蒙」ということについて，カントは1784年に，未成熟な状態から成熟な状態への動態的変化(ダイナミズム)，別の言葉で言えば，非自由な状態から自由な状態への動態的変化(ダイナミズム)と名づけている。これに基づいて，カントは，まず第一に思想の自由を要求する。しかし同時に，次のように付け加える。すなわち，「これによって市民は行為の自由を手に入れることができるし，また，政府は，人間をその尊厳に従って機械以上のものとして取り扱わなければならないことに気づくようになる」。このことは，1793年に，もっと大胆に，「原始（国家）契約の観念に基づいて」，自由，「相互依存」及び平等を目指す憲法要求として，すな

第4章　教条主義(ドグマティスム)そして次代を予見した諸見解

わち，せめて自由のみに基づく代議制要求として述べられた。これらは，ロックの自然法原理であり，モンテスキューの立憲思想であるし，これこそ，18世紀を通じて鳴り響きフランス革命で頂点に達した自由を求める大きな運動の反響なのであるが，その反響は，その嵐からは遠く隔たり，依然として絶対主義のままであった遠いドイツ東部の学者たちの安全な書斎の中において鳴り響いただけであった。

　啓蒙，自由，平等！　18世紀を徐々に掻き立てていった，こうした言葉の力の源は，学者の重箱の隅をつつくような研究や科学的論文の中にあるのではないし，現に存在する社会的問題の中にあるのでもない。その源は，以下のような事実の中にある。すなわち，西洋の人間性が，17世紀におけるその恐るべき沈没の後，新しいレベルの意識及び経験によって強まり，その真の自我，その古い精神的価値へと回帰し，専制的な権力国家の残忍な政治的自然主義に逆らったという事実である。この大きな新たな発展（出発）を，西洋に特有の，「原子論的」あるいは「個人主義的」な合理主義の帰結であると見なすことは，もっぱらヘーゲルやロマン主義に依拠した，ドイツではよく見られる，取り返しのつかない結果を招く愚かな習慣である。それは，何かまったく異なるものであった。すなわち，新しい人間理解と時代の潮流によって新しい光の中に姿を現した，古い西洋的，とりわけゲルマン的基盤の再発見であった。こうした革命的傾向を解き放した自然権の創始者であるロックは，きわめて古い反動的なヤコブ主義と家父長主義【訳注5】に反対し，神の恩寵によって創造された自由かつ平等な人間，言い換えると平等な権利要求を付与された人間に訴えた。それゆえ，彼は，深く信仰されている宗教的基盤に訴えたのである。自然への楽観主義的な熱狂及び現在社会の悲観主義的な拒絶から生まれ，また，彼の『社会契約論』の中で政治的全体の形成と「一般意志」の創設に対するすべてのもの及びすべての者の服従を要求するルソーの感情爆発は，理性的な衣を纏いつつも，本質的には，理性的な原子論と正反対のものである。そして，人権は，北米の個々の国家——それ自体が有効な契約から生まれた——において，前国家的に存在しているもの，かつ国家によって保証されるべきものとして1775年に初めて規定されたものであるが，この人権の定式化は，ロックの場合と同様に，根本的に宗教的な起源を有していたのである[3]。その定式化は，

自由や制限された国家行為領域についての古ゲルマン的観念を身につけていた人々によって，創造され，かつ，法的に制定された。

当時用いられていた諸観念の具体的区分やそれらの外観について，さらに詳しく述べる必要はない。善悪双方の結果を伴う，フランス革命のような何か途方もなく大きいものをもたらす精神的大事件の背後にあるものは，まさしく，人間の側からの，超越性という新たな深層への現実的及び事実的突破以外の何ものでもなかった。その突破は，人間の完全性という観念を持つあの楽観主義の陶酔の中で完成され，実効的なものとなった。しかし，今日の生物学者[4]ですら，人間を，動物と比較して，「自由を父母として生まれた生き者」と定義するとき，私たちは以下のことをはっきりと認識することになるであろう。すなわち，自由を正しく用いる能力とこの能力を手に入れるための人間に固有の方法とは別物であるということ，そして，この方法を開示し，人々にこのことを意識させることに貢献したのが18世紀であるということである。18世紀は，自由の直接的実行可能性を信じることに対して楽観主義的であったし，時には性急であったかもしれない。もっとも，モンテスキューやカントのような18世紀の偉大な人物たちは，それについて語るとき，きわめて慎重であった。重要なことは，人間が新たな視点で考察されたということである。人間は，その特殊性において新たな視点で理解されたのである。

＊　　＊　　＊　　＊　　＊

この新しい段階で，深化した人間理解の広範な波は，政治的自由の観念がまだまったく不確かで限定的であったまさにその場所において，すなわち，ドイツにおいて18世紀を一掃した。この地では，この流れはまず初めに，古い精神的及び知的慣習を破壊した——それゆえに，疾風怒濤の方向へ流れた。しかし，その時，その流れが衝突し，さらに透明になった。少し先取りして言えば，まさしく今日，驚くほど広く，深く，多様な18世紀ドイツの人道主義的諸観念，すでに古臭くなっていると思われる諸観念を正しく認識することは時機にかなっている。もっとも，すでに生起している，また，今まさに生起しているすべてのことは，私たちの中で最も先を見通すことのできない人々にとっ

第4章 教条主義(ドグマティズム)そして次代を予見した諸見解

てさえ、そうした諸観念の失効が何を意味するのかということについて示しているだけなのではあるが。ヘルダーの『歴史哲学に関する思想』のような書物を読んで、この書物の中に漂っている息吹から何も感ずることのない者、そして、ここには、内面的に正しい形式の信仰心を持ち、しかも、「自然の意図と摂理」の忘我の受容に深く影響を与える、新しく、より深い人間観が存在するという感情を持たない者——こうしたことを感じることのない者は、このドイツの世紀の終わりに、「人道性（Menschlichkeit）」と呼ばれるようになった、あのより大きな展望(ビジョン)について何一つ理解していない者であろう。今日、恐らく、私たちはもはや、ヘルダーのように、人間を純粋にかつ単純に、一段高い種的存在へと向かう中間段階として理解することもないし、また、自然に対するそうした敬虔かつ希望に満ちた愛情から、人間の未熟性、不完全性、人間の行う無駄な試み、人間の歴史の悲惨さを多くの失敗として説明することもないであろう。そのような理解や説明がなされなかったがために、それ以来、私たちはあまりにも間違った行動をとってきたのである。しかし、人間がなぜどうして自由意志を持ち、自らの運命を良くすることも悪くすることもできる、この世における唯一の生物であるのか、どうして人間は自らに課した規則以外のこの世の規則を知らないのかということについてヘルダーが熱心に私たちに示すとき、誰がヘルダーを否定するであろうか。これこそ、この時代が初めて摑んだものであり、これこそ、この時代が私たちの共通の経験値に導入したものであり、そして、これこそ、この時代の作品の持つ完全性と均斉のとれた美しさ、今日ではほとんど信じられないぐらいの調和を生みだしたものなのである。

　私たちが問わなければならない最も重要な問いは、この時代の限界がどこにあるのかでもなければ、この時代の人々が何を見なかったのかでもない。この時代が見たものは、実は、ある啓示（意外な新事実）であった。そのような啓示（意外な新事実）から、シラー（Schiller, 1759～1805）は文章を書き、「不可譲なものとして上の方に引っ掛かっている法」といった格言を作り出し、実際にその格言を賞賛した『ウィリアム・テル』のような戯曲や、人間本性の複雑性を明らかにする『ワレンシュタイン』という別の戯曲を創り出した。あるいはまた、彼は、次第に深みを増す影と大きく口を開けた深淵の音楽、すなわち、ベートーベンの第九交響曲の最終楽章と歩調を合わせて、誇らしげに演奏する

ことができた。そして，彼の魂が刺激され，彼の意識が高揚することによって，彼の修辞は，それ以来ずっと私たちの生にしみわたっているし，また，これからも私たちの生にしみわたり続けるであろう，あの何千という表現形式を生みだしたのである。

　こうした人々の中で最大の人物，すなわち，ゲーテについて，私たちはここではたった一つのことしか述べることはできない。すなわち，彼の滅びやすい偉大さは，以下のような事実に依拠しているということである。すなわち，彼は，彼の最初の疾風怒濤時代からずっと当時の文化と格闘してきたけれども，また，グンドルフがいみじくも述べているように，彼はほとんどその文化的経験をかたちづくったけれども，さらに，その中心的問題，倫理的完成可能性の問題に一貫して携わってきたにもかかわらず，そして最後に，そのまったく特殊な文化的プログラムの擁護者となったにもかかわらず——彼はまだはるかに抜きん出ているし，また，どんなものよりも比較にならないほど抜きんでいる。なぜなら，当時においてはほとんど彼だけが，起源と接触し，その本質及びその作用を直視しているからである。彼は，それ以前の偉大な人物と同じように，それらを直接見ている。そして，偉大な人物がしたように，それらが現れるいかなる象徴形式のもとでも——キリスト教的であれ，異教的であれ，あるいはその他のどんな表現であれ——躊躇うことなく，それらをとらえている。彼のそれらの把握方法は，『ファウスト』におけると同様，『イフィゲーニエ』【訳注6】においても当てはまる。彼は，『選択親和力』【訳注7】におけるように，いかなる神話的装飾も施さず，彼が十分に意識している，暗く織りなされた自らの運命を自分の主題とし，それを深い感情と美しさをもって描いている。彼は，悪魔的なものに関する彼の周知の主張においてと同様に，恐れることなく，自分が直接見たり経験したりしたことの一部を記録に残した——たとえ当時の「文化的定式」に幾分でも順応したとしてもである。

　したがって，ここに，最後の偉人【訳注：ゲーテ】がいる。すなわち，この人物は想像力，教育，宗教的諸形式を自由に駆使しながら，まったく自分の力で到達していた究極的経験に非ドグマ的表現を与えた。彼は，古い絶対的価値を新しい人間性の諸発見の中に埋め込みながら，その古い絶対的価値に固執した最後の，そして，唯一の人物であった。かくして，この人物は，孤独な松明

第4章　教条主義(ドグマティズム)そして次代を予見した諸見解

持ちとして，別の32年間【訳注8】を19世紀にむけて大股で歩いていったが，彼は，19世紀をはるかに超えていた。

　しかし，ゲーテの時代は，彼なくしても十分偉大であったであろう。この時代は，音楽において，人間のために新しい言語を発明しただけではない。この時代はそれを頂点へと持ち上げた。この時代は，意思伝達を行うことができ，積極的行動をとることのできる，大きく拡大された人間理解を生み出した。この人間性に基づいた観念世界において，すなわち，この時代は人間の運命や人間の自由という観念世界において，この時代は，永遠の真実を発見した。この時代は，その時代の価値を永久に変わらないものと感じていた。ドイツでは，古い社会形式がまだ崩壊していなかったために，新しい思想の挑戦を受け，また，新しい人間観を受容できるほど可変的であったし，これは，ほとんど1世紀もの間，眠らされていた感情領域を解体することに役立ち，そのビジョンでは，音楽や理想哲学においてだけでなく，とりわけ詩文においても，思いもよらない豪華の極みへと上昇した。そのメッセージは今日の私たちにとってもまだ有効である。ゲーテの時代は，再帰的発展のもっとも終わりに逢着し，きわめて意識的な時代に立ちながら，絶対的なるものの崩壊を認めなかった点で顕著である。むしろゲーテの時代は，自らの課題はその本能と意識（それ自体本能の中に包み込まれている）のすべての力をもって絶対的なるものを明確に示し，かくして，まったく可能と思われるような知的論拠を与えることにあると考えたのである。究極的な人間的絶対性を，キリスト教の歴史的神話的，贖罪的，教条(ドグマ)的特性から解き離すことによって，また，それによってキリスト教と古代文化との有効な結合によって，すなわち，ある意味において最高の方法で西洋の精神的課題を遂行したのである。

　この時代に上層階級が生み出した人間類型は，感情及び同情の広さ，強さ，そして繊細さの点で，いかなる時代にも例のないものであった。彼の感受性はあらゆるものに向けられるが，しかし，それが彼自身の中でばらばらに崩壊することはなかった。彼は，それを彼自身の本質の不可欠な部分にしたり，また，それを徹底的に融合したり変形したりすることができた。

　彼は，こうした高い身体的及び形成的能力のために，以下のようないくつかの要素を代償として失った。すなわち，写真的メタファーを用いれば，露出の

中にはまったく現れていないか，あるいは残念ながら規模の点では小さくなったいくつかの要素を代償として失った。この時代の最も偉大な人物に関してさえも，しばしば，それまでに発見されていた，人間の新しい多くの側面を教条的(ドグマティック)及び過度に単純化された固定化が存在した。しかし，その弱点は，進歩への信念（それは，19世紀後半の時期に支配層の態度と同じような使い古されたレッセ・フェール的な態度ではない）ではなく，むしろ崇高な意志，すなわち高度な人間的ビジョンから生まれた完全性への渇望にあった。その弱点は，おそらく私たちの暗示が示しているように，以下のような状況にあった。すなわち，それは，17世紀の数学的思考によって既に弱められていた，超個人的で超越的な光の力と暗黒の力は，理想化によってさらに非実体化され，また，直接的経験の諸要素であることから，存在基盤から切り離された観念的構造へと変化したと思えるような状況であった。この後すぐにわかるように，こうしたものは容易に，空虚な幻影あるいは恣意的な弁証法の慰みものともなりうる。なぜなら，生との分離によって，実存の暗い深淵というビジョンも色あせたからである。また，超越的性質を持った不変の結びつきを形成する暗黒の力と光の力の経験は，理想主義の安易な噴出をもたらすかもしれない。なぜなら，理想主義は，断念——ゲーテならば「放棄」と言うであろう——という必然的な混合物によって緩和されることなく，生の厳しい現実から自らの立場を守ることができないからである。

　こうして，やや誇張して言えば，18世紀の最も重要な所産である「自由の宗教」——これはベネデット・クローチェ（Benedetto Croce, 1866〜1952）命名によるものである[5]——は，まったく透明な，まったくこの世のものとは思えない衣装を身につけた天使のように，19世紀と向き合うのである。この天使は，熱狂の翼にのって上昇するにふさわしい対象であり，また，他のものを上昇させるにふさわしいものであった。しかし，この天使は，その世紀の最も強力な力の一つへと成長したけれども，それに伴って強まった現実主義的で冷淡なその雰囲気は彼と同じ衣装を纏ったものにとって危険であったに違いない——なぜ危険であるかと言うと，彼は，当初，頑丈で，風雨に耐えるだけの哲学を身につけていなかったからである。

第4章　教条主義(ドグマティズム)そして次代を予見した諸見解

第2節　過渡期

　19世紀のはじめには、きわめて注目に値する、豊かで、それでいて混乱した過渡期というものが存在する。この過渡期は、1830年頃まで続くものであり、見過ごすわけにはいかない。なぜなら、この過渡期なくしては19世紀の前線的位置を理解できないからであり、また、この過渡期のみがどの点でどの瞬間に私たちがニヒリズムへと分け入っていったかを示しているからである。

　フランス革命は、ともに重要なアメリカ合衆国の創立を除くと、19世紀に先立つ、自由の宗教の最初の偉大な歴史的行為であった。それは、実質的にヨーロッパにおける古い歴史的諸形式を破壊し、そして自由と平等の権利という根本原理によってその破壊を正当化した。同時に、その革命は暴力の中で終結し、ナポレオン政府を通じて、ヨーロッパの緊張を孕んだ多種多様な構造を、根本的な激変と漸進的な統一をもって威嚇したのである。ヨーロッパの全歴史において未だかつてなかったこの現象の精神的効果は、驚くべきものであった。

　この革命に協調したり、また、多かれ少なかれ意識的にこの革命に反対したり、さらに18世紀の教条主義(ドグマティズム)全体に反対したりして、ドイツで成長したもの——それは、今日では周知のように、その国の偉大な音楽から湧出する感情によって花開いたのであるが——こそ、今日私たちがロマン主義（Romantik）という言葉でまとめている、様々な形式の寄せ集めである。ロマン主義者は、より抽象的な方法で「私」と無限のもの（神）との緊張関係を、常に繰り返し発生する合理主義や教条主義(ドグマティズム)傾向とは対照的であると感じた。彼らは、それを、もっと漠然と感じていたが、同時に、世界と自己が枯渇する危険はなくなり、むしろ姿がはっきりとしてくると感じた。全体性及び個人や歴史の多様性に対する彼らの顕著な感覚は、まったく異なった現実把握のゆえに、私たちがすでに言及したあの18世紀の非教条的(ドグマ)要素が行った攻撃よりも、より強くかつ意識的に、17世紀及び18世紀の数学的・合理主義的思考の根源を攻撃した。この新しい現実把握は、それに先行する合理主義への矯正手段として、非現実的な表現形式を現実に多く登場させたが、温かい血流のように、ドイツからどっと流れ出て、西欧という凍てつく荒野を横断したのである。しかし、フリードリッヒ・シュレーゲル（Friedrich Schlegel, 1772〜1829）のようなその

現実把握の文芸唱道者の多くが,「思想」とは言わずに実際には「力」と言うべきであるということを承知しているにもかかわらず,また,その現実把握は,非教条的(ドグマ)レベルから少しばかり見える超越的な力の存在を再び感じ取る偉大な個々人を輩出したにもかかわらず,この新しい態度は,視野の点で余りにも表面的であり,また,そうした諸個人が,超越的なものの現実的に大きく,内的に凝集的な経験に向かって突き進むためには,断片的にすぎた。こうして,初期の本能的に予見的な洞察を,17,18世紀の知的束縛(足柳)から解放し精神的深淵へと解放することができなかったのである。彼らの中の最も偉大な者をのぞけば,彼らは,E.T.A.ホフマン(Hoffmann, 1776〜1822)のように,幻想的かつ空想的世界を見るだけで,暗い力と明るい力の双方を含む,一群の強力な力を見なかった。また,キリスト教義の虚構を受容することによって,それらは終焉を迎えたのである。

　だから,それが,これまで以上に画一的で,しかも,ますます実際的に重要となったために,18世紀における超概念主義の最後の飛翔,すなわち,ヘーゲルの超越論的機構(器官)が,ナポレオン後のヨーロッパをどこでも席巻している自由の波に沿い,または逆らって登場し,ナショナリズムと主情主義によって育まれた。まさに教条化(ドグマ)の呪文(魔力)がついに打ち破られたと思われた後に,自由の宗教に対する最も強力な防波堤として,超教条主義(ドグマ)が定着したのである。すなわち,国家の権力駆動を思うように行わせると同時に,ヘーゲルの言うように,「すべての博愛主義者的行為及びその種のつまらない事柄」によって妨げられることはない,国家の全能と個人の非自由という教条主義(ドグマティズム),少なくとも東欧と中欧に暗い影を投げかけた教条主義(ドグマティズム)が定着したのである。歴史的に言えば,これは,完全な逆説である。にもかかわらず,フランス革命を激しく非難する一つの重要な立場がここに存在した。ロマン主義よりもはるかに急進的で魅力的な立場,つまり,そのまわりにあらゆるナポレオン的現象が結晶化することのできる立場が存在したのである。

　このような三つの要因の影響下で,新しい結びつきが万華鏡のようにかたちづくられるか,あるいは古い連携結びつきが,かつての純朴さを失って,異なる彩りを身につけた。ナポレオンの巨大な衝撃は,自由の不明確な理想化をまっさかさまに地面へ叩きおとした。中欧,南欧,東欧の雑多な,そして些細

第4章　教条主義(ドグマティズム)そして次代を予見した諸見解

な王朝主義は，西洋がすでに現実に持ち，また，自由への国民主義的渇望が至る所で要求していた，自由に統合された国民主義の形成という思想によって，突如として，根本から揺すぶられた。古い世界市民主義(コスモポリタリズム)は，一掃され，その主唱者であるゲーテが切望しているあの世界文学の中に避難所を見つけただけであった。ナポレオンのすぐ後に再建された，昔からある無計画な王朝国家秩序は，この種の自由主義的国民主義的思想に直面し，昔をなつかしむように助けを捜し求めた。それは，一つには，ロマン主義者に見られる。王朝国家の秩序は，ロマン主義の中にある程度の助けを見出した。ロマン主義の個人主義的思想が，公平性を欠くことなく，「文化的本質」としての国家というたしかな歴史的観念を導き出し，それを「内在」するものとして擁護し得たためである。また，ある意味では，主にヘーゲルによって，権力と国家の正当化において進展した。いわゆる正統性原理を身に纏った古い秩序は，新しい国民主義の中で血肉となり，今や革命でヨーロッパの大部分を脅かしている自由の精神に立ち向かった。これが，非自由と自由との間の古いヨーロッパ的紛争の「近代的」形態であり，政治的には，古い秩序が19世紀の全面を支配していた。概して，歴史家たちは，事象の経過において古い王朝主義が果たす役割を過剰に強調しているのである。

　　　　　　　　　　＊　　　＊　　　＊　　　＊　　　＊

　ここで私たちが問題にしている精神的なより深い領域において，もっと一般的な何かが起きていたのであるが，私たちは，その中の二つのことについて述べてみよう。ほぼ1770年以降に生まれたもっと若い世代の人々——この世代は，フランス革命，その後の時期，及び革命の挫折と旧体制の復活を，第一印象の新鮮さをもって，18世紀の素晴らしい純朴さ，あらゆる破壊的思想にもかかわらず存在した純朴さをもって体験している——は，その後の大変動の中に飲み込まれてしまった。この世代は，自分の見ていたものを，批判的に見たのであり，また同時に，この世代は，身を隠すためのもっと大きく安定した形態の欠如を感じていたので[6]，容易に常軌を逸したものにすらなり得る，ある種の心的アンバランスをもって見ていた。したがって，この世代が，そのよ

り強力な現実主義にもかかわらず強力な18世紀の重要な価値を何らかのやり方で放棄することを拒否した限りにおいて，この世代の中で反響したのは——これが，私たちの第二の要点である——その時代の明晰さに対する低音として超越的経験と無意識的に調和した特別な，別の旋律であった。すなわち，この旋律は，理性の保護を受けて，18世紀の偉大な人物によって発せられたものとは異なる調子と音色を持った，そして，それよりもより際立った旋律であった。悪魔的なものに対するこの不均衡とこの感受性は，無限の調整を行うことができた。しかし，双方が一緒になって，その時代の大きな解釈図に独特のニュアンスを生み出した。この差異こそ，前世紀の静かでゆったりした音色と比較するならば，この不均衡や感受性を顕著な不協和音に見させている当のものであるが，そのために，そうしたもっと若い世代の人たちは，当初誤解されたり，あるいはまた，間接的に影響力を行使しながら，出発点（とば口）に立っていたのである。ヨーロッパ的な，あるいは，普遍的意義を持たない著名人は無視されることとなる。まさしく，ハインリッヒ・フォン・クライスト（Heinrich von Kleist, 1777～1811）の突飛な行動やしばしばみられる意図的な暴力（彼のその精神的力や表現力によって彼は天才芸術家としての印象を与えている）は，その好例である。彼のそうした行動は，たしかに異常な性質の面もありはしたけれども，彼の死への陶酔がそうでないのと同様に，単なる異常な性質の所産でもなかった。また，そうした彼の行動は，彼の成功の遅延の結果でもない。私たちが彼の行動の中にはっきりと突き止めることができるものは，あの不均衡なのである。すなわち，彼を孤立させる時代からの，あるいは，彼自身の特殊な悪魔主義からの逃走方法を見つけられないが，また，見つけることも望んでいないあの不均衡であり，『ペンテシレイア』におけるように，情熱の無節操かつ悪魔的な発露へと，彼を最大限に駆り立てながら，時代との鋭い不協和という一陣の風の中で彼を消滅させる不均衡なのである。

　時代とのこの不協和音は，悪魔主義の明るい領域への，ヘルダーリン（Hölderlin, 1770～1843）の場合には，神への上昇，向上の機会であると言えるかもしれない。ヘルダーリンが彼の時代の日常生活にどれほど不快な気持ちを持っていたかが，彼の『ヒュペーリオン』中で示されている。この中で，ドイツにおける通常の生活の耐え難い事柄について書かれた書簡がその作品全

第4章 教条主義(ドグマティズム)そして次代を予見した諸見解

体の目的を示している。その目的とは，明らかに暗い力によって鼓動している，それ故に拒絶されるべき，私たちの日常性の世界とは対照的な，全体的に神々によって生命を吹き込まれた世界を前もって示す（予想する）ことである。同じことは，美しくて壮大な断章『エンペドクレス』についても言える。神聖なる造物主（神）によって霊感を与えられ，超常的な力を備えた「高次の」人間は，かつて神々によって去勢され（人間らしさを失い），地上の邪悪な大衆悪魔主義によって正当性を否認されたため，民衆が彼を呼び求めるときでさえ，生の中にとどまることはできない。彼は，自然の祭司として，「最後の熱狂に酔いしれて」エトナ火山へと身を投じる。それは，ペシミズムではない。それは，高貴なものへのよそよそしい，しかし，前向きな感情であり，邪悪な地下の神々の力に対する拒否である——それと同じ感情は，後の彼の詩の中で，自然や歴史の頂点に対する明るい展望の中に流れ込んでいるし，また，ついにはまったく自然の一部として感じられ，あたかも鳥の目を持って見られるので，今やその暗さを償う厳正における私たちの日々の生活に対する明るい展望の中へ流れ込んでいる。

　まったく異なっているのは，当時の悪魔的拒絶の中で成長した，普遍的な意義を持つ第二の人物——バイロン（Byron, 1788～1824）——であった。バイロンが彼の円熟期に書いていたほとんどすべてのことは，明示的にせよ黙示的にせよ，その背後にある悪魔的な動機によって，論争的であった。ナポレオンの敗北の後，ウェリントン公（Wellington, 1769～1852）【訳注9】の周りに集まったまったく反動的で頑迷な団体に対する半ば陽気で半ば辛辣な諷刺という方法において，あからさまに攻撃的であったし，また，今日ではその中のごくわずかの美しい色恋の一節しか読むことができないが，まったくと言ってよいほどおしつけがましい論争によってその価値を落としている，何はともあれ天才的な作品である『ドン・ホアン』【訳注10】という方法においても，あからさまに論争的であった。実際，この作品は，生のもっと暗い奥底に対するバイロンの洞察から生まれた，生に対する深い拒絶を意味している。これと同じ生の拒絶は，『秘密』でも明白であるし，彼の成熟期の作品群の中で最も重要な作品である『マンフレット』【訳注11】において頂点に達している。『マンフレット』は，たしかにまったく個人的な経験であるけれども，おそらく，存在

の一部としての人間的生活全般に対する，これまでに書かれたものの中で最も衝撃的な告発の書であろう。存在の一部としての人間的生活は，その悪魔主義の罠にかかった人間に忘却を与えることはないし，この悪魔主義という枠内で自己の行為によって刻印されていると感じる者にとって，彼がどれほどそれを呪ったとしても，闘争も，救済も存在しない。それゆえ，非存在，つまり死の方が望ましいということになる。

だから，社会の否認を持って始まり，生の壮大な拒絶を持って終わるという，この極端な態度が，新時代を画すものである——特に，理想を抱くと同時にそうした理想に殉じる術を心得ていた悪魔的に天才的な人間によって明確に示された場合——ということは驚くべきことではない。私たちは，その痕跡をイタリアのレオパルディ（Leopardi, 1798～1837）に見出すし，ロシアのプーシキン（Puschkin, 1977～1837）に見出す。言うまでもなく，より劣った人々の顔つきを青ざめさせたあらゆる憂愁と感傷的な厭世観である。

前世紀の客観的な価値から生まれ，今もなおそうした価値によって満たされている，私たちが意志の世紀として，また，解き放たれた力の世紀として知るようになるこの世紀の出発点に存在するのは，私たちが経験するすべてのことに対して私たちは「はい」と言うべきかという，現実と格闘する，大きな問いである。そうした問いは，哲学的に言えば，ショーペンハウエル（Schopenhauer, 1788～1860）の問いであり，少なくとも彼のその問いの現実的側面である。ショーペンハウエルのカントへの意識的な回帰や，カント的超越主義を理論的に完成させようとする努力において，彼の哲学は，形式的には驚くほど明晰であるが，何らかの方法で実証可能というよりも，最終的には感じるものである。そして，それこそがその長所である。というのも，ここで初めて，ナポレオンの後新たに始まる世紀の雰囲気に刺激されて，ショーペンハウエルは，客観的世界の本質として，カント的な存在「それ自体」として，力——私たちみんなが自発的に理解することができ，また，彼が「意志」という言葉をもって示したもの——を見る。このように，ヘーゲルのスコラ哲学的思考と比べて異なる，しかも，より深い方法で，彼は，17世紀と18世紀の知的固定化の背後にある知覚可能な直接的データとは何であったのかについての復活と展開をもたらした。代表される世界としての「代表」と物それ自体として

第4章 教条主義(ドグマティズム)そして次代を予見した諸見解

の「意志」との間のショーペンハウエルの反定立(アンチテーゼ)は擁護できないので，積極的かつ自発的な何かが超越的な背景としての哲学において，初めて理解される。たとえ，それを「意志」と名づけることが不完全であるとしてもである。そして，物事を見るこの方法は，非形而上学的で，ますます実証主義的となる19世紀の下を流れる地下水であることを示すことであり，その世紀の後半に，何人かの偉大な精神の持ち主たちに対して，実行的かつ解放的な影響力を行使した。

しかしながら，この原則は，今世紀の前半に，インド的英知を備えたカント的な超越論主義の共鳴を得ながらも，その提示の仕方において，時代に合わなかったのである。この原理が，その時代の真の子どもであるという事実にもかかわらず，また，この過渡期のすべての偉大な人物たちの主張と同じように，18世紀の客観的諸価値，とりわけその人間性の諸価値に依存するものであったという事実にもかかわらず，にである。しかし，もしヘーゲルや彼のスコラ哲学的抽象概念から解放されたいと望んでいたならば，その時は必ず，ロマン主義の，概念的に曖昧な形式や個人主義に進んでいたのであって，実存に関する新たな理解方法（たしかに，その方法は，ある意味において前概念的なものを導入したけれども，同時に，その前概念的なものを，超越性に関する厳格な論理的なカテゴリーと結びつけた）へは進まなかったであろう。かくして，19世紀の初めに現れた，存在の暗黒面を強調する偉大な意志哲学者が，まさにこの同じ「意志の世紀」によって認められなかったという事態が生じたのである。

悪魔的なもの，苦痛を伴うもの——あるいは後のニーチェを念頭において言うならば——実存のディオニュソス的深淵に十分気づいていたけれども，この決定的な時期の偉大な人物の誰一人として，来るべき世紀がいまかたちづくっている進路に対してうまく長期的な影響を与えようとする者はいなかったのである。

〈原注〉
(1) Die Religion innerhalb der Grenzen der blossen Vernunft. Erstes Stuck.
(2) カントもまた，その著『永遠平和のために（Zum ewigen Frieden）』の中でこの

問題の存在に気づいており、勇敢に攻撃を仕掛けてはいるものの、力の自然主義的傾向の猛威については何も知覚していない。このような傾向は、永遠平和に際しては考慮さるべきであるし、永遠平和の中に嵌め込まれるべきである。カントによると【訳注12】、「自然」は、貿易及び金融に関するあらゆる相互依存性がますます増大することによって、性悪性に起因する戦争への偏見を徐々に弱めていくものであり、そうすることで、国家契約に基づき拡大する共同体の目標として永遠平和を可能にすると前提されている。これは、商人と戦士とを置き換え、これが問題解決の現実的背景だとして示す、あのヘルベルト・スペンサー（Herbert Spencer）の誤った、社会進化論テーゼの奇妙な先取りである。しかし、もしカントが、高度資本主義——すべてを貿易と金融の網の目の中に包含してしまう最も複雑なもの——の時代に、悪魔的なものの爆発を経験していたならば、カントは何と言ったであろうか！　しかし、カントは悪魔的なものに気づかなかったのである。

(3) Vgl. Georg Jellinek, *Die Erklärung der Menschen-und Bürgerrechte*. Leipzig, 1895.
(4) Richard Woltereck, *Ontologie des Lebendigen*. 最終章参照。
(5) Geschichte Europas im neunzehnten Jahrhundert. Zurich, 1935.
(6) 私はここで、ルードルフ・カスナー（Rudolf Kassner, 1873～1959）の適切な術語を意図的に用いている。

【訳注】
1 ベールはライプニッツと文通していた。原著書の綴りは Beyle となっているが、Bayle の誤りと考えられる。
2 ヴォルテールの代表作の一つである小説。
3 1747年に発表された小説。
4 スウィフトは『ガリヴァー旅行記』（1726年）の作者であり、ヤフーはその『ガリヴァー旅行記』中に出てくる人間の形をした野獣のこと。
5 これは、ロバート・フィルマー（Robert Filmer, 1588～1653）の政治思想である。
6 ゲーテの戯曲『タウリスのイフィゲーニエ』のこと。
7 ゲーテの小説。
8 ゲーテは1832年没である。
9 1815年7月、ワーテルローでナポレオン1世を破った。
10 バイロンの大諷刺叙事詩。
11 バイロンの詩劇。
12 『永遠平和のために』第二章第一補説参照。

第5章　絶頂と破壊——19世紀

第1節　実現

　多くの点から見て，19世紀，すなわち私たちが意志の世紀と呼ぶものは，それ以前のあらゆる世紀を通して西欧の歴史で目標とされてきたものがすべて実現した時代であった。まさにこのとき，ヨーロッパを起点とした西欧による世界支配が実現したのである。19世紀末までに，ヨーロッパ人は二つの大陸に定住すると同時に，世界の3分の1をその属領とし，これらの地域への部分的な定住が進んでいた。東洋では急激に開国が進み，各地に西欧の拠点がつくられていた。毎年，何十万という単位の人々が力強い流れとなって地球上の新たな開拓地域へと移り住んでいった。その流れは，文字通り生き血となってこれらの併合地や入植地を満たし続けていた。それにより地球は，地理上の制約から解放され，一つにまとまった巨大な人類の活動エリアとなった。そこでは巨大な遠心分離機，すなわち世界資本主義が，一回転ごとに半径を拡大させ，轟音を立てながら回転していた。この遠心分離機は，その外延に沿って人々をあまねく配置し，未開の原料が眠る地域へと投げ出し，そこへ商品と資本を供給した。同時にそれは，イギリス，ドイツ，北アメリカといった拡大し続ける産業の中心地へ，ますます巨大化する人口の波を集中させるという相関関係をなしていた。原料供給地や移住地が拡大し続けることで，今度はそこへ商品や利潤が流れ込む。この遠心分離機は，絶えず，人口を中心へと集中させ，軌道を拡大し，何か一つのことが起これば，それが原因となってまた別のことを促進するという，無限サイクルをなしていた。

こうして，史上類を見ない動態的変化(ダイナミズム)による総体的世界が生じた。それは，16世紀以来，ゆっくり少しずつ資本主義というヨーロッパ勢力と近代国家が放り込まれてきた世界に生じた，ある種の実現形態であると同時に何かまったく新しいものであった。この世界の地平は果てしなかった。その果てしなさを当時の人々がどう感じていたかは，ゲーテの『アレクシスとドーラ』（1797年）に描かれている。アレクシスは，そこへの旅立ちをドーラに伝えるにあたって，あたかも永遠の別れを告げるかのごとく，感動的な暇乞いをしたのであった。もちろん，これまでの経緯からもわかるように，まったく新しい惑星が出現したというのではない。地球それ自体が限りなく小さくなってきたのであって，このとき地球は，技術や組織といった西欧化(ドメスティケーション)のネットワークに覆い尽くされたのである。また，19世紀にはフランシス・ベーコン以来膨張し続けていた科学の夢も実現した。新たな総体的世界は，資本主義と近代国家の結びつきを確立しただけではなかった。その影響はより広範囲にわたり，技術と組織によって生命のあらゆる過程をほとんど台無しにしてしまった。また，この世紀の知的状況を見れば，科学があらゆるものに優越する地位を獲得し，権力の夢が実現したときであった。科学が無数の分野へと専門分化し，あらゆる自然史，すなわち宇宙とその深淵，生物の生成，人間のいのちなど，これらすべてがまさしく物質と霊魂の組成からなる有機物と考えられるようになっただけではない。それどころか，科学は，時と場所を問わず歴史上生じた一切の出来事をいくらでも自由に追加と訂正がきく無限目録へと貶めさえした。多数の研究員を擁する専門研究所が続々と誕生したが，それはまさしく権力の展示場であった。同時に，大学教授は，自身の専門分野を超えて各分野の総合化を試み，そこから普遍理論をつくり上げようとしていた。かつて聖職者や哲学者，予言詩人が占めた地位は，大学教授によって取って代わられようとしていた。

　また19世紀，とくにその後半には，人類愛(ヒューマニティ)と自由という人間の尊厳にとってこの上なく重要な二つの概念が広く実現されようとしていた。それらは西欧が18世紀全体をかけて育んできたものであり，このときになってそれが影響力を持ったところではどこでも，人間主義(ヒューマニズム)に則ったいわゆる最低限度の請求が擁護されるようになっていた。事実，この世紀には他者への隷属や奴隷身分が廃止されただけでなく，資本家中心の産業構造を前提としながらも労働者の生

活にとって必要な社会的最低基準(ソシアルミニマム)を目標とする努力がなされた．さらに，一般義務教育が各人の生活においてできる限りよい決定や状況判断を可能とする条件を整えつつあった．正統主義が幅をきかせるヨーロッパの一角で，たとえ部分的であれ，誕生してから 100 年も経っていない政治的自由と自己統治が実現できていたとすれば，古代ギリシア時代以来はじめて，そうした無制限の精神的，心的自由，ほぼ無限の個人的自由が一般化した時代が到来したのである．このように見れば，当時の世界は一つひとつのことが相互に関連し合う，まさに一つの全体であった．この全体性の中にある溢れんばかりの自発性に目をつぶる，すなわちあらゆる階級に実質的な活動の自由を与え，また実際そのいくつかの活動範囲を大きく拡大した自発性に目をつぶるのは，まったく馬鹿げたことであろう．19 世紀の絶頂期ほど文学が多様化し，芸術，音楽作品が噴出し，そして個人的な事例においてだが，しばしば世界全体とその歴史を許容するほどの包容力ある理解が見られる時代はほかにない．さらに，かくも多くの無邪気で，良くも悪くも生産性のある事業が，無数の目的のもとにあらゆる方法で試みられた時代もかつてほとんどなかった．要するに，いくつかの明確な観点から見れば，19 世紀とは一つの実現形態であると同時に，すでにそこに潜在的な兆が見られるように，地球が新しい星へと変容する過程における一つの過渡期であった．

第 2 節　動態的変化(ダイナミズム)の噴出，精神的分裂，深淵の喪失

　しかしながら，ここで私たちが注目すべきは，こうしたすべての事柄，すなわちすでに述べたような生命の充溢が急ごしらえでつくり上げた，それゆえ時代に拘束され，それとともに消えていくことになる精神的な価値ではない．私たちが考えるべきは，この 19 世紀という時代が，どこからどう見ても注目に値すべき世紀であるにもかかわらず，なぜ，どのようにして，そしてまたどの程度，いまなお世界中を覆い尽くすこの惨劇を生み出し，またその原因となるに至ったかという問いに答えることであろう．世界をこのような方向へ押しやった力とは何だったのか．もしそれが地球を新しい星へと変化させる原因と

なったのであれば，なぜこの変化は終焉を迎えたのか，あるいはまた，どのようにして歴史上もっともおぞましい争い，かつて地上にあったためしもないほどの恐ろしい破壊という結末を迎えることになったのであろうか。その破壊があまりに激しいものであったため，19世紀とそれが獲得したと考えられるすべてのものは，いま廃墟の中に横たわっており，また恐るべきことに，今後その肯定的な側面が蘇ることはないであろう。もっとも，これから議論を進めていくにつれ，その否定的側面には嫌というほど出くわすであろうが。いずれにしろ，これらの疑問を解決してはじめて，私たちは適切な見地から現代と向き合うことができるであろう。

　これらの問題を解くにあたり，まず，19世紀という時代の隅々にまで作用していた動態的変化（ダイナミズム）の特異な性質を明らかにすることから始めよう。その際，精神的衝動を十分考慮するとともに，今日に至るまでなおその作用を及ぼし続ける力が何であるかという疑問も追及していくことにしよう。次いで，19世紀という時代が私たち現代ヨーロッパ人に残した精神的遺産についても可能な限り注意を向けたい。それによって，いま私たちに何ができるのかという問いが先鋭化するからである。その答えが火を見るより明らかに否定的なものであるとすれば，また新たな問いが生じてくる。すなわち，私たちが現代の生命に存する巨大な問題群と向き合うために力と意志の再獲得を目指すのであれば，何を想起すべきか，つまり自らに何を呼び覚ますべきか，という問いである。

　以上を踏まえた上で，ここで私たちが向き合っている問題の外延を確認しておこう。

　私たちは，19世紀を象徴する言葉として「意志」という表現を選んだ。この言葉は生理学的にはエネルギーとその放出を意味し，社会学的には激しく噴出する動態的変化（ダイナミズム）を意味する。西欧の長い歴史とその根本的な緊張には革命的な傾向が宿っているが，実際これらの傾向にはそれぞれ独自の速度があり，それも徐々に増加してきている。その速度は，注目すべき仕方で，自らの法則に従いながらますます加速する発展速度に影響を及ぼしている。それぞれに特有のパターンを有するその周期的な噴出は，二つかそれ以上の力がぶつかり合い，あるいはお互いに強化し合うことで絶えず地殻変動をもたらしてきた。そうした勢力の激しい衝突こそが19世紀の顕著な特徴である。私たちは，この地殻

第5章　絶頂と破壊——19世紀

変動が引き起こす大波の真只中で生きているにもかかわらず，わが身に何が起こっているのか，そしてそれがいつ終焉するのか誰も知らない。今日，これらの直接的帰結である途方もない没落のあとで，私たちは若干の事柄を，とりわけその一つについてはっきりと知ることができる。

　歴史とは，移住，征服，闘争の流れを伴った絶えることなく流れいく河であり，やがてそれらが合流して，一定の流路を持ち，明らかにそれとわかる新しい時代へと注いでいくものである。しかし，河には絶えず大波が起こり，定期的に氾濫する。有史以来，地球の人口は，ゆっくりとではあるが確実に増加してきている。かつて出生率はいまでは信じられないほど高かったが，それは低く見積もっても軽く3割を越えようかという，これまた今日では考えられないほど高い乳児死亡率と一体となっていた。早世など日常茶飯事で，男性は働き盛りに，女性は出産適齢期に，とくに出産で多くの人が命を落とした。それに加え，戦乱や疫病による大量死がたびたび生じている。これらは数千年にわたって人類の人口を適度に安定させてきた要因であり，人口はよほどの好条件に恵まれたときのみ，それも大抵は一時的なものでしかないのだが，とてもゆっくりと増加してきた。さらに，人口増加におけるもう一つの要因として技術を挙げることができる。技術とは，おおよそ一定の人口を保ってきた人間集団が自らと自然とのあいだに挟み込んだ媒介項である。当初，技術は進歩よりもむしろ安定に寄与するものであった。たしかに，技術そのものは発展してきたが，数百年，ときとして数千年ものあいだ，一つひとつの時代の進歩のあいだにただ横たわっているだけだった。この技術という中間領域は依然として，いわば透明なもの，薄っぺらなものでしかなかった。技術は自然から人間を切り離すものではなかった。それは人間が望む方法で人間を自然と結びつけ，自然の周期から人間を切り離すものではなかったのである。18世紀後半に至ってもなお，技術は，根本的には，古典古代の技術領域と，あるいはまた地球上の他の地域における技術領域と大きく異なるものではなかった。これら二つの土台，すなわち人口と技術の一定性の上に，移住，征服，闘争によって偶然にもまったく新しい政治的構造物，絶対主義が誕生したのである。絶対主義における社会構造はどこでもおおむね均質であって，いったんそれが確立されると，慎重に保持された。そこから想起すべきは，西欧のみが固有の緊張に満たされ

ることでその構造形態における漸進的な発展を経験し，自らの内部にいくつもの差異を設けることができたということである。しかし，その一つひとつが封建制，中世都市交易，重商主義国家という新しい結晶を隠しているとはいえ，その注目すべき歩みのなんとゆっくりとしたことだろうか。

　西欧は，多くの歪みや圧力を抱えると同時に，自由と抑圧のあいだに決定的な緊張を宿していた。西欧を除けば，理念の世界が現実の社会構造に反映し，それを分裂させている世界はどこにもない。長い目で見れば，ギリシアやローマでさえ理念の世界が，その存在基盤すなわち奴隷制に触れることはなく，それを上部構造と関連させることさえなかった。西欧の誕生に至るまで，あるいは少しの中断を挟んで誕生した西欧それ自体の中でも，あらゆる政治，社会理念は，その背後に呪術とはいかないまでも，宗教的，超越的秩序からくる制裁によって拘束されていた。これらの制裁は，まさにあらゆる物事をあるがままの姿で既存の状態に固定していた。これらの理念は，たいていの場合，革命的というよりきわめて保守的であって，ほとんどどこでも生命における既存の枠組みをしっかりと結びつけるセメントの役割を果たした。

　これらすべては，現実的にも理念的にも，あたかもそれに先立つ時代がこつこつと積み上げてきた大量の火薬が一気に爆発するかのように，19世紀のあいだに前時代の遺物へと突如変化した。この巨大な爆発のカラクリは，すでに19世紀の入り口に仕掛けてあった。それが革命的な自由の理念である。それは18世紀に生まれたが，いまや十分に熟成して，特権の廃止だけではなく，権利の平等という要求を伴い始めていた。また，その社会的影響を考慮するならば，極端な平等主義やアナーキーへと容易に変わり得る民主化要求（デモクラシー）へと達していた。これが19世紀前半の基本情勢であり，政治革命は急進的な修正主義を装っていた。しかし，それはまさに社会革命がそれ自身の方途を，すなわち暗殺，暴動，テロ，地下活動，またときには臆面もない反乱予告を伴っていたということを意味している。

　ところで，現実は理念からどれほど異なったものへと変化したのだろうか。生命の二つの歴史的基盤，すなわち人口と技術は突然その発展速度を速めた。科学さらには人類愛（ヒューマニティ）や衛生学の普及は，乳児死亡率を下げ平均余命を増加させることで，まずヨーロッパの人口を，次いで世界全体の人口を以前では想像も

第5章　絶頂と破壊——19世紀

つかなかったほどまで増大させる推進力となった。その結果，人口は20年できっかり2倍になると予測された。こうした傾向は，幾何学的な増加を見せる出生率を前にして，物資不足という目も当てられない極限状態を憂うマルサス学派の悪夢を生み出すことになる。実際この100年のあいだに，ロシアを含めたヨーロッパの人口は1億8000万から4億5000万まで増加していた。さらに，アメリカ合衆国の人口は，およそ3200万にのぼるヨーロッパからの移民によって550万から7600万に達していた。インドの現人口が3億5200万，人口大国中国の人口が4億4000万であることを考えると，衛生学の成果とそれによって突然世界規模で生じた人口の波がいかに巨大であったかがわかる。これと並行して，実践的な意味における科学のもっとも重要な成果，技術革命が起こっていた。それは1770年から1800年にかけて始まり，19世紀中ごろからは疾走する馬のように駆け足で進んでいた。技術革命は，技術という中間領域を急速に増加する地上の人口と自然とのあいだに打ち込まれた楔に変えてしまった。この中間領域はもはや人間と自然を結合するのではなく，あたかも亀裂のように人間を自然から完全に分離した。技術革命は，技術そのものから見れば機械というまったく新しい世界を創り出し，コミュニケーションという観点からすれば前代未聞の様々な可能性を実現した。同時にそれは，これら二つを実現して以来，行き詰まりと革新を繰り返しながら継続的な人口の増加をもたらした。いまや人口は停滞から解き放たれ，総体的運動へ，すなわち新たな地球と新たな環境へと巻き込まれたのである。そのため現在までに人類は，少なくとも聴覚という意味では，コミュニケーション技術の発達によって空間が持つ意義の完全喪失を経験しており，こうした技術がほとんどその全面を覆い尽くした，新しい星における本当の住民となったのである。私たちは，進化におけるこれら二つの異なる系統から目を離すべきではない。両者は，一見したところ無関係のようだが，ある点から見れば実際には密接な関わりを持っている。第一に，機械による資本主義の爆発的発展が挙げられる。すでに概観したが，この資本主義は人間の流れを絶えずその拡大する軌道へと引き込み，地球上のいたるところへと送り出して，重要産業拠点への人口の集中，囲い込みをもたらすと同時に，19世紀を通して諸階級の階層構成に革命的変化をもたらした。第二に，見過ごされがちではあるが，きわめて重要な観点が存在する。

それは，技術者が促進してきた，いまや完全に機械化された軍事主義の発展である。軍事主義はいったん技術革命の流れに引き込まれるや否や，軍隊を国家の純粋な補助具から一個の独立した政治勢力へ変えた。軍隊は，増大する権力欲とますます奇怪さを増す一連の破壊装置をもって次第に独自の政策を追求し，都合のよい同盟関係を築き上げていった。結局，読者はここに世界規模の権力政治システム，帝国主義の発展を認めるであろう。帝国主義は，排他的資本主義とそれと同じだけ排他的な軍事主義との蜜月関係によって，地球上の市場が縮小し始めた瞬間から世界を新たな，地球規模の衝突時代へと突き落としたのである。もちろん，ここに挙げたものとは異なる無数の発展系統が存在しているのは間違いない。それらは，19世紀を通して不安を搔き立て，不穏な空気を醸成したことはたしかだが，多かれ少なかれその形態や作用の仕方という点で分裂していて，ここでそれぞれの形跡をたどることはできない。

　これらすべての要因は，固有の激しい衝動や活動周期を持っている。当初それらはお互いほとんど独自に活動していたが，徐々にそれぞれが自身の革命的意義を他の領域に浸透させ始め，ついにはお互いが補強し合うまでになっていた。これらの流れは，およそ19世紀中ごろから，ますます広い空間を占拠しつつある技術の活動に影響され，十分に発達し，力強い拡張主義的な資本主義の外延へと着実に収束しつつあった。この動きは人口と軍事技術の飛躍的増大を伴っていたが，これら多くの小さな反転流や渦巻は強力で，危険に満ちた一筋の濁流となり，地球全体を環流しながら，10年ごとに地球の表情を変化させていった。19世紀全体，とりわけその後半，優れた感覚を持つ人々は，それらによってつくり出されるうねりがどんどん大きくなっていく様を感じていたに違いない。このうねりはしばしば1か所へ殺到し，言葉では言い表せないほどの大災厄を引き起こしたのである。

　これら繊細な耳目を持つ人々は騒乱の始まりに気づいていた。彼らはもっぱら，騒乱がもたらすおどろおどろしく，顕著な作用に目を向けた。労働者という，常に掃き溜めへと放り込まれていた大多数の人々は，あらゆる地位や権利を奪われており，それによって従来の安定した階級が社会的カオスへと破綻しつつあったのである。これに関与したのが初期空想主義的社会主義者であるが，この過程全体からすれば，彼らの世界像にこだわる必要はない。この破綻へと

第5章　絶頂と破壊——19世紀

至る過程は着実に進行していき，19世紀中ごろには最高潮に達し，歴史における特異点となった。すなわち，全国民がまったく接触をもたない，二つの対立する精神陣営へと分離したのである。これほどの分裂は，いまだかつてどこにも生じたことがない。それどころか，いくつかの重要観点からすれば，分裂は行き着くところまでいっており，この過程はプロパガンダによってさらに推し進められていった。マルクス主義の本質はまさに，この分裂を完成させることにあった。歴史の初期段階ないし他の文化における各社会階級は，その構成という観点から見れば，インドのカースト制では不可触民すなわちパーリアから神に仕えるバラモンまで，あるいは古典古代では個人的動産としての奴隷から自由民に至る階級が整然と序列をなしており，それぞれが非常に大きな圧力にさらされていた。にもかかわらず，こうした社会制度の緊張に対しては橋渡しをする精神的紐帯が存在していた。たとえば，インドではより高いカーストに生まれ変わることができるという信仰がその役割を果たし，またギリシアやローマでは奴隷たちが実際に主人の精神世界へ参加することを許されており，広範囲にわたる家父長支配から解放され，いわゆる解放奴隷となることも可能であった。もちろん，西欧初期における農奴，職人，パトリキ，ノビレスといった精神世界は，人文主義（ヒューマニズム）がもたらした文化階級によってすぐに分裂していった。しかしそれらは，たしかに厳格な社会的圧力にさらされていたが，一方でなおそれぞれの生活様式においてお互いに調和し，相互に関係をもっていた。虐げられ，踏みつけにされた小作農を抱えるロシアでさえ，ほかのすべての階級に対して自分たちだけの精神的世界を主張するような下層階級は存在しなかった。

　資本主義によってプロレタリアという無産階級へと放り込まれた人々による，自分たちだけの閉ざされた世界という要求は，他に類を見ない結果をもたらした。マルクス（Karl Heinrich Marx, 1818～83）やエンゲルス（Friedrich Engels, 1820～95）はそこを自らの活動基盤とした。そこには，見捨てられたプロレタリアが広く大衆を形成しつつあった19世紀中ごろから，西欧で活動するすべての革命的勢力が相互浸透していた。彼らプロレタリアは，人間としては労働力の付属物にすぎず，資本主義の流れのままにあちこちへと打ち寄せられ，職にありついたかと思うや否や次の瞬間には失業へと放り出される始末であっ

た。結局，彼らの労働そのものが商品にすぎなかったのである。彼らの境遇は，まるでギャンブルでサイコロを振るがごとく，運任せで選択の余地のないものであった。終日機械に張りついて鬱々とルーティーンをこなし，バラックのようなわが家に帰宅。そこで目に入るのは，煙突のような狭い庭に面した部屋が二つ三つ，ねじけたカミさん，痩せこけた子どもたちだけ。こうした状況はイギリスでも大陸でも同じであった。その上，日曜さえ満足に休めなかったが，どのみち彼らの生活や財産からすれば，まともな余暇など望むべくもなく，せいぜい近くのパブに潜り込み，なけなしの給与をはたいて酒をあおる以外，何ができたであろうか。プロレタリアの増加によりこの生活の決定的段階で，困窮という名の正真正銘の深淵が口を開いた。彼らの妻もみな仕事を抱え疲労困憊し，その子どもたちも青春期だというのに力を尽くして働き，重労働を厭う者は誰一人いなかった。これこそ，階級闘争によって拘束され，決定される革命という観点から歴史の全体像を，そして生産手段の所有という主張を実証して見せた局面であった。こうした状況の中，増え続ける産業プロレタリアに対してある呼びかけがなされるのである。「諸君，見捨てられた者たちよ。我らはこの進化が示す最終にして究極の段階に達したのだ。この進化を究極にまで完成させることこそ，諸君の任務である。政治，経済，精神，これらの点でおのれを組織化するのだ。政治権力を奪取した暁には生産物が共同所有され，すべての階級は破棄されるであろう。諸君，プロレタリアはおのれを縛る鎖のほかに失うものは何もない。諸君が得るものは世界である！ 万国のプロレタリアよ，団結せよ！」【訳注 1】。

　その結果，この叫びは，国際的には人類の生命において有史以来最大級の大変革を引き起こしつつある開花期を迎えた産業時代に，またプロレタリアートの恐るべき分離という点からはあたかも来るべき未来の神秘的な予言のように，世界中の下層民たちに広まっていった。「諸君こそまさに，否，諸君のみが，未来を征服する者であり，その暁には，将来の世界を体現する者なのである。諸君の手中には，歴史が武器をあてがっているのだ」。ここはマルクスやエンゲルス以前の社会主義者を論ずる場ではないので，彼らについては概観するにとどめておく。サン・シモン（Comte de Saint-Simon, 1760〜1825）やコント（Isidore Auguste François Marie Comte, 1798〜1857）は，革命が新たな世紀

によって設えられるものだと説明した。また，増大しつつあるプロレタリアートへ影響力を行使しようとしたプルードン (Pierre Joseph Proudhon, 1809～64) は，彼らよりも力と情熱に充ち，いっそう実践的な動機を持った社会主義者であった。あるいはシスモンディ (Jean-Charles-Léonard Simonde de Sismondi, 1773～1842) は，社会主義的傾向を有した改革者であった。彼らは，マルクス主義的観念を奉ずる宣伝者によってすべて矮小化されてしまった。マルクス主義は，まったく空前の方法で歴史分析をもっとも力強い行動への訴求と結びつけた。マルクスが手掛けた歴史の科学的分析という手法については，彼自身今後十数年を解き明かそうと試みたにすぎず，それ以後のことについては依然として詳らかではなかった。しかし，マルクス主義については二つのことがはっきりとしている。まず，マルクスの近代資本主義に関する観念は，技術の発展と出生率の上昇に基づいており，猛烈な勢いで資本を蓄積しながら，自らの置かれた条件を絶えず拡大，再創出し続けるある種の遠心機構であるということ。次に，追いやられた大衆たちに宣伝者が影響力を持ち得たのは，それが新たな教義（ドクトリン）と結びついていたためであること。この教義は，自らの隔離を望む労働者階級がそれと結びつくことで，労働者階級と残る社会のあいだに鉄のカーテンを下ろした。

　こうした結合は徐々に進行するだけで，決して広く一般化することはなかった。とりわけアングロ・サクソン世界はこうした過程を踏まず，その大部分がもともとの歩みを続けていた。とはいえ，そのアングロ・サクソンの一国イギリスにおいてすら，この結合がいかに強い影響を持っていたかは，ディズレーリの政治小説『シビルまたは二つの国民』(1845年) にはっきりと示されている。全体的に見れば，この結合は，以後ヨーロッパが対立する二つの精神陣営へ分裂することを意味していた。その一つである下層プロレタリアは，普遍的で，究極的には上位陣営でも通用する価値を有する排他主義者と考えられていた。というのも，彼らが全世界の将来的価値も自らの排他主義に含まれると考える一方で，そうした価値は支配的な利益から生じているからである。結果的に，両者の対立は，トカゲの尻尾切りのような単なる部分的分断にとどまらず，客観的と見なされるおよそすべての精神的価値の再編をもたらした。それは経済的利害の覆いを意味し，以後「イデオロギー」と呼ばれることになった。こ

のことは，精神面からすれば，超越的概念の総体的構造とそれが18世紀以来維持してきた地位を根底から覆す強烈な一撃となったのである。

　しかし，それはかろうじて一撃を与えたにすぎなかった。というのも，これらの概念，すなわち17世紀の数学的論理主義の産物は，具体的根拠を持たない抽象概念へと細分化していたからである。それを支える栄養源は，すでに見たように，生命や現象世界全体とつながりを持つ内在的，超越的力として直覚的に知られていたが，すでに完全に見失われていた。その結果，30年代以後，広く生活の動乱に巣食う精神的混乱が大きくなるにつれ，相対主義，自然主義，実証主義，心理主義——とくにヘーゲル（Georg Wilhelm Friedrich Hegel, 1770〜1831）の体系として知られる究極の論理的先験論がその構造的妥当性を失い，崩壊してから登場した心理主義——などが噴出した。これらは，俗化ないし洗練され，様々なかたちで流布していたベンサム的功利主義とあわせて，マルクス主義が誕生する以前から待ち望まれ声高に要求されていた，初期のいっそう深遠な生命理解に対する「現実的な」代用品を提供した。また，当時勃興しつつあった「歴史学派」は，それがどんな形式を，すなわち自らの現実性という概念を担保するためどんな観念や理想主義的要素を選んだにせよ，他の領域に影響を与えるものではなかった。歴史学派は，その生に対する言及や解釈における実証的枠組みという本質，すなわち生に統一性を与えていたかつてのあらゆる精神的価値における完全な関係性に寄与するという原則を有していた。そのため，歴史学派には詳細な実証が求められるが，それが詳細であればあるほど，その詳細さ，難解さが自らを縛る鎖となった。いずれにせよ，歴史学派は明確な定義の欠如というそのもって生まれた性格のために，長いあいだこの分断過程にほとんど気づかなかったのである。この混乱は，意外なほど早くシュティルナー（Max Stirner, 1806〜56）を範とする徹底した主観主義へと達するか，あるいはキルケゴール（Søren Aabye Kierkegaard, 1813〜55）のように，空虚感に瀕した感傷から，若干程度は劣るかもしれないがパスカル（Blaise Pascal, 1623〜62）と同様の信仰への逆説的な没入を再び引き起こした。いずれにしても，生命の普遍的，理念的価値の崩壊は——人々がそうした価値の基盤を無視して生命の価値を信仰し続けたからでも，より深く探究して疑いの目でみていたからでもあるが——この時代の精神的兆候であった。とは

いえ，長い目で見れば，やはりマルクス主義の相対主義ほど西欧の統合に対して効果的な打撃を与えたものはなかった。その理由は，マルクス主義が社会には決して架橋できない本来的断絶があると首尾一貫して宣揚したこと，またそれが自ら公理として振舞うことでそこから引き出される結論もまた公理として自明視されたためである。ブルジョワ世界の文化は，長いあいだマルクス主義が指摘する社会の断絶に注意を向けることがなかった。しかし，支配的世界に対抗する第二世界というものは，常にこうした対立的結論によって育まれているものである。それは，まったく近寄り難いとはいうものの，実際にはそのブルジョワ社会という上部構造を下方へと容赦なく拡大していたのである。最終的に，ある世界が，第一次世界大戦を契機に，無視できないものとして社会の上層へどっと流れ込むことになった。その結果，この世界は社会的理念だけでなく思想や知識にも関係性をつくり出し，精神的混乱を生み出した。この混乱は，少なくともドイツでは，社会学における過度の洗練という大波の頂点へと達したのである。

これらは，1847年から48年の共産党宣言以後，心的，精神的領域で生じた潮流の当然の帰結であった。

しかし，現実の生の範囲では，いっそう深刻な結論がすでに出ていた。イギリスやアングロ・サクソン諸国では，マルクス主義者や共産党秘密党員の活動が活発化することもあったが，それはいまだ危険をもたらすほどのものではなかった。その特別な理由についてはいずれ言及する。しかし，一般にこの時期，すなわち60年代から80年代における資本主義の極大化は，自らが生み出した急速に拡大し，地球を征服しつつある世界の背後に暗い影を出現させていた。この影は，破壊を覚悟の上で生命を握り込もうとすると同時に，自らを世界の処刑人とさえ呼んでいた。それは，依然としてブルジョワに一定の寿命と歴史的役割を与えるマルクス主義的発展論という虚飾があるにもかかわらず，テロや暴力行為によって絶えず既存の文物を転覆させ，未来が危機にさらされるたびに世界に襲い掛かってきた。

そのため，ブルジョワ世界は，資本主義の発展によって表向きはバラ色に見えていたが，実際にはやがて婉曲的に「社会問題」と呼ばれ後世に知られることとなる，どぎつく，くすんだ闇に包まれていた。この闇については，優れた

洞察力を持つ人々から物欲の解放による革命的帰結としてすでに認識されており，政治家からは常にそこにある「体制転覆」の危機と認識されていた。世界規模で商業が拡大していく中，50年代，60年代以後は深刻な危機を孕みながらも，一般に繁栄の規模は拡大し，プロレタリアの地位も向上していた。この過程は何事もないように進行していたが，このときすでに危険が成長していた。この繁栄の過程で，ともかくも，様々な「改革」を通してプロレタリアを資本家体制に取り込もうとする試みがなされていた。イギリスは，生産物の利潤についていっそうの配分拡大を要求する労働組合闘争の意義をきちんと認識し，保護手段を設定することでその先駆けとなっていた。こうした改革によるプロレタリア編入作業が，世紀転換期にアングロ・サクソン諸国のみならず西欧諸国において，絶妙のタイミングでなされたことについては，その理由と方法についてきちんと理解しておくべきである。そのタイミングはまさに千載一遇の好機であった。すでに，この過程を生命のあらゆる部門におけるやむことのない大変革の中でもまったく特異な時期だと確認したが，より正確には，政治革命という観点のみならずこの大変革における社会的帰結やその精神的影響から見て，本質的には社会革命が蔓延する時代ととらえるべきである。社会学的に見て，爆発的な発展と急進的平等主義への傾向は，もっとも注目すべき特徴である。ほかにも多くのことがその特徴的な足跡をこの時代に残しているが，とくに歴史上決定的な意味を持つものとしては，歴史家が熱心に強調するように，多少の差こそあれ自由と民主主義が一般に普及したこと，さらに民族国家の建設とその結果生じた人道主義(フマニタリアニズム)と権力政治のあいだの，普遍主義(コスモポリタニズム)と民族主義(ナショナリズム)のあいだの動揺がある。しかし，19世紀を一言で形容しようとすれば，何よりも革命というマグマを噴き出す活火山にたとえるほかない。そこから噴出される内容物は，平等主義が実現しそうにないあいだには平和な間奏を許す余地があった。しかし，その深部は何も変わっていなかった。そのまどろみは見せかけにすぎなかったのである。20世紀の前半を埋め尽くした途方もない危機と破滅は紛れもなく革命であり，ある意味では19世紀という火山の内容物の充満であった。それらは，革命的二元論という基盤があってはじめて可能であった。革命的二元論によれば，時代とは，いつも激しく，自らの新しい進路，新しいはけ口を捜し求めており，また常に新しい情勢を創り出し続ける。そう

した情勢は，時が来れば自然と沸点へと達するのであり，革命へと至る，そして実際に平等主義へと至った，まさに大災厄としか言いようのない必然の結末を迎えるのである。

　様々な装いをしたニヒリズムへ向かう精神的傾向についてほとんど言及しないまま，それがどのように，なぜ，ここで確認した革命への傾向と結びつくのか，同時にまた，いま見ることができる社会，文化的没落と結びつくのか，そしておそらくはこの没落がはじめて可能にしたであろう深淵への一瞥と結びつくのか，ということばかり述べたとすれば，これまでの議論は虚しく，冗漫なものとなるであろう。

第3節　間奏

　19世紀の頂点，すなわち1848年から50年を基点として振り返る一方，それ以後の1914年へ視線を移すと（この1914年という基準は，ここで考察している精神とそれがもたらす現実の出来事という点から見れば，もっと後ろへずらしてもよいかもしれない。というのは，すでに見たように，それらが引き起こす大変動は，1920年代ないし30年代になってはじめて始まるからである），そこに私たちは二つの時代を見出すことができる。両者は，1850年に始まる世界の変化，ヨーロッパを起点とする力強い人々の拡散，さらに資本主義，技術，軍事主義の拡大速度の増大という点だけでなく，とりわけそれらが有する精神的気質やそのバリエーションによってはっきりと区別することができる。1850年までは，あらゆる出来事が生の変動過程における現実面での実験，つまり何か新しい，試験的な動きにすぎなかった。たとえば，この時期は，人口という点ではじめてヨーロッパから世界への本格的移民が始まった時期であった。したがって，精神面におけるあらゆる出来事もこの転換期の反響であり，日々面目を一新する文物が見せる新たな展望によって，驚くべき，目もくらむばかりの意識が登場する。それゆえ，19世紀前半は，全体としては，空間的にはまだきわめて小さいヨーロッパの発酵期間であったと言える。一方，その後半は，放射，拡散の時期にあたり，突如として，広い地平そしてまったく予見もできなかっ

たような展望を持つ真に新しい生が現れた。19世紀後半，とりわけその末期は世界と精神が大きく変動している真最中であり，そこにニーチェ（Friedrich Wilhelm Nietzsche, 1844～1900）がロドスのコロッソスのごとく屹立しているということからすれば，私たちの特別な関心を呼び起こさずにはいないであろう。言うまでもなく，この時期こそ，いま私たちが直面している危機の直接的な原因をかたちづくる土台だからである。

　ここで改めて，19世紀前半について以下の点だけ確認しておこう。すなわち，プロレタリア世界がいまだブルジョワ世界から解放されておらず，イギリスが産業や技術の新たな牽引役という地位を得たことである。イギリスではすでに18世紀からこうした傾向があったが，19世紀中ごろまで30年から40年にわたりこの地位を保持し続けた。しかし，その優位は，おもにフランスに対しては一定期間しか続かなかった。そのあいだに精神的な牽引役の地位はイギリスからフランスへと移っており，パリはヨーロッパの知的実験の拠点となっていた。当時のパリは，ルイ・フィリップ（Louis Philippe, 1773～1850）が「一攫千金」と豪語したように，自由資本経済が急速に浸透しつつあり，イギリスから引き継いだ地位を基礎としてその影響をあらゆる分野へ波及させていた。こうした変化は，厳密に言えば，40年代というよりむしろ30年代のことであり，当時のパリはヨーロッパの中でもひときわきらびやかな光彩を放つ都市であった。

　30年代のパリは，ちょうどリゾットのように様々なものが交じり合って豊かな風味を醸し出していた。そのスパイスは，知的方面では自然科学の復活（たとえば，キュビエ（Baron Georges Léopold Chrétien Frédéric Dagobert Cuvier, 1769～1832）やジョフロア・サンティレール（Geoffroy-St.Hilaire, 1772～1844）【訳注2】）によって誕生した新しい現実主義の影響を受けたロマン主義とそれが発する強い香気，そして実際，何といっても新しい生の原則としての資本主義意識であった。文学方面ではヴィクトル・ユゴー（Victor Marie Hugo, 1802～85）やバルザック（Honoré de Balzac, 1799～1850）がいて，二人は当時の大作家の双璧をなしていた。彼らに共通する特徴は著述の手法であった。彼らの著作には，まさにこの世紀が向き合おうとしていた生の問題が記されていた。両者とも漠然とした宗教ないし擬似宗教的理想を背景に，18世紀に噴出し広

第5章　絶頂と破壊――19世紀

まった偉大な価値，すなわち人類愛(ヒューマニティ)や自由という理想主義を，確定的な検証を経ないまま作品の基礎とし，また自覚的な経験を重んじる写実主義（それは，社会学的に見れば，本質的には当時の社会に吹き荒れた大変革によって生じた）に依拠して新しい基礎をつくり上げようとしていた。いずれにしても，後者の手法の第一人者がバルザックである。バルザックは，30年代を風靡した一獲千金という雰囲気の完全な申し子である。30年代は政治的にも社会的にも騒ぎの絶えない時代であったが，とくに彼を強く刺激したのは当時の科学における混乱であった。バルザックは，自分が生きている時代を細大漏らさず精確に記述しようとする社会学的衝動の持ち主で，物事の核心に達しようと常に意識しており，言語の「生理学的」働きを面白がった。それだけでなく，バルザックは，天賦の才として，たぐい稀なたくましい直観力と想像力の持ち主であった。彼はこれらの才能を駆使して，西欧文学史上はじめて「等身大の人間」というものを描き出した。「等身大の人間」は，きわめてよく考えられた，まさに人間のありのままの姿を映し出したものであった。それは従来の叙事詩における英雄以上のものであり，『人間喜劇』では人間という存在のあらゆる面をそっくり受け入れるよう説かれている。「等身大の人間」は，巷間でよく見かけるまさに典型的な人間，つまり人間につきまとうあらゆる煩悩の持ち主である。その手法によりバルザックの写実主義は，彼が見たやり手，強欲者そして性的紊乱といった肖像を描き出すことに成功した。彼の写実主義は，彼自身大なり小なり写実的であると見なしていた魔術や神秘主義よりもはるかに巧みで，はるかに活き活きとした描写を可能にしたのである。また当時，スタンダール（Stendhal［本名 Marie Henri Beyle］, 1783～1842）は，バルザックと並ぶ偉大な写実主義者であると同時に，作家としてはバルザックよりも一層洗練され，重んじられていた。しかし，そのスタンダールでさえ，バルザックという並々ならぬ業績を持つ偉人を前にしては，デュマ（Alexandre Dumas père, 1802～70）【訳注3】は措くとしても，ミュッセ（Alfred Louis Charles de Musset, 1810～57）やヴィニー（Alfred Victor, comte de Vigny, 1797～1863）ともども鳴りを潜めざるを得ない。バルザック自身によってこれ以上ないまでに突き詰められた写実主義という手法は，たしかに，ボナパルト独裁【訳注4】や復古王政，敬虔主義の仮初めの連れ合いとして登場したという側面があるかもしれない。

しかし同時にそれは、まったく新しい知的様式を伴った時代の先駆けとなったのである。それが文学における自然主義の時代である。このとき文学における自然主義は、すでに哲学が自然主義を生んでいたその隣で、まさに産声を上げようとしていたのである。

　他方、ヴィクトル・ユゴーは、18世紀の理想をいまに伝えるロマン主義装束をまとったラッパ手のように、バルザックの傍らに屹立していた。ユゴーは文章表現にきわめて巧みで、フランスにおけるあらゆる文筆家の筆頭であった。また彼は、はるか19世紀後半まで人類愛（ヒューマニティ）や自由という古い根本原理を擁護し続け、亡命者やお尋ね者を温かく匿っている。一方、よく知られているように、ユゴーがよく歴史に足跡を残し得たのは、つとにそのロマン主義的作風によるのであるが、その作風は30年代の著作でグロテスク様式へと変化している。いずれにしろ、ユゴーとバルザックの両人が19世紀という時代の歩みにおける旗頭であったことは間違いない。

　40年代は30年代とまったく異なる様相を呈しており、自然科学や社会環境の影響を受けた自然主義と、歴史を範とするロマン主義が特異なかたちで混ざり合っていた。40年代初頭には、労働者のみで構成される労働者階級の政治組織が史上はじめて設立されている。たとえば、イギリスのチャーティスト運動は、普通選挙の実現という民主化（デモクラシー）の徹底を目標としていた。彼らの要求が拒否された結果生じた1839年の暴動は、血生臭い鎮圧劇とならざるを得なかった。イギリス社会はその複雑な経緯とは裏腹に保守主義へと流れ、チャーティスト運動は全労働者の待遇改善で落ち着くことになった（その後、穀物法の廃止、労働組合の合法化などが実施された）。結果的に、チャーティスト運動は、改革や選挙権の拡大によるより民主的で、穏当な方法を取るようになった。しかし、灯台は警告を発していた。産業革命と大規模な機械化の負の側面が突如として認識され始めたのである。たしかに、40年代には非常に多くの技術革新が生じ、それらが生命にとって多方面にわたる、より有益な基盤を創出していた。しかし、結果的には、この時期人々は依然として小さな世界に住みながら、人間の活動がもたらした大規模な地殻変動の矢面に立たされてもいたのである。それがのちに労働者の分離と呼ばれる、いわゆる貧困問題であった。40年代とはまさに、物欲という無制約の自然主義が技術によって解き放

第5章 絶頂と破壊——19世紀

たれ，助長，促進されていた時代であった。その有様は，上層階層，すなわち教養層においても異質で危険，破滅的な押しつけだと考えられていた。イギリスにさえ物欲の解放を戒めることを自らの責務とする人々が存在した。カーライル（Thomas Carlyle, 1795～1881）は物欲を鞭やさらし台によって懲戒し，ディケンズ（Charles John Huffam Dickens, 1812～70）は威勢のいいユーモアを駆使した辛辣な風刺によってその緩和を試みた。バクーニン（Mikhail Aleksandrovich Bakunin, 1814～76）のような無政府主義を理想とする者は，反乱の芽を求めて大陸諸国を遍歴していた。もちろん，のちに何がしかの意義を残す社会批評の唯一かつ真実の業績はパリでなされた。それはプルードンのように情熱あふれる人々によってなされたが，社会主義者が起こした反乱では実際にいくつかの試みがなされている（ブランキ（Louis Auguste Blanqui, 1805～81）の最初の反乱は1839年であった）。それはまさに，人々が実際に自らの周りで起こっている大革命の爆発的で，間欠的な性格によって，政治的次元だけでなく社会的良心という点でも，はじめて心からの影響を受けたときであった。それは，群がり起こる目新しさという圧力によりロマン主義がバターのように溶け，ヘーゲルによる歴史のスコラ的完結が軋みながら崩れ落ち，そのことによってドイツ観念論という総体的な概念，理論構造が土台から揺らぎ始めたときであった。キルケゴールのような繊細かつ洞察力に優れた精神の持ち主は，すでに述べたように，次のような結論に達していた。すなわち，生命という超越的価値は，かつて観念論に支えられていたが，それが崩壊した今，土台を失った。そのため人類は実存の根拠を失い，無の瀬戸際に追い込まれている。人類に残された唯一の道は，純粋パスカル主義者のように，厳格かつ徹底的なキリスト教精神に没入することである，という考えである。一方，キルケゴールほど繊細な心を持たない人々は，当初まったく不安を感じていなかった。彼らにしてみれば，そのときになってようやく姿を現しつつあった観念論と歴史主義の不透明な混合物で十分だったのである。彼らが世界のより根本的な解釈を望んでいたとすれば，フォイエルバッハ（Ludwig Andreas Feuerbach, 1804～72）の説く自然主義がそれに相当するであろう。そこでは，観念と精神を純然たる自然と見なし，それによって人類愛(ヒューマニティ)と自由という古い理想が自明のこととして，かつてそうであったように，これからも手放さずに保持できると考え

られていた。

　マルクスとエンゲルスは，人類愛(ヒューマニティ)と自由の共生関係をまもなく生まれる彼らの主義主張の源泉として保持し続けた。彼らの悲痛な訴えはこれらの理念に負うこと大であった。しかし，厳密に言えば，共産党宣言以降，次第に影響力を増してきた唯物主義的歴史解釈は，他のすべてでそうしたように，あらゆるものを相対化し，それゆえまたその信用を下げるような仕方で，この理念を吹聴することになった。さらにプロレタリアという精密かつ入念に構築されたマルクス主義者の世界は，事実と精神の双方においてブルジョワ世界から分断されていた。しかし，当然ながら，現実は理論のようには進まず，この世界が現実のものとなるにはとりわけ実践的なきっかけが必要だった。しかし，切迫した状況は，長きにわたってマルクス主義における唯一の関心対象を，マルクス主義自身が置かれている情勢の理解，その将来的展望予測，戦術的成功を獲得することに限定し，それが何か新しい知的構造を生み出すことを求めなかった。そのため私たちは，何よりもまず，プロレタリア世界については，次第に流速を増し，宣伝と絶えざる社会変動の影響のもとで広まる，じわじわと湧き出す革命の流れと見なすべきである。この流れからは，1871年のパリ・コミューンのように，ときとして間欠泉が噴き出すことはあっても，全体として見れば，その主要な革命の噴出は，いわゆる「歴史的発展段階」という統制力が働き時代の精神に合致するまでもち越すことになった。すなわち，搾取者の数が相互競争によって減少する，あるいは資本主義が破滅的危機を迎えることで(フォーミュラ)，搾取が些細な問題となったときがそれである。こつこつと働き，地下に隠れた大衆が選び取った目標は，より長期的な効力を有する社会的，政治的革命であり，その実現はいまだ延期されていたのである。

　一方，上流階級は，この世紀の後半ますます社会の根本から切り離され，独自の心的成長を成し遂げねばならなかった。だがそれは，はじめから精神的にも実践的にも困難であった。その理由についてはここで特別に強調するほどでもないと思う。具体的には，それは二つの段階からなる。一つは，80年代になり新しい社会が一見したところ輝かしい栄光を高める一方，次第に忍び寄る空虚感に脅かされていた段階である。もう一つは，後に述べる理由によって，社会が下から脅かされていた段階である。

第5章 絶頂と破壊——19世紀

　1850年から1880年の30年間，世界はヨーロッパからの商業や移民の拡大によってますます開かれていた。このとき，各地の領土を次々と征服することで大英帝国が完成し，フランス帝国，ロシア帝国の土台が築かれた。また人口の大多数が労働者階級に集中し，彼らは急速に成長を続ける産業都市の住宅地へ集まっていた。世界中に信用貸し，銀行家，貿易活動に伴う情報網が広がっていった。要するに，この時期は地球全体に対する著しい西欧化と技術による生命や自然の支配(ドメスティケーション)が始まった時代であった。この時代，「科学の無限の威信」という魔法のようにきらきらとしたモットーが一世を風靡した。ここでダーウィン（Charles Robert Darwin, 1809～82）やハーバート・スペンサー（Herbert Spencer, 1820～1903），ジョン＝ステュアート・ミル（John Stuart Mill, 1806～73）といった聞き覚えのある名前がきっと思い起こされるだろう。ミルは深い洞察力を有し，スペンサーが実証主義から凡庸な機械論的，社会学的進化論しか生み出さなかったのに対し，より実践的な実証主義の道を切り開いた。それが実証科学であるが，それはまた歴史とも呼ばれていた。人々は，そのあまりの厳格さから機械論を用いた自然や社会の説明の中に一つの形式としてまとまった自己の内的な位置づけを見つけることができなかった。そのためその理論にはそうした位置づけを提供してくれる歴史の想像という一種の行きすぎた空想がついてまわった。このことは，しばしば指摘されるように，文献歴史学の黄金期を招来した。その代表的人物として，ドイツではランケ（Leopold von Ranke, 1795～1886）やモムゼン（Theodor Mommsen, 1817～1903），初期のヨハン・グスタフ・ドロイゼン（Johann Gustav Droysen, 1808～84）を，フランスではルナン（Joseph Ernst Renan, 1823～92）やテーヌ（Hippolyte Adolphe Taine, 1828～93）を挙げることができる。彼らはみな得意分野こそ違うものの，それぞれ多大な業績を残した。ランケはイデオロギー的な思惟に強く影響され，モムゼンは社会や特定人物の評論にすばらしい才能を発揮した。ルナンは心理学的想像力に富み，テーヌは細かな事実をちりばめるという手法によって伝記分野における一つの書法を確立した。彼らの周到な立証を伴う描写は力強い魅力を発している。そうした魅力の大部分は，合理主義に基礎を持つ生命に対する初期哲学解釈に取って代わっていくが，依然として（そしてそれがこの時代の特徴である）それがどう解釈されていたかということとは別に，

人類愛(ヒューマニティ)と自由という18世紀に勝ち取られた偉大な理念を保持していた。この時代は，全体として見れば，ブルジョワ文化の領域と同様，次第に広がっていく政治の領域でも前進する19世紀という時代が生み出す経験を糧として生きていた。同時に，この時代は，遺産と呼んでも差し支えないその経験を，そこに一切新しい経験を付け加えることなく，ほとんど何も残らなくなってしまうまで浪費し続けたのである。

　世界の征服とともに広範な経済的繁栄が始まり，労働者階級を含め万事よい方向へと進んでいるように見えた（彼らは労働組合や協同組合運動によって表向き資本主義体制に組み込まれているように見えた）直後，教養ブルジョワが40年代に自分たちをあれほど動揺させたものが何であったかを，すなわちむき出しの物欲とその帰結という視点をすっかり忘れていた様には驚くほかない。とはいえ，彼らは，1848年の革命の記憶も生々しい50年代にはそれを忘れてはいなかった。しかしこの記憶は，時とともにその異様な特質を失い，意識から消え失せていった。むしろ解き放たれた物欲は，まったくの事実問題と受け取られていた。人々は，この栄えあるブルジョワの発展とともに，ブルジョワとその文化から完全に切り離された第二世界が生じるであろうと考え，しかも実際後に起こるように，それは自らの世界の存続さえ危うくしようと目論んでいると知りながら，安穏とこの危険を座視していた。とはいえ，ブルジョワも「労働者階級問題」に対して無関心を決め込んでいたわけでは決してなかった。それどころか，この問題は，少なくとも大陸では具体的な社会問題として再発見されていた。それが深刻に受け止められたところではどこでも，労働条件の人間化，各種立法措置，労働者階級間における自助組織の許認可という対策が取られた。ドイツではそれがブルジョワの心に激しい葛藤を引き起こしたものの，社会政策協会という政治的影響力を持った団体の設立へとつながった。その狙いは，今や避けて通ることのできない，労働者階級を既存の社会枠組みへと人道的に編入する施策の促進であった。

　一方，知的領域では何が起こっていたのであろうか？　少なくともイギリスでは，力強い経済的躍進，社会的介入や部分的ではあるが統治機構の漸進的民主化(デモクラシー)など，精力的かつ適切な労働者階級支援策によって最悪の事態は脱しており，労働者の分離は精神面だけでなく政治面でも食い止められていた。次に

第5章 絶頂と破壊──19世紀

ドイツの状況を見てみよう。ドイツでは，ラサール（Ferdinand Lassalle, 1825〜64）が国土の政治的統合を目的とする国家社会を提唱していた。彼は，労働者階級という存在を消滅させるために，自らが組織した全ドイツ労働者協会と国家社会の組織的統合を望んでいた。また，ダフィート・フリードリヒ・シュトラウス（David Friedrich Strauß, 1807〜74）らは，1872年に至ってもなお，彼らがやがてブルジョワ階級にまで這い上がってくるだろうと述べるなど，労働者の英知のみを頼りとした労働者問題の自然消滅を提唱していた。こうした表面上の統合がなされてからというもの，プロレタリアの精神的分裂は，差別的な政治立法によって悪化し，いっそう根深いものとなっていった。そのあまりの深刻さゆえに，労働者を国家的統合へと組み込む作業が進む一方，社会政策協会は，長いあいだ，革命的な労働者政党の代表を受け入れることなど考えもできなかった。またフランス，イタリアをはじめとする他の大陸諸国では，ここまで事態が先鋭化することはなかった。というのも，これらの国々では生命が本来的にあるいは政治的にも民主化(デモクラシー)への力強い志向を持つと同時に，ドイツに顕著な，何かにつけて厳密な区分を要求する軍事的規律が存在しなかったためである。とはいえ，マルクス主義が主張する厳格な精神的分離というパン種は，ヨーロッパ各地で次第に発酵し，一面に普及するだけの力を十分に持っていた。

　すでに述べたように，驚くべきことではあるが，イギリスではまったく心理学的にしか理解できないようなことが起こっていた。一種の狂信的な進歩や拡張の只中で上述のような浸食作用が進んでいるにもかかわらず，教養ブルジョワは依然として，自分たちの独自の世界が唯一存在可能な世界であり，そこにおよそ考えられる限りの人間の完成形が含まれていると考えていた。そうした考えにどっぷりと浸かっていたのがイギリスであった。当時のイギリスはヴィクトリア時代を迎えていた。そこに根づいた固有のブルジョワ的生活様式はいわゆる冷静なジェントルマン様式という象徴に変化していた。この様式はその本性上貴族的の傾向を持っていた。この傾向の背後には，その精神的雰囲気を大部分支配するブルジョワたちのいわゆる保守性が長いあいだ障壁として隠されていた。ドイツでは，率直に言って，一種の精神的萎縮が生じていた。国家は急速に統一へと向かっていたが，形式的な統一が精神的な統一に先行して

いることにほとんど誰も気がついていなかった。教養ブルジョワは，そうした統一状況に至極満足しており，19世紀初頭の彼らの姿と比べてみても，疑いもなく著しく矮小化していた。さらにつけ加えるなら，小市民や庶民がこぞって彼らの猿真似をしていたのである。こうした俗化の進行と踵を合わせるように，偉大なドイツの歴史家もこの国民的熱狂に奉仕していた。その結果，モムゼンの『ローマ史』（1854～56年）などほとんど顧みられなくなった。というのも『ローマ史』は，モムゼンが60年代ないし70年代ドイツでいまだ覚めやらぬ1848年の革命の熱気に感化され，ローマのプロレタリア市民が100年にわたって繰り広げた革命的闘争を壮大なスケールで描き出したものだったからである。こうした状況にあって，精神的な展望と歴史の物語を真の意味で普遍的に統合した人物を一人だけ挙げることができる。それがヤーコフ・ブルクハルト（Jakob Burckhardt, 1818～97）である。彼はドイツ人ではなかったが，ほかに論じるべき人物が見当たらない70年代から80年代のドイツ語圏にあって，たった一本残った円柱のごとく屹立していた。最終的に，ドイツ・ブルジョワはこうした国家的熱狂に取り込まれてしまい，自分が置かれた環境の変化にまったく気がつかなかった。すなわち，ビスマルク（Otto Eduard Leopold Fürrst von Bismarck, 1815～98）によるドイツ統一運動（1861年）から議会制導入拒否（1877年）を経て，さらにそれ以後彼が行ってきた活動の全体的性質によって，彼らの政治的屋台骨がどれほど破壊されていたか，またビスマルクが交渉と討議を駆使して支え，強化してきたドイツの「現実主義的政策」によって教養層とその責任ある政治行動のあいだにどんな楔が打ち込まれていたか，ということに気づいていなかったのである。その結果，ドイツ・ブルジョワは，イギリスがその保持に努めてきた自らの社会的支えとなる下層階級から無理やり引き離されただけでなく，イギリスでは土台として残っていた生に対する固有の政治的決定権が奪い取られた上，ここまで追い詰められているという自覚もないままに，事実上，精神的な意味で自分から観客の地位への降格を申し出ていたということに気づくのである。その帰結は計り知れないものであった。彼らがこうした態度さえとらなければ，ヴィルヘルム二世（Wilhelm Ⅱ, 1859～1941）の野心やのちのドイツが行使した軍事力や暴力も生じなかっただろうからである。

第 5 章　絶頂と破壊——19 世紀

　フランスではまったく異なる事態が生じていた。ナポレオン三世（Napoléon Ⅲ, Charles Louis Napoléon Bonqpqrte, 1808 ～ 73）治下のフランスは，普仏戦争（1870 ～ 71 年）に敗北し，それ以来深刻な動揺が続いていた。出生率の低下が始まり，資本主義が力強く発展していた国土の東部を奪われたことに加え，諸々の原因が重なって，フランスは進歩の潮流から著しく脱落していた。初期の革命の多くがこの国で生じたにもかかわらず，その後フランスで同様の浸食作用が起こることはなかった。また，ドイツのように伝統という名の正統主義に煩わされることがなく，ブルジョワの政治的な換骨奪胎も生じなかった。当時のフランスでは，ブルジョワという生活様式がその一般化の度合いをますます強めていた。知識人は政治に対して大きな影響力を持っており，世界全体に対する影響力も維持していた。そしてこのことは，彼らの企図が持つ普遍性がどうであれ，些細なことではなかった。知識階級は，その頭の回転の速さと活発な活動によってブルジョワ世界から慎重に距離をとり，その全体的展望を拒否するような新しい世界を生み出した。この世界は「ボヘミアン」という言葉によって切り取るにはあまりに狭すぎるが，やはりそこへと通ずるものである。その光芒は第一次世界大戦直前まで他国に影響を及ぼし続け，ほかの様々な要因とあいまって，しばらくのあいだ大陸全体を覆った。彼らが描き出す生に対する新しく，超国民的な概念の輪郭は，その多種多様な兆候という点で古いブルジョワ的世界像を凌ぐものであった。

　当時始まりつつあった第二の運動ないし反動的運動を理解するには，教養ブルジョワが，60 年代に顕著な，いかなる限界をも知らず，地球を隅から隅まで変えてしまうように思われていた資本主義の奔流にどのように飲み込まれていったのか，言い換えるなら，彼らはこの新たな生命が提供する可能性をどのように利用したか，まずこのことが問われなければならない。一体どのようにして，彼らは新しい価値と古い価値を調和させたのであろうか。さらに，どのようにして古い価値を新しい価値に組み込んだのであろうか。その過程については，今日よく知られている通りである。彼らは，当時の恐ろしい記念碑として，帯状発展と喧騒を伴う「人口密集地」を私たちに残した。教会建築や代表的建造物の外観は醜悪きわまりなく，そのすべてはお約束のように「ブラウンソース」色に塗られていた。都市を埋め尽くすこの色は，歴史と政治の風合

いが半分ずつ入り混じった感傷のちんけな寄せ集めにすぎない。科学の領域では客観性について優れた業績が残されたが，文学では一部の作品が局地的，一時的な成功を収めただけで，今日まで一般的な関心を引くものはほとんどなかった。これらのことがヴィクトリア時代にも当てはまるということについては，いまではイギリス人でさえ承認せざるを得ないであろう。ドイツでもまさに同様のことが起こりつつあり，無慈悲にも当時の様相を忠実に写し取った書物が登場する。若きニーチェが1873年から74年にかけて出版した『反時代的考察』という2巻本がそれである。ニーチェは，普仏戦争後のドイツの肥大や慢心，あるいはその「文化」を過去いかなる世紀のそれとも比肩できないなどとうそぶく高慢についてつぶさに観察している。同時に彼は，ドイツにはそうした自惚れとは裏腹に一皮むけば「文化的ペシリテ人」という俗物しかいないことも見抜いていた。彼らは，もはやいかなる意味でも探求者や求道者ではなく，自己満足し，あらゆることに飽きており，流行を追うことにあくせくしていた。ニーチェに言わせると，彼らは「その根深い野蛮主義において」「何としても熱狂を避け，歴史意識に避難所を求めようとしている」。それにもし彼らが，ダーフィット・フリードリヒ・シュトラウスのように，ぎとぎとした微笑という仕方で「文化」と「生命」を完全に分割していたとすれば（ニーチェがこのことを指して自己欺瞞の崇拝だとこき下ろすのはもっともである），彼らは文化を，生命の緊張から解放され，落ち着きを取り戻す憩いの庭園と受け取り，その景色と自らのそうした考えに嬉々としながら，あたかも「飾り棚の蠟人形」のようにそこを逍遥するのであろう。「しからば，我を生かし，恍惚として彷徨わせ給え！」。全体的に見て，ニーチェの記述によると，彼らが与える印象は以下のごとくである。現代人は歴史的，科学的事実の集積を右往左往している。彼らは「啓蒙の手引きを片手に，野蛮主義を排しながら，遠い過去や習俗，芸術，哲学，宗教，科学が記された百科事典をそぞろ歩き」，あらゆる方向へその陳腐さをまき散らしている。さらに「神や習俗，芸術のコスモポリタンを騙った見世物」に感動し，「その心の中でいつも歴史の万博」を催してきた結果，それこそ「胸糞が悪くなるほど」「紙に印刷された魂，真に偉大で，創造的な戦いが一切不可能になるまで衰えた人格，ますます陳腐化していく俗物ども」にまで乾涸びてしまった。それゆえ，若きニーチェはこうした国民(ネイション)に

第 5 章　絶頂と破壊——19 世紀

おける哲学的心性の根深さについて嘆いている。この国民は「教育によって道をそれてしまった魂を有する教養層と，近づきがたい魂を持った非教養層に分断された。国民とは，それゆえ，魂と自然が高次の統合を失った姿なのである」。当時ニーチェは，社会問題やその現実の意味を正しい観点から理解しているわけではなかった。この点で彼の発言は，ほかの点に対する観察から導き出されたものであった。それでも彼はこのように記すことができた。「ドイツ人の精神とドイツの生命の統合がいかに危機に瀕しているか，そしていまや形相と質料の，本質と形式の対比がいかに破壊されているか，我々は，これらの事実に対する明白な証拠を探し出そうではないか」。これに対しニーチェは，本人曰く現実的な，しかし読者からすれば非現実的な解決策を提示した。それが偉大な芸術家，哲学者，聖者による救済である。

　しかし，当時のドイツ人の精神領域にあって，ただ一人だけニーチェの言うような希望の萌芽として認め得る人物が存在する。その人物が偉大な音楽家にして詩人，論説者のワグナー（Wilhelm Richard Wagner, 1813～83）である。彼は 1848 年の社会革命時にはドイツを脱出していたが，このときには自ら赴いた亡命地スイスからその優れた楽劇を世界に向けて発信していた。これらの作品は，音楽と詩を巧みに織り合わせ，（実際上演するにあたって）教育的効果を有する芸術であった。同時に，それらは将来の芸術における新しく，「完全無欠の」作品と理解されており，それが有する哲学的基盤によって深遠な意義を持つものとして受け止められていた。ワグナーの作品に対する美学的評価それ自体については，彼独自の感性により様々な仕方で伝説，空想，表現主義が最高度に融合されており，しばしば演劇的誇張とされることからも，専門家に任せるべき問題であろう。とはいえ，『トリスタンとイゾルデ』（1859 年）や『ニュルンベルグのマイスタージンガー』（1867 年），さらに他の作品における膨大な楽節など，その作品には永遠の旋律が新しい仕方で挿入され，不朽のものとなっている。いずれにしろたしかなことは，彼が意識的に創出した「絶対的芸術様式」，すなわちブルジョワの浅薄さと好対照をなすものが，深遠な，ほぼショウペンハウアー（Arthur Schopenhauer, 1788～1860）流の悲観論に根差しているのではないかということ，またのちに実際に起こるように，考えられないほどの芸術的成功を収めたということである。しかし，このような芸術

形式はその内部から発せられる表現力とは裏腹に，国民統合という精神的表象を埋め合わせることなど決してできなかった。というのも，国民統合なるものは自然に存在するものではないし，そうした方法で国民統合を人為的に創り出すということは不可能だからである。すなわち，この芸術形式は，古代ギリシア人たちの悲劇が悲劇時代に果たしていた役割を担うことができず，またそれを享受できたのは後にも先にも古代ギリシア人たちだけであった。むしろそれは，ニーチェが言うように，変化を望んでやまない若き貴族階級のしるしである。彼らは，芸術的観点から，非実存要因を不完全な前提ではなくむしろ究極条件と見なす。ワグナーの輝かしい名声もこのような基盤の上にあそこまで広まったのである。同時に，ニーチェは，慢心しかつ楽天的なドイツのブルジョワ文化という世界においてワグナーが占めていた独自の地位をきわめて的確に把握していた。ワグナーが占めるこの地位の特異性は，きわめて特殊ドイツ的であるということを付け加えておかなければならない。唯一ドイツにおいてのみ，それも新生ドイツ帝国においてのみ，あらゆるすぐれたドイツ精神の伝統が廃墟となる最中に，たった一人の人間が立ちあがる姿，つまり一人の預言者を見つけることができる。その予言者は，自らのみがその手で新たなドイツ人と新たな西欧文化を前進させることができると断言する。このときまさに，ニーチェその人の心の中で宿命的変化が生じつつあったのだ。

　50年代から80年代のフランスでは，すでに概観したように，ブルジョワという生活様式が急速に浸透しつつあったが，ドイツのように知識層が政治的決定の領域から切り離されてはおらず，芸術家たちは，一般に，イギリスやドイツほどブルジョワのご機嫌取りをする必要がなかった。そのため，フランスではドイツとは逆に，ブルジョワ世界からの解放を説く預言者が出現することもなかった。フランスの解放様式は，すでに述べたように，おおよそ「ボヘミアン」という言葉に集約されるが，多数の異なった要素を含みながらも，常にブルジョワの水準と軌を一にしていた。教養層と単なるブルジョワとのあいだにあるこのような特異で，流動的な対照性の中で，フランスは，ナポレオン三世治下の資本主義とブルジョワ主義の奔流が頂点に達した時期でさえ，二つのことをなし得た。すなわち，高い水準の芸術作品でブルジョワ世界に対するウイットに富み，きわめて意味深い批評をなし得ただけでなく，より重要なこと

第 5 章　絶頂と破壊——19 世紀

であるが，19 世紀の初めというこの時期に限って，一般に埋もれ，視界から消え去っていた人類愛(ヒューマニティ)という大昔からの問題に広い範囲で切り込み，それに対して新しく，独創的な見解を得たことである。フロベール（Gustave Flaubert, 1821〜80）は，芸術家らしい俗事に関わらない超然とした態度と切れ味鋭い武器によってブルジョワ世界の怪しげな側面を描き出し，その凡庸な俗物主義を鋭くえぐり出した。さらに，著名なオノーレ・ドーミエ（Honoré Daumier, 1808〜79）は，ルイ・フィリップ時代全般を通して，泉のように湧き出す創作意欲で，フランスにおけるブルジョワの生活様式について風刺画を連載していた。これらの風刺画は，貧困にあえぐ石版画家が日々のパンを得るため，死ぬまでにおよそ 4000 枚という莫大な量を『カリカチュール』誌や『シャリバリ』誌に寄稿し続けたものであった。ドーミエは，この時点ですでに，のちの表現主義者たちが用いた多くの技法を用いるなど，大変優れた画家であった。彼は，そうした技法を，プロレタリアや極貧者の過酷な労働，奇術師やそれに類する社会の底辺に生きる多くの人々の現実を効果的に描き出すために用いただけでなく，人間が奥底に持つ普遍的な状況や典型的人物の印象深い表情を描き出すことに成功している。その様子は，彼が描き出す移民やドン・キホーテの肖像を思い起こせば，直ちに理解されるだろう。

　太古から人間精神を貫く事実や事象といった事柄は，かくも表面的な賑わしさが幅をきかせる時代では，対象に存する超越的な諸力に対して神秘的な力で接近することのできる，おそらくはもっとも卓越した芸術家によってのみ見出すことのできる業である。ボードレール（Charles Pierre Baudelaire, 1821〜67）は，当時最先端の装いに包まれ，世界から羨望の的になりつつあったパリで，そうした力を発揮した一人である。彼は，並外れた感受性と物憂げで深い思索によって，病理学的な意味での性の側面に言及することなく，恋愛詩から超越的な力を感じ取っていた。彼が嗅ぎつけた暗く，悪魔的な力は『悪の華』（1857 年）に詠われている。この作品はほとんど宇宙の深淵にまで達していた。ステファン・ゲオルゲ（Stefan Anton George, 1868〜1933）は，ボードレールがドイツで受け入れられる素地をつくり，その表現方法や作風において彼とよく似た作品を世に送り出した。彼のボードレール評はまったく的を射たものであった。それによると，ボードレールは，詩に新しい——ステファン自

身は，この新しさに，より深遠なという形容を付け加えたであろう——領域を打ち立てたのである。さらに彼は，ボードレールがこれらの深淵から接近するにあたってもっとも繊細な事柄に授けた燃えるような精神性についても，きわめて正確にとらえている。ボードレールは，事物の奥底に潜むこれら神秘的な「力」に酔いしれながら，こう詠っている。

　　われ知れり，御身，聖なる天国の多幸なる位階のうちに
　　「詩人」のための席を用意し，
　　「王位」の，「美徳」の，「君臨」の，
　　久遠(くおん)の饗宴(きょうえん)に招き給うを【訳注5】。

　この熱狂的な美の愛好者は，時代が急速に主観主義へと傾いていく最中を生きたが，美が持つ闇からの避難場所としての客観的で超越的な力を固く信じていた。

　　ゆたけくも円き項(うなじ)は，小肥りの肩の辺に，
　　ぬきんじて，おん身が頭(こうべ)，常ならぬ美をほこれるよ。
　　しとやかに，かつほこらかに，
　　おん身は行くよ，颯爽(さっそう)たる女(ひと)よ【訳注6】。

　超越的経験という深遠から解放された象徴として，ミケランジェロのような人物を思い浮かべることができる。まさに象徴と深淵が瓦礫の山に埋もれていた。そしてボードレールこそ，実際に，一瞬のうちにその口を閉じてしまう大きな穴を垣間見た唯一の人物であった。ゾラ（Emile Charles Zola, 1840～1902）の自然主義もそうした壮大さを有しており，はっきりと反ブルジョワであるとは言えないまでも，きわめて非ブルジョワ的なものであった。また，モーパッサン（Henri René Albert Guy de Maupassant, 1850～93）は優れた現実主義的性格描写を行い，自ら直接に諸物の闇の側面に触れたが，そこにはボードレールが詠ったような深い裂け目を認めることができない。あるいは，マラルメ（Stéphane Mallarmé, 1842～98）やランボー（Arthur Rimbaud, 1854

〜91），ヴェルレーヌ（Paul Marie Verlaine, 1844〜96）ら反自然主義派の詩，とりわけ後者の詩はとても優美だと言うことができる。それらは，たしかに私たちにまったく異なった世界の地平を見せてはくれるが，私たちがお互いを死すべきものとして出会い，認識しているという根源的な水準にはいまだ達していない。

　しかし，このブルジョワ時代に，フランスはいつしか別の道を歩み始めていた。その道は，精神的には，踏み固められたブルジョワの道から離れ，しかるべき理由をもって自然主義から枝分かれし，それをはるかに越えて続いていた。それゆえこの道は，ドーミエの風刺画が端的に示すように，本質探究へたどり着くよう定まっていた。ここで道というのは，マネ（Edouard Manet, 1832〜83）のように，1830年から1840年のあいだに誕生し，60年代半ば以降その花を開くことになる印象派の第一世代を指している。彼らは，自分たちの流儀が一派をなすと考え，戸外制作という技法を用い，当時一般的だったアトリエでの制作を放棄した。彼らは，芸術におけるあらゆるしきたりをものともせず，画題を探し回ったり，あるいは想像によるイメージを描くのではなく，日中の外気の自然な光の中で物が見せる自然な姿を直観的にとらえようと努めた。ここでまず知っておくべきことが二つある。まず，彼らの飾り気のない自然主義は憤りから生じたということ，次いで注目すべきは，彼らが友人であるゾラによって芸術上の同志であると見なされていたことである。ゾラは「ありのままの事実」を無数に積み重ねていくことで本質に到達し得ると考えており，それと似た手法を採る印象派はゾラによって見当違いの庇護を受けることになった。たしかに印象派は，一見したところ，ささいな事実をカンバスに積み重ねて描いているように見えるが，それは，実際には，あらゆる対象をそれらが発する光の反射に置き換えているのである。しかし，彼らが本質を，すなわち事物の本性を求めるあまりその背後にどんな力を見落としていたにせよ，それを表現するためになんと簡潔で，力強い様式を求めたことだろう。この新しい運動の本質を的確に言い表すのは困難であるが，敢えて述べるなら，若さゆえの自制に特徴づけられており，マネの『アトリエの昼食』（1868年）よりも古典的である。このことは，ルーアンの石橋のエッチングを残したピサロ（Jacob Camille Pissarro, 1830〜1903）のような天才が活動したフランスの地方都市に

も当てはまる。あるいはまた，彼がモンマルトルの並木通りを俯瞰して描いた絵画は，当時のパリの息づかいをよく伝えてくれている【訳注7】。そこでは，とりどりの色彩が交錯し，描かれた一人ひとりの人物は，やがてはっきりとした輪郭を持たない雑踏へと変化していく。にもかかわらず，このように一人ひとりを丁寧に描き分けることで表現された雑踏の風景は，全体として，世界でもっとも具体的で，もっとも活動的な印象を与えてくれる。こうした具体例を挙げることではじめて，印象派と呼ばれる人々が，画題の選択に当たって，彼らを取り巻くブルジョワという生活様式といかに密接に結びついていたかということが示される。最後に，同時代の芸術との関連で，セザンヌ（Paul Cézanne, 1839～1906）を挙げることができる。セザンヌはエクスで隠者のように暮らし，生涯その作品が評価を受けることはほとんどなかった。彼の情熱は，核心的本質に達するための自覚的で，執拗な闘争に見ることができる。彼は人物（たとえば彼の妻の肖像），状況（たとえば『カード遊びをする男たち』），風景や山並（一連の『サント・ヴィクトワール』が有名）の本質を追求したのであり，その姿勢は偉大な芸術におけるもっとも感動的で，個人的な偉業の一つに含まれる『アシル・アンプレールの肖像』（1869～70年）といった作品にも見ることができる。セザンヌまで来れば，後期印象派とされるヴァン・ゴッホ（Vincent van Gogh, 1853～90）までほんの一息である。ゴッホは，もっとも創作意欲の高まったその後期において，印象派が自然の本質を探求するときにどうしても拘束されてしまうと感じていた鎖を断ち切った。そのためゴッホは，絵画界が無残にも表現主義へと飲み込まれようとする中で生じた革命の先駆けとなったのである。しかし，これ以上芸術論を云々するとテーマを越えてしまうので，議論を先に進めるとしよう。

　以上のことから見ると，当時のフランスでは，精神までが危殆に瀕しようとしている時期においてさえ，ブルジョワの陳腐な世界とそこから分離しつつあるプロレタリアの凡俗な世界が並存し，ある意味で第三の世界とでも呼びうる独特な状況が存在したが，そこには常に歴史を動かす諸力が働いていた。これらの力は，ブルジョワ世界が世紀を越えて存続を図っていたときにも，少なくとも一種の徴候として，一定の重要性を保持し続けていたのである。

　そのあいだにも，歴史的，社会学的動態的変化(ダイナミズム)は，ヨーロッパ全体に，した

第 5 章 絶頂と破壊——19 世紀

がって大きく見るなら世界全体に対してささかも揺らぐことなく働き続けていた。この動態的変化(ダイナミズム)は，80 年代初頭から新たな段階へと突入した。いずれにしても，その働きによって総じて新しい状況が創出されていた。そこでは進化という名で噴出する諸力が変容し，一つの新しい途へと収束しつつあった。同時に，より残忍な精神が 1 か所にまとまり，これら進化の諸力と融合しつつあった。こうして，紛争と戦争のきな臭いにおいが新たに，あたり一面に散らばり始めた。たちまち暗雲が立ち込めたが，その直後に燦々と陽光が降り注いだことで，消え失せてしまったかのように見えた。そのため，暗雲はいつも意識の片隅に追いやられ，その威力に気づいた者はほとんどいなかった。ドイツの将来と命運をおぼろげに示す理由が世界を巻き込む状況の転回点となっていた。ニーチェは，まるでそれと軌を合わせるかのように円熟期を迎えつつあった。ここに精神的なコロッソスが出現しようとしていた。彼は，既存のブルジョワ様式の内臓から普遍的様式を解放しようと忙しげに調理を続けており，それによって整然と弾薬を集積しつつあった。この弾薬庫は，いったん世間へ広まり受け入れられるや否や文字通り西欧世界全体に点火し，破壊によってそれを脅かすことになった。

　ここではまず，社会学的環境の変化とそれに伴う精神的変化を見てみよう。1850 年以来，文化や資本家の拡大速度は，以前よりも無限の余地と可能性を有すると考えられており，事実，急速に地球を取り囲んでいった。しかし 1880 年以後，人類は，いたるところでこうした胸算用の裏面に遭遇することになる。膨張する権力，種々の物産や商品の氾濫によって，各国の利害が正面衝突するに至ったのである。かつて地球は無制限の自由競争のための競技場と考えられたが，いまさらながらその当然の限界を思い知らされることになった。このときになって突然，猫も杓子も帝国前縁のさらなる拡大という要求の代わりに，地表とその重要拠点を各国の利益圏内へ分割，分配せよと主張し始めた。

　植民地の配分に代表されるこれら利益圏は，交渉を通した国家間の決定によってはじめて可能となるため，かつて可能な限り国家の干渉を排そうと努めた資本主義も国家への依存を余儀なくされるようになった。その結果，対外貿易ないし国内市場の維持，特定地域の利権確保，利害錯綜地における主導権や利権確立のために国家間交渉が持たれ，世界規模での影響力や重要性を持つ

交渉がたびたび開催されることになった。たとえば，近東とバルカン半島の勢力均衡を図ったが不首尾に終わった1878年のベルリン会議に始まり，中央アフリカの分割が決定された1884年のコンゴ協定に至るまでの一連の会議がそれである。これらは戦争を危惧するビスマルクの主導によって催され，やがてその延長上にハーグ国際平和会議（1899年，1907年）が開催されることになる。会議には指導的政治家がそれぞれの利害を胸に集まってきたが，当のドイツ自体が軍縮や国際的な仲裁裁判所の必要性を感じていなかったということは不運でしかなかった。

　これらの協議がまったく無力だったわけではない。大英帝国が自らの生命線であるスエズ運河を支配下に収めるためアレクサンドリアで砲門を開いて以来【訳注8】，帝国主義諸国の衝突が絶えなかったからである。だがこれらの協議は，地球規模の見地からすると，単にヨーロッパ外部の局地的な戦争に一時的な歯止めをかけたにすぎないように思われる。たしかに，日清戦争（1894～95年）や米西戦争（1898年）に始まり，スーダンをめぐってイギリスとフランスのあいだに生じたファショダ事件（1898年），ボーア戦争（1899～1902年），日露戦争（1904～05年），伊土戦争（1911～12年）そしてロシアとオーストリア両帝国主義国の対立を背景としたバルカン戦争（1912～13年）に至るまで，協定は一定の役割を果たしてきた。その一方で，ヨーロッパ本土には抜き差しならない危機的状況が生じようとしていた。それは，動態的変化（ダイナミカリ）という視点からすれば，まぎれもなく世界的な影響力を持った事件の震源となった。ヨーロッパにおける勢力均衡政策は，かなり長期にわたって一定の役割を果たしてきたが，イギリスのみならず大陸列強，すなわちロシア，フランス，イタリアをはじめ，勢力均衡に熱心であったドイツなどの利害がヨーロッパの外部へ重点を移し始めるに至って求心力を失い始めていた。同時に，ヨーロッパ内部に目を転じると，19世紀後半を通して民族主義者の野心と歴史的所産（すなわちオーストリア・ハンガリー帝国）とのあいだに自然と出来上がっていた妥協状況にある趨勢が芽生えつつあった。人種理論は，その内部ではいまだ真偽をめぐって論争が続いていたにもかかわらず，現実の世界に対しては想像力が自由に活動するための枠組みを提供した。そうした理論を生み出した空想的観念は，疑いもなく，血統やそのバリエーションと維持について現実の，きわめて

第5章　絶頂と破壊――19世紀

重要な事実に目を向けさせた。これらは当初，人間についての一般的理解を論じるにあたり大して意識されてこなかった。しかし，これらがたしかに事実であり，様々な人種に不平等という圧力をもたらしているということは，歴史や人間の生命におけるすべての謎に対してとてもわかりやすい鍵を提供した。特定の利害関心やこうした理論に対するもっともらしい証拠が広まり，誰の目にもわかりやすい陳腐な既成概念が出来上がった。もちろん，そうした主張（すなわち人種における異種混血が劣性であるという一般的偏見）のうち何一つとして，きちんと立証されたもの，客観的な証明に耐え得るものは存在しなかった。私たちが知るすべての人種や民族はそうした混血の帰結だからである。とはいえ，こうした既成概念は，通常，きちんとした説明が少なければ少ないほど空想をかき立て，信じられるようになるものである。その理由は，一つにはそれがある種の本能とうまく合致したためであり，また一つにはそうして本能に一致するがゆえに，疑いもなく存在している事実に対して正確な描写を提供するように見えたためでもある。また，人種理論が混血度の数量的分析を可能にしたことも理由の一つに挙げられよう。さらに，これらの主張は，民主政（デモクラシー）の拡大傾向とは対照的に，貴族政（アリストクラシー）が持つ本能的衝動によく合致した。その衝動とは貴族政で常に重んじられてきた「血筋」のことであるが，この意味での「血筋」が人種理論の文脈で受け取られたことなど一度もなかったにもかかわらずである。そのことは，とくに依然として出自の明らかでない民族にとって自らの自尊心（それは通常「貴族的」本性として誇示される！）を擁護し，まだ生まれたばかりだがすでに「砲火の洗礼」を受けた獰猛な少数の民族にとっては出自証明を争う十分な根拠となった。これこそがその最大の効果，すなわち既成の意味づけを打ち壊すのに最大の効力を発揮したのである。いまやこれらの人種教説は，公にされるや必ず民族主義者（ナショナリスト）の満たされない野心と宿命的な婚姻を成し遂げ，すでに早くから知られていた民族性という歴史的，文化的理念をもとに，今日私たちが知るところの激烈な民族主義（ナショナリズム）の成長を刺激していた。とりわけ，こうした人種教説は，各地で小康状態になっていた帝国主義，とくにドイツやスラヴの帝国主義と結びついた。そしてそれは，最終的に，帝国主義と結びつくことで半独立勢力にまで成長していた軍事主義との許されざる蜜月関係に入ることになる。

ここは汎スラヴ主義の奔流や歴史を，あるいはまたゲルマニズムという汎スラヴ主義よりもきわめて明快で，直接的な原因を論じる場ではないので，それらについての説明は最小限にとどめておく。汎スラヴ主義は，西スラヴ族のあいだで発生し，ロシアのスラヴ主義者に採用され，ロシア皇帝の軍事主義的帝国主義へと流れ込んだものであった。また，ゲルマニズムは70年代以降反ユダヤ主義によって育まれたことから，確実に人種崇拝へと到達するのは誰の目にも明らかであった。周知のように，グリルパルツァー（Franz Grillparzer, 1791～1872）は，やがて人類愛(ヒューマニティ)が民族主義を経由して獣となるであろうと危惧に満ちた預言を残した。高まる意地，憎しみ，もっとも原始的な殺戮本能，これらは，間違いなく，汎スラヴ主義やゲルマニズムとそれがもたらす空気の父であると同時に子である。これら双方は，ヨーロッパにとって歴史的重要性を持っていた。これら相互の憎しみはやがて一体となり，協働してヨーロッパ東部，南東部を転覆させただけではなかった。それは，ヨーロッパという構想そのものが利益圏へと分解していかぬよう，かろうじて維持されていたヨーロッパにおける勢力均衡という死活的に重要な礎石を取り除いてしまった。その帰結は周知の通りである。

　この暗雲をはっきりと嗅ぎ取ったのがビスマルクであった。彼は，徹底した現実主義にのっとり既存の諸国家や，新民族の台頭を抑制する政策を擁護し，複雑に入り組んだ同盟や密約関係を構築することでその危険を払拭しようと努めた。その「鉄血」政策は，おそらくドイツ統一には不可欠ではあっただろうが，いまそこにある秩序を宣揚しすぎる嫌いがあった。この秩序はヨーロッパ中を席巻し，「力こそ正義，先んずる者すべてを制す！」という標語を生み，新時代の先駆けとなったのである。ドイツの大学教授の大半は，客観的に評価して，常に盲目であったわけではないが，神が降し給うた政治的救済者ビスマルクという偶像を前にしてはひれ伏すばかりであった。結局，それがいかなるものであったとしても，権力上の利害と結びついた理念的価値は（この過程は生命そのものの働きによって避けることができない。およそ権力は，その理念上の意図がどうあれ，ほとんどすべての行動における基礎的要因であり，声だからである。それゆえ，とくに国家の行動においては，関心の如何にかかわらず絶対化する），ドイツのペテン，空念仏と呼ばれていた。当のドイツ人たちは純粋かつ明快な

第5章　絶頂と破壊——19世紀

権力を待ち望んでいた。本質的な意味における権力は理念の飾りなど帯びていない。権力はその実践的働きにより賞賛され，ますます強大化する。しかし，人々がいくらそうした賞賛によって手綱をかけようとしたところで，権力は所詮あらゆる良心にとって恐るべきものでしかない。彼らは，このきわめて引火性の高い物質を，すでに言及した帝国主義，軍事主義的趨勢に内在する衝突の種子によって日を追うごとに危険度を増しつつある世界情勢の中へ放り込んだ。その際，権力は本質的に悪である，すなわち権力はプロパガンダに奉仕するようにはできていないという，ヤーコフ・ブルクハルトの親切な警告は無視された。にもかかわらず，こうした実践主義は相変わらず乱用され続けた。それによって，ドイツ上空には空前の威力を持った嵐を呼ぶであろう雲が集まりつつあった。これらの雲はかつてビスマルクがその備えが完了するまでに消し去ろうとしたものであったが，他のドイツ人たちはその巨大さに気づいていないようであった。

　たとえドイツの権力理論家がある種の感情に気がつかなかったとしても，ヨーロッパを中心とした地球規模の基盤がじわじわと浸食されつつある，ヨーロッパの核心部が日に日に不安定化しつつあるという不安が，一握りの用心深い政治家たちだけでなく，広く一般に生じつつあったのではないかと考える読者もいるであろう。しかし，驚くべきことに，サーベルのぶつかり合う音が響き，大音量でプロパガンダが流れる真只中にありながら，1890年から大戦が勃発する1914年までの24年間の状況は，そうした感情とはまったく正反対のものであった。その理由は，当時の資本主義におけるきわめて本質的かつ内的な動態的変化にある。資本家を中心とした商業主義は，かつてのように豊かな収穫を享受できなくなっていた，すなわちあらゆる果実を集めることができなくなっていた。この4半世紀のあいだに，止まることを知らなかった拡大主義が収縮へと転じ始めていたのである。マルクスが分析したような大衆からの広範な搾取に基づく古い資本主義の循環に代わって，新たな，より調和的な循環が生じていた。この新しい循環は，労働組合運動の結果生じた大衆による一層の権力拡大を支点として回転しており，技術がもたらす生活水準の世界規模の向上によってますますその循環を速めていた。新規市場の獲得がますます困難になるとすれば，すでに確保している海外領土への輸出圧力が高まるのは自明

の理である。同時に、上述した大衆による権力追求の結果、ヨーロッパ本土内の市場が継続的に拡大し、内需と外需の幸福な均衡が出現した。そのため個の新たな経済サイクルは、世界産業における一大中心地が繁栄を続けること、さらに権力や利害関心が一貫して海外に目を向け、かつその関心が高まり続けることという内外二つの構造要因に等しく依存していた。この健全な経済循環は、継続的な新領獲得や初期の搾取を伴わずに、資本主義に安全な将来を約束するかのように見え、また実際、いたるところに降り注ぐ繁栄という名の慈雨としてすべての階級に寄与した。産業革命以後、このようなかたちで経済危機が緩和されたことは一度もなかった。従来、経済危機は、雇用の縮小とそれに続く過剰な資本投下の結果生じており、19世紀全体を10年周期で激しく揺さぶった。労働者たちはその都度情け容赦なく路上へと放り出されていた。しかし、1890年以降、その周波は対応できる程度の穏当な変動幅に落ち着き始めていた。さらに、プロレタリアは相変わらず一般的経済周期に沿って生まれていたが、マルクス主義とその組織の広がりにもかかわらず、このときほど改革主義者たちによる資本主義世界への編入に心からの親近感を持ったことはなく、またこのときほどその革命的な精神の分離性が実際に解体に近づいたこともなかった。結局、当時ほど世界全体が資本主義という文化的勢力によって飼いならされつつあるという思いが強力であったことはなく、また、人々が好きなときに思いのまま観光や遊覧に興じることができるという、個人の移動の自由が一般化したこともなかった。地球はそっくりそのまま一つの巨大な単位となっており、旅券なしにぐるりと一周することができたのである。

　高まる物質的繁栄と社会的緊張の緩和を伴った、こうした文化と資本主義による世界統合の確実性と完了は、あらゆる方面でドイツ帝国が抱える問題が囁かれ、世界中で軍事主義、人種主義、民族主義の騒音がしている、すなわち確実な分解作用が進んでいるにもかかわらず、ひそかにある種の安心感を生み出していた。「不安という化け物を本当に大砲に詰め込んでぶっ放して、繁栄の刺繍がされ、精神的な相互作用でつくられたこの繊細な織物のような世界をぶち破るような危険を冒すやつなんていやしない。軍事征服なんていう冒険に手を伸ばす阿呆などいるものか」。こうした考えが現に存在している緊張に麻酔をかけることとなった。誰もがみな自分の権力と威勢、あるいはリスクと報奨

第5章　絶頂と破壊——19世紀

について声高に語り，威圧政策を追求した。そうでないすべての人々は，それに対して団結することで安全を図った。この団結は次第にある政治原理へと姿を変え，明らかに不満を抱き，各地でその腹を満たそうとしているドイツに対する包囲網という結果をもたらした（そして実際にこの包囲は危険を高めただけであった）。これこそが真の意味での国際的不安の焦点であった。これらすべてのことは，たった一つの火花が炎と煤煙を世界中へ送り込む，すなわち繁栄と幸福のネットワークを見当もつかない大火災の爆煙の中へと送り込むことを許したのである。

【訳注】
1 この箇所は『共産党宣言』の締めくくりである。手元にあるマルクス・エンゲルス著，大内兵衛・向坂逸郎訳『共産党宣言』（岩波文庫，1995年，86頁）と比べると「プロレタリアは，革命においてくさりのほか失うべきものをもたない。かれらが獲得するものは世界である。〔改行〕万国のプロレタリア団結せよ（…………）！」の部分以外一致しない。引用した版が異なるのであろうが，ここではウェーバーの文章をそのまま訳した（以下同様）。
2 Geoffroy Saint-Hilaire は父子同名。父はエティエンヌ（Étienne, 1772〜1844），息子はイズルデ（Isidore, 1805〜61）である。ここでは博物学者，動物学者として著名であった父エティエンヌを指す。エティエンヌは生物間の相同関係を明らかにした。それは本文に登場する動物学者キュビエとの論争を引き起こしただけでなく，バルザックの『人間喜劇』構想やドイツのゲーテに大きな影響を与えたとされる。
3 Dumas は父子同名。父にはフランス語で父を意味するペール（père）を付しデュマ・ペール（1802〜70）と，子には息子を意味するフィス（fils）を付しデュマ・フィス（1824〜95）と呼ぶ。ここでは父を指す。デュマ・ペールは『三銃士』（1844年）や『モンテクリスト伯』（1845〜46年）の，フィスは『椿姫』（1848年）の作者である。
4 原語は Buonaparism。絶対主義と同様，資本主義社会への過渡期に登場する専制政治の一形態で，ナポレオン1世，ナポレオン三世の独裁政治のこと。区別のため前者を「ボナパルティズム」，後者を「ボナパルト独裁」と呼ぶ。ここでは19世紀中頃が論じられているのでボナパルト独裁を指す。
「ボナパルティズム」は，議会や政治的自由を否定し，立法権，行政権を皇帝に集中する一方，人民投票や普通選挙といった民主制を導入することで人民に直接の権力基盤を求める政治体制である。自由主義を採用して間もなく，政治

を担う資本家（ブルジョワ）が未成熟な段階で登場する。

　一方，資本の蓄積がある程度進むと，いわゆる階級対立が生じる。しかし，資本家がいまだ他の階級を圧倒する力を持っていない段階では，労働者や農民を抑えきれない。そこで階級対立を公正に調停する権力者が求められる。これがボナパルト独裁で，政治体制としてはすでに市民革命を経ていることから立憲体制が採用される。

5　ボードレール著，堀口大學訳『悪の華』新潮文庫，2006 年，32 頁（幽鬱と理想，第一詩「祝禱」）。ルビは堀口訳ママ。

6　ボードレール前掲，125 頁（憂鬱と理想，第五二詩「美しき舟」）。ルビは堀口訳ママ。

7　ピサロ晩年の作として知られる一連の「モンマルトル大通り」（1897 年）を指す。これらは，パリのモンマルトル通りを俯瞰する構図で，同じ視点からその日時を変えて描かれている。それぞれ「モンマルトル大通り――曇った朝」「モンマルトル大通り――夜」「モンマルトル大通り――雨の日の午後」「モンマルトル大通り――晴れの日の午後」とサブタイトルに状況が記してある。

　この作品が例示されたのは，本文中で言われる，印象派が対象のあるがままの姿を重視したこと，また，従来では画題の対象となり得なかった，都市の目抜き通りという資本主義の象徴を描いていることから印象派とブルジョワのつながりを示すためである。

8　3C 政策に基づく，イギリスによるエジプトの保護国化を指す。19 世紀後半，オスマン帝国の弱体化により，アラブ人の民族意識が高まった。エジプト人はオスマン帝国からの自立を模索し，イギリスやフランスがこれを支援した。それによりエジプトは両国に莫大な債務を抱え，事実上両国に内政の支配を受けることになった。

　これに対しエジプト陸相アラービー・パシャ（Arabi Pasha, 1841 ～ 1911）が反乱を起こす（アラービー・パシャの乱，1881 ～ 82）。イギリスは単独で出兵し，アレキサンドリアに上陸，エジプトを軍事占領した。

第6章　ニーチェと破局

第1節　ニーチェ

　歴史がこのように極端な矛盾を示し，どす黒い雲が湧き起こってはじめて，ようやく人々は自分が直面する危険に気がついた。この危険に向かってただ一人歩いていく人物がいた。私たちは，若いころ，この途方もないスケールを持った人物に遭遇している。この人物こそニーチェ（Friedrich Wilhelm Nietzsche, 1844～1900）である。彼は，このときまさに円熟期を迎え，己が使命を認識し，自ら精神の破壊者，あらゆる価値の転換者をもって任じていた。彼は，豊かな学識を思いのままに操り，影響力ある独自の文章を残しただけでなく，ふらふらと揺れる天秤を一方へと決定的に傾けた。彼は，自分こそすべてを客観的に見ることのできるただ一人のドイツ人だと自負していた。それでもやはり，ニーチェはドイツが抱える問題の落とし子であった。彼は，世界の危険の噴火口に立っていた。そこは歴史の決定的な境界線上，まさしく歴史の縫い目と呼ばれる境界線上であった。

　ここでは巨人ニーチェの全体像を把握することはしない。彼は，どんな偉人より巨大で，深い裂け目を持っている。したがって，まばゆいほどの光を発する，その哲学の驚くべき精神的洞窟を一通り見てまわること，またしばしば試みられるように，このもっとも個性的な人物における究極的核心部を哲学者としての側面と，一個人としての側面，すなわち運命の女神が手綱をとる精神というもっとも不合理に満ちた部分とに分けることはしない。最初の試みは私たちの目的ではないし，二番目の試みは，他のことならともかく，私たちが決し

て望まないことである。というのも，私たちは，時代というダイモンのいたずらによって曙光へと投じられたニーチェとその容易ならざる宿命に敬意を払うからである。これから概観するのは，ニーチェ哲学が持つ重要な歴史的意義についてである。それは，嵐のように，解放と快活の力で時代の雰囲気を刷新する一方，全体として見れば，散々な結果をもたらした。

　ニーチェの前に突如姿を現したのは教養層であった。彼らは，とくにドイツでは，柔弱と無気力のため現実に起こる出来事に対して一切かかわろうとせず，静観という象牙の塔へ引きこもることを常としていた。このような精神状態にある意志は，自分と同じ教養層にのみ語りかけ，また実際にそれ以外の仕方を知らなかったという点で，歴史上かつて見られなかったものである。ニーチェが与えた影響を理解するには，彼を巨大なキメラにたとえるとよい。その頭は言葉を紡ぐ詩人，きわめて思慮深い芸術家であり，その尾は権力を追い立て，攻撃する巨大で騒々しい意志である。その胴は，箴言という形式に無上の喜びを感じ，この上なく繊細かつ心理的な分析を得意とする高度に磨き上げられた才能である。

　若き日のニーチェは，ドイツ人の文化的俗物主義やその頑なさを嫌い，リヒャルト・ワグナー（Wilhelm Richard Wagner, 1813 ～ 83）の総合的芸術形式に救いを求め，そこにショウペンハウアー（Arthur Schopenhauer, 1788 ～ 1860）のような仕方で，世界に対する深い眼差しに基礎を持つ文化的統合という芽を移植しようと努めていた。この若き日の情熱は，実際にワグナーがニーチェからの尊敬と親しみのこもった友情を受け取らなかったという事情がなかったとしても，長くは続かなかっただろう。ニーチェは，この熱中から覚めると，自分が生きる時代と対峙するため，新たな目標を探し，意志という征服不能な世界を制しなければならないことに気づいた。しばらくして彼は深刻な病気に侵されるが，回復後の記述によると，病気が小康状態のときに，すべての古い理念が意識の中で決定的に解体し，生命から懐疑的な憎悪を受け取るという経験をしている。ニーチェはこの経験を「ヴォルテール」という標題にまとめている（『人間的，あまりに人間的』（1876 ～ 78 年）及び『漂泊者とその影』（1879 年）【訳注 1】所収）。続く 1880 年以後，ニーチェの中で思考と経験

第 6 章　ニーチェと破局

がまったく新しいものへと結晶化し始めていた。しかし，その将来像は，ニーチェ本人にとってもいまだ漠然としたままであった。この過程については『曙光』（1881 年）に記されており，そこでニーチェは「途上」という言葉を全編にわたって繰り返している。翌 1881 年 8 月，ニーチェは突然ある種の天啓に導かれ，まったく新しい世界像，まったく新しい表現形式，そしてはっきりと照らし出された意志へと達した。1883 年から 85 年にかけてこの過程をまとめたのが記念碑的著作『ツァラトゥストラ』【訳注 2】である。また，そのあいだにニーチェがたどった必要欠くべからざる階梯を示すものとして，箴言集『悦ばしき知識』（1881 年）がまとめられている。すでに述べたように，『ツァラトゥストラ』はニーチェにとって一種の天啓の産物であった。天啓以後もっとも初期に属するこれら 3 冊の著作は，先の熱中とは違い，ある程度持続した，一種の精神的恍惚状態の中で書かれたものである。私たちから見ると『ツァラトゥストラ』は，ニーチェ哲学のもっとも特徴的な伝達形式，詩を媒介に話が進むという形式をしており，彼の本質的思想を知るために避けて通れない著作である。ニーチェ思想をよりよく理解するには，散文形式で書かれた 1885 年から 86 年の著作『善悪の彼岸』【訳注 3】が適切かつ不可欠な補足を提供してくれるであろう。必要とあれば，第五の著作『悦ばしき知識』『哲学者の書（Discourses）』（1886 年），激しい論争を引き起こした『道徳の系譜』（1887 年）【訳注 4】を参照する。さらに『権力への意志』（1901 年）【訳注 5】も検討の対象に含める。この書はニーチェの存命中に出版されなかったという問題があるが，その箴言の大半は彼自身が確たる意図をもって配したものである。『権力への意志』は，たしかにニーチェが精神的に不安定なときに書いたという問題を抱えているものの，知的水準としては上述の著作に劣ることなく，また彼の意図が完全に実現されていると考えて差し支えないであろう。しかし，この書には，きちんと理解するか誤解するかの分かれ目となる大きな逸脱が，すなわち破壊主義という名の地雷があることに注意しておくべきである。このことについては，のちにもう少し詳しく述べよう。ニーチェを概観するという点では，1888 年以後一気に書き上げられた著作に目を向けることもできる。たとえば，『ワグナーの場合』（1888 年），『偶像の黄昏』（1888 年），『反キリスト者』（1888 年）などではすでに，無統制だがある種の豊饒とでも言うべ

きものが姿を見せており，私たちの目的からすれば初期ニーチェ思想が頂点をなしたものと言うことができる。また，後期の著作でもニーチェが精神的死を迎える直前に記された『この人を見よ』（1888年）は，ニーチェを理解するために不可欠である。

『ツァラトゥストラ』はニーチェの著作の中でも特異な地位を占めている。その理由は『ツァラトゥストラ』を貫く体裁にある。この本は，さる預言者が山から，あるいは南方の海上にぽつんと高くそびえる島から降り立ち，旅に出るところから始まる。彼は，最終的には，再びこの孤高な隠棲生活を選び，旅から戻って来ることになる。ニーチェは，ツァラトゥストラの道中に，友人との議論，独白，エピソード，夢のような経験や幻影を用意して，彼の口を借りてとてつもない生気を有した考えを述べている。ツァラトゥストラは，自分の考えをきちんと言葉に置き換えながら，その考えをきらきらとした光彩によって光り輝かせる。こうした形式で，ニーチェは「過酷さ」，「獅子の如き」強靭さを有する考えを伝えた。しかし，そこには厳しさばかりでなく，繊細な精神上の生気，優しさ，香気といった空気が広がっているのも事実であり，さらにそこに沈鬱を加えることも可能であろう。この書は，純粋な詩の形式を持つ美しい章句が随所に散りばめられており，全体の調子として，従来のドイツ語圏における言葉遣いには見られなかったようなリズムに支配され，その空想とめくるめく幻影とが怒濤のごとく展開していく。途中幾度かあまりに強烈な主張が見られるが，こうした口跡自体，本質的には，それが壮大にして，悲痛，多大の努力を払って勝ち得た告白であるということを示している。ニーチェは，これら何百もの表現方法に自身の宣教師のような熱意を託したのである。すでに述べたように，ツァラトゥストラの言葉は，ともすれば過激になりがちである。このことについては，その思索の意義を効果的に高めるものとして評価されることもあれば，この人物を貫き通す宿命的悲運が感じ取られることもある。とくに後者については，改めて徹底的に明らかにする必要があろう。ツァラトゥストラが到達した解放という偉大な行為は，ツァラトゥストラ自身を，そして現実にはニーチェ本人をも死に至らしめたからである。

ツァラトゥストラが語る言葉の本質や内容，その息吹，あるいはその口調から感じられる宿命的性質の三つを理解するには，それに合わせて以下の三つの

事柄を区別する必要がある。第一に，俗にニーチェの大いなる拒絶と呼ばれるものである。それは生における表相と真相の複合体を指し，ニーチェが一定の距離を保ちながら克服しようと望んだものである。それはニーチェの真意を理解するための格好の素材となっている。第二に，ニーチェの人生とその時代を概観することが必要である。それによって，ニーチェの考えを包む装束だけでなく，その見解に含まれる限界や偏見，のちに彼が狂気へと至る過程が明らかになるであろう。最後が，ニーチェ本人における個人的性格や宿命の性質である。このことは，彼の思想における特異性，極端さ，奇抜さ，越境性の原因を明らかにする。以下これら三つの事項をときには別個に，ときには関連づけながら話を進めていく。

　よく知られているように，ニーチェは，その思想の核心としてあらゆるものを超越した人間，すなわち超人説を繰り返し論じた。同時に，その背景として大いなる蓄積，すなわち超人が出現するという「大いなる正午」を含む「永劫回帰」が強調される。

　「永劫回帰」はきわめて難解であるため，ここではひとまず措いておく。すべてを超越した人間という発想は，ニーチェの「大いなる拒絶」の帰結と考えることではじめて完全に理解できる。それは，何よりも彼が生きた時代，そして19世紀のブルジョワに対する拒絶である。この拒絶は，のちにニーチェがディオニュソスを経験することで，もっとも高次のものまで含め，同時代におけるあらゆる人間類型の否認に至るまで拡大，深化する。両者について語るツァラトゥストラの口調は，きわめて厳しい。ツァラトゥストラは，ブルジョワ時代の人間について，かつてニーチェが頭ごなしに罵倒した調子に輪をかけて罵る。「ブルジョワたちはあらゆるペンキ入れの巣窟であり，信用の置けない笛吹きである」【訳注6】。「もしブルジョワからその仮面やヴェール，その虚飾やもったいぶった身振りを引っぺがしたなら，かろうじて案山子程度の体裁を保つにすぎないだろう」【訳注7】。「このことこそ私が心底苦々しく思うことである。すなわち，私はお前たちが裸であろうと着飾っていようと耐えられないのだ，昨今の人士たちよ」【訳注8】。というのも，彼らが自分をとり繕って「もはや自らの運命の主役たり得ない」人間を，すなわち「もっとも小さな人間，あらゆるものを矮小化し，ノミのように殺しつくすことができない」【訳

注9】世代を生み出すからである。彼ら最後の人間は「ささやかな幸せをこせこせと」追い求め，安楽を望んでやまない。「彼らの美徳は，慎ましやかで従順になることである。彼らは，この美徳を用いてオオカミをイヌに変え，人間を人間に対するもっとも従順な家畜にするのだ」【訳注10】。さらに悪いことに，「やつらは服従の使徒なのだ！ 卑小で，不健康で，シラミのようにぞっとする救い難い存在だ。やつらを潰してしまわないのは，ただ気分が悪くなって吐きそうになるからだ」【訳注11】。「お前たちがいかに悪ぶろうと，私にとってはゴミみたいなものでしかない」。さらに，ツァラトゥストラにとってブルジョワは「毒蜘蛛，一切の力あるものに毒を吹きつけるタランチュラ」である。ブルジョワは「平等を説教する者たち」「身を隠して復讐心に燃えている者たち」【訳注12】とも言われる。「やつらはみな，『正義，正義』とまくし立てるが，それを信じてはいけない。やつらが自分をして『善良にして正しい』と言いながら，真のパリサイ人になり得ないのは，ただ権力を持たないからだということを忘れるな」【訳注13】。「今日，小さい人々が教師となり，服従と謙譲，詐術と能率，その他小さな美徳について長々と説教しているのだから」【訳注14】。「女々しい者，奴隷のような者，大衆という人間のクズども。いまやこうした輩が人間の運命の主人なのだ。おお，吐き気，吐き気，吐き気！ やつらは，いかにすれば人はもっとも善く，もっとも長く，もっとも快適に生きることができるか何度も思い巡らすが，決してそれは本心からではない。これこそやつらが今日という日の主人である理由なのだ」【訳注15】。続けて，ニーチェはまた別の主張を展開する。教養層は倦み疲れた部分だと言うのだ。「あれこれと学ぼうとする者は，烈火のごとき情熱を学ぶことがない。君は薄暗い裏路地でこうささやかれるのを聞くだろう」【訳注16】。「知恵はもはや役に立たない。何事もやる価値はなくなった。『汝欲するなかれ』」【訳注17】。「もはや何事もやる価値はない。『汝意志するなかれ』」【訳注18】。「しかし，これこそ奴隷の福音である。あそこにある小舟，あれで大いなる無へと漕ぎ出せないものだろうか？」【訳注19】。文明への馴化，愚民による民主主義，世界と精神を台無しにしたニヒリズム的悲観論，無気力な意志，これらすべてに対する憎しみは，ニーチェがもともと持っていたブルジョワや「畜群」，彼らの無益な歴史探求といった文化的混沌に対する拒否感をますます強化した。そしてついにこ

れらは，ニーチェの心の片隅に残っていたショウペンハウアー流の過去認識とともに拒絶されることになった。

　しかし，ニーチェはこの拒絶をさらに掘り下げて考える。彼は，世紀末の雰囲気に対する反応を，たとえば新興の民主主義やその足跡に凡俗のごた混ぜしか残さなかった外面的繁栄という世界的潮流をみて，こう叫んでいる。そこにはもはや死の宣教師しか，「情欲」の宣教師しか残っていないと。「心の中で常に生贄となる獲物を求め，情欲にふけるか自らを引き裂くこと以外の選択を持たない恐るべき生物が存在している」【訳注20】。「やつらは魂の肺病病みである。この世に生れ落ちるやすぐに死に始め，疲弊と禁欲という教えに憧れる。……ある者は言う，『生きることは苦しみである』。……またある者は言う，『情欲は罪である』，死の宣教師はこうも言う，『子どもとは関わらず，また子どもをもうけることのないように。いのちを生み出すことは疲弊である。この上なぜ子どもを産もうとするのか？ 不幸な者しか生まれないというのに』」【訳注21】。「『哀れみを欠かすことはできない』，また別の者が言う。『私が持っているもの，私が私であるところのものを奪い去ってくれ。そうしてくれればくれるほど，私は生の束縛から解き放たれるのだから！』……彼らは生きることを放棄したいのだ。彼らが自らの鎖と贈り物で他人をがんじがらめにしたとしても，何を気にするだろうか！ そしてまた，君にとっても生は辛苦であり，不安なのではないか，生きることに疲れ切っているのではないか？……もはや君は自分自身に耐えきれない。君の勤勉はすべて生から逃避するためであり，自らの生を完全に忘れてしまうためである……死の宣教師の声がいたるところでこだましている。もはや地上は，死を宣告されるべき人間で満ちているのだ」【訳注22】。こうして「賤民」が現れた。「私は純粋なものすべてを無心に受け入れるが，不潔な者が歯をむき出して笑うこと，その乾いてネバついた口には耐えられない。やつらはその目を泉の中へと向ける。いまそのいやらしく，ギラギラ光る目が泉に反射してこちらをチラリと窺っている。やつらのいやらしさによって神聖な泉の水が穢されてしまった。いままた，やつらはその浅ましき夢を『悦び』と呼び，言葉も穢した」【訳注23】。「私は，今日支配と呼ばれているものを見たとき，支配者に背を向けた。権力をめぐる賤民相手の取引きと安売り。私は，鼻をつまんで，この不快な臭いに満ちたすべての過

去とすべての現在を通り抜けた。昨日も今日も，文筆を生業とする賤民の悪臭がする」【訳注24】。「私が窒息しかけたのは，生それ自体が敵意，死，十字架の苦悶を求めるということを知ったからではない。しかし，こう自問自答してすんでのところで窒息しそうになったことはある。『何だって！？　生にこの賤民も欠かせないだと？　穢れた泉，悪臭を放つ火，汚れた夢，生命のパンに沸くウジ虫，これが必要だと？』」【訳注25】。

　こうした言葉を見ることではじめて，ニーチェの拒絶が持つ広がりと深みを知ることができる。これらあらゆる不浄に執着する生き物，人間は，時代という拘束のみならずその他一切合財を含め超越されるべきなのだと，ニーチェは言う。人間は，安逸や害悪しかもたらさない学者流の自惚れに甘んじてはいけない。「そういう輩は，涼しげな木陰に座り，すべてに対して日和見を決め込む」からである。これに対し，意志，勇気を掻き立て新たな人間が住む地平へ飛翔しようとする姿勢が『ツァラトゥストラ』を貫いている。

　超人という概念は，まるで荒海から出現するように，「生命のディオニュソス的見方」から誕生する。それは，ニーチェがそれこそ耳にタコができるほど繰り返すように，キリスト教徒や一般的感覚における超越的見解とはまったく正反対のものである。超人は「背後世界論者」と一切関わりを持たない。「背後世界論者」は，「この世の背後にある人間性を失った人間の世界，天上的な無」【訳注26】を夢見るからである。「頭を天上の砂に突っ込むことをやめよ。そうすれば，頭は自由に，誇らしくなる。地上の頭は，地上のことに使われるべきだ！」【訳注27】。その理由について，ニーチェはこう述べる。「私はそれを邪悪なもの，人間嫌いの仕業と呼んでいる。それらはすべて一者であり完璧な者，不動の者，自己に充足している者，不滅の者である。『不滅の者』。それは一つの比喩にすぎないが，詩人たちはあまりに嘘をつきすぎる。最高の比喩，寓話は，むしろ時間や生成について語るべきだ。それはまさにあらゆる無常に対する賛美歌となり，弁明となるべきだ！」【訳注28】。こうした地上的見方は，ディオニュソス的見方に立てば，それ固有の本質的生命が幸福や平静と同様，恐怖と苦悶に満ちているということを示す。同時に，それが永遠の克己や生成，破壊と再創造につながることがわかる。「『見よ』，生命は私にそうささやいた，『生命というものは，常に自らを乗り越えていかなければならない

ものなのだ』」【訳注29】。「生命を深く知れば知るほど，生きることが苦しみ以外の何ものでもないとわかるであろう」。「人は光を求めるほどに，その足下は，より力強く大地へ，下方に向かい，闇へ，深みへ，悪へと沈み込んでいく」。そして「あらゆることの中に一つだけ不可能がある。それが合理性というやつだ」【訳注30】。「少しの理性，知恵の種は星から星へと撒き散らされた。このパン種は，あらゆるものに混ぜ込まれた。わざわざ愚かになるよう，知恵はすべてのものに混ぜ込まれたのだ！」【訳注31】。また「私は，君たち小心者に影響されて，悪人を見て心を乱したりはしない。私は，灼熱の太陽が驚くべきものを孵化させる様を見ることができて幸せである。トラやヤシ，ガラガラヘビなどだ。人々の中にも灼熱の太陽が生み出した栄えあるひな鳥たちがおり，同じように悪人たちの中にもたくさんの奇跡を見ることができるのだ」【訳注32】。それゆえ「君は『ならず者』と言う代わりに『敵』と呼び，『ごろつき』と言う代わりに『苦しむ人』と呼び，『罪人』と言う代わりに『愚か者』と呼ぶべきである」【訳注33】。というのも「人殺しが求めるのは，血であって分捕り品ではない。彼はひんやりとした刃物そのものに無上の喜びを求めるのである」【訳注34】。結局，「魂とは，生命の中に自ら食い込んでいく生命を指すのである。魂というやつは，自分自身をいじめ抜くことで自らの知を増やすのだ。君はこのことを知っていたか？　そして魂の無上の喜びとは聖別されること，涙とともに生贄の獣として捧げられることである。君はこのことを知っていただろうか？」【訳注35】。「善人の目にとって悪であるものはすべて，いっせいに一つの真実を生み出すであろう」。『ツァラトゥストラ』全編を貫くのは，ディオニュソスへの賛歌である。

　　おお人間よ，忘れてはならぬぞ！
　　深い深い夜が何を語っているか？
　　私は眠っていた，そう眠っていたのだ，
　　深い夢から目覚めるまでは。
　　世界は深い，
　　それは陽が降り注ぐ世界よりも思いのほか底知れぬ！
　　世界の苦痛は深い，

欲望，それは傷ついた心よりもはるかに深いのだ。
　　苦痛は言う，消え失せろ！
　　否，あらゆる欲望というやつは永遠を欲する，
　　深い，深い永遠を欲するのだ！【訳注36】

　だが，人間を克服しつつある超人は，いったい何を見ることになるのだろうか。超人は，自らの深部に達し，光が深く切り裂かれているという現実やこの歌を謡う闇を，ディオニュソス的現実を承認するのだろうか。つまり，超人を目指し「橋」を渡る途上の人間には，どんな光景が広がって見えるのだろうか。こう問うのは他でもない。そこに新しい人間が存在するはずだからである。新しい人間は，これまで述べられたすべてを自分自身の内部に持つ。それは，彼にとってまさに生命の息吹にほかならない。まったく新しい人間だけが実存の意味を表明し，意味を付与する者となることを許される。「人間とその遺産である地上の世界は，依然として，汲めども尽くせぬものであり，そこには発見されていない部分が多く残されている」【訳注37】。
　『ツァラトゥストラ』は，ニーチェの言葉を十分に吟味しながら読まなければならない。そこにはしばしば，感情の爆発を認めることができる。新しい人間は「大いなる健康」の保持者であるに違いない。「自らのあらゆる思考や感情の背後に力強い主人，知られざる賢者が存在している。それは自我と呼ばれている。自我は，君の肉体に宿り，そして君の肉体そのものである。君の肉体には，君がおぼろげに学び知ったこと以上の知恵が備わっている。なぜ君自らの肉体がそんな薄っぺらな学習の成果を必要とするのか，誰か知っているか？……創造する肉体は，自らのために，自らの意志を満たす手足として精神を創り出したのだ」【訳注38】。それゆえ，「私は，君に五感を純粋に保つことを勧める。私が君に純潔を勧めるだって？ 純潔はある者にとっては美徳であるが，多くの意見では悪徳である。……純潔を保つことが困難な者に対しては，それを勧めないにこしたことはない。……肉体は得意げに自らを清めるが，知のために格闘することでいっそう高められる。あらゆる本能は分別のために神聖化され，高められた者にとって魂は喜びとなるのだ。……君の精神と美徳とを大地の意味に捧げよ，君がすべての価値を新たに決定し直すのだ。そのために，

君は戦士となるのだ！　そのために，君は創造者となるのだ！」【訳注39】。

こうした考えを理解するには，ニーチェが別の場所で「距離のパトス」「自我を前にした尊敬」と呼ぶものに言及する必要がある。「逃れよ，友よ，孤独の中へ」【訳注40】。「市場から超然として離れるのだ」。「私が教えたのは隣人ではなく，友人なのだ。友人は君にとって大地の祝祭なのだ，友人をして超人の予感たらしめよ」【訳注41】。人間たるもの，友人に対して優しくあらねばならない。「友人たるもの，察しと沈黙の名人であらねばならない。君はすべてを見ようと欲してはならない。……まず君の友人が同情を望むか知るために，君の同情を察しようではないか」【訳注42】。自分自身の孤独へと進みいく場合，自分自身を唯一の友として必要とすることになるだろう。「君は新しき力，新しき権威であるか？　第一の活動，自らの上を自らの力で転がり続ける一つの車輪であるか？　星々をして君の周りを回らせることができるか？」【訳注43】。「君は自分が自由だと言うのか？　ならば君を支配している考えとやらを聞かせてくれ。私が聞きたいのは，君がくびきからこそこそ逃げ去ったということではないのだから」【訳注44】。隠者についてはこう述べられる。「それゆえ，君は本当の自分自身になるための道を見つけるだろう！　それはかつての君自身を通り越して，やがていまの君そのものをも通り過ぎ，やがて君の七つの悪魔へ辿り着くのだ！」【訳注45】。しかし彼は，直ちに空高く広がっていく光の中に自らの任務を見出す。「実際，平静，嘲り，強さがある。知恵は，こうしてわれわれをペテンにかけたのだ」。「光となり鳥となった者たちは，自らを愛する，ということを学ぶに違いない」。

これらの言葉を一般的に言い換えるなら，自らの律法を生き，創造せよ，ということになるだろう。「自らの美徳は自らの自我に求め，自分とは異なったもの，表皮や見せ掛けに求めないこと」【訳注46】。「もし君が何がしかの美徳を持つとして，それが本当に君にしかないものだとしたら，それを誰とも共有してはならない」【訳注47】。「君の美徳は，高すぎて人が安易に名づけるようなものであってはならない」【訳注48】。のちの『善悪の彼岸』では「より優れた」人間について言及されている。彼らは，もろもろの義務が本来の内容を超えて大きくなるに及んで，自らが責任を持ち得る限りの，自分なりの美徳を持つにすぎない。しかし，『ツァラトゥストラ』執筆時のニーチェは，意志を

いっそう強調し，このようなもう一人の自我の声に耳を傾けることを擁護して，次のように述べている。「私はこの板を君の上に据えよう。硬くなれ」【訳注49】。「おお，君が私の言葉を理解したなら，絶えず自分がそう望むように振舞うがよい。しかしまず，かくのごとく欲することができる者であれ。君の隣人を自らのごとく愛せよ。しかしまず，かくのごとく自分自身を愛せよ。すなわち，大いなる愛をもって愛し，大いなる軽蔑をもって愛せよ！」【訳注50】。「高邁な志を持つ者は，ある新しいもの，ある新しい美徳を創造する。……しかし，彼にとっての危険は，善人になることではなく，ほら吹き，冷やかし家，破壊者になるということである」【訳注51】。それゆえ，「あまたの嵐が海へと駆け下り，山裾が水を包み込むところ，みな人こぞって昼夜の見張りを立て，試練と承認のときを迎えるであろう。おのれが正しき道を踏み，正しき血統であるか，長き意志の持ち主であるか否か，話すときも沈黙しているか否か，あるいは与えるときにも受け取るといった仕方で与えることができるか否かを試されるのだ」【訳注52】。というのも「あたかも川のように，心が広く，充たされるとき，平地に住む者にとっては祝福であると同時に危険である。そこに君の美徳がある。君が賞賛と罪科を受けつけないほどに高められ，君の意志が，愛する意志として，すべてのものに命令するならば，そこに君の美徳の起源がある。……君は私のように美徳を授けるべく努力しなければならない」【訳注53】。「受け取ることには慎重であれ，受け取るか否かは君自身が選択せよ。これが与えるものを持たない者に対する忠告である」【訳注54】。「羞恥，羞恥，羞恥，それこそが人間の歴史である。それゆえにこそ，高貴な心を持つ者は，他人を辱めることを慎むのだ。羞恥こそが高貴な心をして，悩み苦しむ者すべてに対し羞恥の心へ立ち戻るよう仕向ける。私は，同情を喜ぶような慈悲深い人間が嫌いだ。やつらこそ羞恥心に欠けているからだ。……悩み苦しむ者を見ることそれ自体が私に羞恥を覚えさせ，その者を助けたことで彼の誇りを傷つけたからだ。多大な恩義は，大きな感謝ではなく，復讐心を生み出す。そして，施された小さな親切を忘れることができなければ，やがてそれは心を蝕むウジ虫になるのだ」【訳注55】。「しかし，あらゆることの中でも最悪なのは，つまらない思考である。つまらない思考よりもちょっとした悪意の方がまだましだ！……心に悪魔を宿す者に私はこう言いたい，『自分に巣くう悪魔をうまく

育て給え！ それこそ，そんな君にとって偉大なものとなる道なのだから！』」【訳注56】。「君に敵がいるならば，敵には悪ではなく善で報いよ，それは敵を恥じさせるだろうから。しかしむしろそれは，敵が君に善をなしたことを証明してしまう。いっそ人を恥じさせるよりも怒った方がましだ！……もし君に大きな悪が加えられたのなら，直ちに五つの小悪をもって報いよ。……悪も分割されれば，一分の正義となるのだ。……小さな復讐でもした方がまったく復讐しないよりもよほど人間的である」【訳注57】。「自分が正しいと信じて疑わないなら，自分が正義を言い立てるよりも，自ら不正をかぶった方がいっそう高貴である」【訳注58】。しかし，真理の愛好者に対してはこう言われる。「奴隷の平等から解放され，あらゆる神々や崇拝から救済され，恐れを知らず怖れられる，壮大にして孤独。これこそ真実を語る者の意志なのだ」【訳注59】。「飢え，暴力に満ち，孤独で，神を信じないこと。シシの意志は，かくあることをこそ望む」【訳注60】。ニーチェは，戦争と戦士についてこう述べる。「もし君が知識の聖人でいることができないならば，私は少なくとも君がその戦士であるよう求める。……自らの敵を求め，自らの思想のためにおのれの戦を戦うのだ。そしてもし，君の思想が敗れても，君自身に具わる素直な心が勝利だ！ と声高に叫ぶべきなのだ。……戦争と勇気は善意よりもいっそう偉大なことを成し遂げてきた。君の同情ではなく君の勇気こそが，これまで苦悩する者たちを救ってきたのだ」【訳注61】。ニーチェは，軍事的規律を秩序づける力についてこう続ける。「反乱。それこそが奴隷の刻印を消し去るのだ。しかし，君の卓越は，その服従であるようにせよ。そして，君の命令は，それ自体服従であるようにせよ。……よき戦士にとって『汝，なすべし』という言葉は，『私が意志する』という言葉よりも心地よく響くのだ。何よりも大事なのは，君自身がいつでも命令を受けられるようにしておくことだ。……しかし，君にとってもっとも大事な思想は，私がかく命じるということなのだ。人間とは超克されるべき何ものかである，と」【訳注62】。

　ここに挙げた一連の引用は，ニーチェの構想で求められる人間のより高度な段階の類型やその多様性を浮き彫りにしている。ニーチェは，『善悪の彼岸』で彼らの特徴を次のように描き出している。「大きく高邁な放下とともに生きよ。君の感情，つまり君の『賛成（For）』や『反対（Against）』といったもの

は，それがそうであるままに，つまりは意志のままに振る舞わしめよ。その様
をありがたく感じよ，ウマやロバに乗るようにその感情を乗りこなせ。という
のも，私たちは，その身をも焦がす火の部分と同様に，その愚かなまでの愚鈍
さを使いこなす術を知らなければならないから。君は，自らに300もの仮面と
黒衣を纏わなければならない。誰にも眼の奥を見せてはならないとき，まして
わが心の内を見せてはならないときがあるからだ。また，穏やかで慇懃な声と
うまく付き合うように。それが礼儀というものである。そして勇気，思慮，同
情，孤独，この四つの美徳の主人たるよう務めよ。孤独は，純潔を求める崇高
なる心と同様の美徳であり，人間と人間のあらゆる接触の仕方を，すなわちあ
らゆる『社交（Society）』が結局いかにして不潔に行き着くかを教えてくれる
からである。あらゆる共同生活は，時と場所そしてその方法やその他もろもろ
を問わず，『凡俗（Common）』しかつくり出さない」【訳注63】。

　『ツァラトゥストラ』に登場する人間類型は，『善悪の彼岸』では「貴族的人
間」と呼ばれ，ニーチェ曰く「訓育と育成」の産物である。訓育とは，意志を
自己啓発，自己陶冶，強化することである。また，育成とは，意識的に，その
成果を可能な限り広め，拡大することである。「君は，君の子どもの国を愛す
ることになる」。

　訓育や育成は，その背景として設定される，力への意志を有する社会的組織
体の任務であると考えられている。「しかし，君が私の善と悪についての真意
を理解するために，私は君に生命の真理を教えよう，すなわち生きとし生ける
ものすべての自然な姿についてである。……どこであったにせよ私が生命に出
会ったときには必ず，私は服従の言葉を聞いた。生きることとはすなわち，服
従なのである。そして私はこうも聞いた。自分自身に従うことができないとい
うことは，命令を受けるということである。それが生きているものの性（さが）である。
そして私はさらにこうも聞いた。命令することは，従うことよりも難しい」
【訳注64】。このことをさらに詳しく言えば，こうなる。「いまこそ私の言葉
を注意深く聞くがよい。君は人間の中でもっとも賢い！　私が生命の心の臓に，
まさに肺腑の奥底に這い入ったか否か，その言葉から吟味せよ！　私が生命を
見つけたときはいつでも，力への意志を見つけ，召使の意志にさえ主人たろう
とする意志を見つけたのだ。弱者は強者に仕えるべしということは，自らより

もさらに弱いものに君臨しようとする者の言い草である。他者に優越することへの快感，これこそ人がそれなくしては生きていけない悦びの一つである。つまり，小さき者がより偉大な者に屈服するのは，まさにもっとも小さき者に対する喜びと権力を手に入れたいがためであり，最大の者が降伏するのも，権力を得るために自らの全生命を賭けてそうするのである」【訳注65】。一方で，このような仕方で意志の対象とされる社会秩序は，危険にさらされているとされる。その理由は「火のイヌ」【訳注66】，「それを恐れるのは老女に限られたことではない，いまにも襲いかかり，破壊しようとする悪魔」【訳注67】がいるためである。「お前たちは，火を噴きあげ，灰で空を暗く染め上げるすべを知っている！ お前たちは，最高のほら吹きであり，人間のクズたる灰汁を沸騰させる術を熟知している。お前たちの行くところ，常に灰汁に満ち，海綿のような，どろどろした，べたべたと踏みしだかれたものが充満している。これらはみな自由を切望しているのだ。『自由を！』，お前たちは上手にそう叫ぶ。しかし，私はこの灰汁を炊く大噴煙と絶叫があの『大いなる出来事』を覆い尽くすや否や自らの信念を放棄する。私を信じよ，友よ，この地獄の馬鹿騒ぎよ。もっとも偉大な出来事とは喧騒ではなく，静謐なのだから」【訳注68】。そのためニーチェは，国家に対して期待がましいことを一切言わない。むしろ国家は，「冷酷な怪物の中でももっとも冷酷なもの」【訳注69】とされている。したがって，ニーチェにとって国家と同様，祖国や母国といった概念も存在しない。「君自らの道を行くがよい，国民（the people）も民族（the peoples）も各々の道を進むがよい！ 陰鬱な道，一つの希望もない道行を」。加えてニーチェは，こう予言する。「しばらくすると，また新たな民族が勃興し，新たな泉が噴き出し，新しい深みへと流れ込むであろう。地震は多くの泉を塞ぎ，たくさんの渇きをもたらすが，同時にまたもろもろの力ともろもろの秘密に光を当てる。地震は，数多の新しい源泉を露わにするのだ。古き民族に地震が起こるや否や，いくつもの新たな泉が噴き出してくる。その周りで人々はこう叫んでいる。『見よ！ ここに渇き切った者を癒す泉がある，物思いにやつれ切った者のための心がある，たくさんの道具のための意志がある！』。こうして民族がかたちをなすのだ。すなわち，多くの者が一つの偉大な努力のもとに結びつけられるのだ。そしてそこでは，誰が命令し，誰が従うべきかが明らか

となる」【訳注70】。一方,「一人の偉大な暴君が現れるだろう。その人物は狡猾な怪物である。慈悲と無慈悲を使い分け,一切の過去が自らのための橋,あるいは何かのしるし,前兆,一番鶏の声になるまで過去を解放しようとはしない。そしてこのことは,また別の危険,私の悲しみのまた別の原因なのだ。すなわち問題は,人間というものがどうあっても賤民から逃れられないのであれば,その思想は祖父の代まで遡り,そこで時が止まってしまうということだ! こうして過去は放棄され,やがて賤民どもが主人となり,その浅い水の中で時間を溺れさせてしまうのだ。それゆえ,兄弟たちよ,ある新しい貴族が必要とされている。それは,賤民の敵であると同時に暴君の敵でもあり,新たな板に『高貴な』という言葉の新しい意味を刻むであろう。新たな貴族が存在するために,多くの貴族が必要とされ,多くの種類の貴族も必要とされている。あるいは,私はかつてそれを寓話の中で示したことがあった。神々は存在する,しかし神が一人しかいないということはあり得ない,これこそ神の神たる所以なのだ! と」【訳注71】。

　こうした言明からわかるのは,ニーチェが預言的世界観を持ち,賤民による支配を恐れると同時に,その構想がきわめて階層的な秩序構造を持つこと,新しい「超人」の新たな使命についてである。「超人」は,階層社会における新たな貴族であり,命令するよう宿命づけられた者とされている。

　しかし,新たな貴族が自らを確立し,その素性を明らかにし,義務を果たすまえに,諸価値の転換が必要とされる。早くも『ツァラトゥストラ』では,この価値転換の内容について,いくつか決定的なことが述べられている。その一つがキリスト教への信仰とその救済思想をきっぱりと放棄することである。「まこと人々が救世主と呼ぶもの,この荒れ狂う嵐よりも偉大でいっそう気高く生まれついた人間たちがこの世には存在している! そして君は,兄弟たちよ,もし自由への道を見つけようとするなら,あらゆる救世主によって救済されるまえに,何よりもまず彼ら偉大なる者たちによって救済されなければならない」【訳注72】。さらに,「かつて人々は,はるか隔たった海を眺めて『神』と呼んだ。しかし私は,君にそれを『超人』と呼ぶよう教えてきた」【訳注73】。「神は,あくまで想像されたものにすぎない。しかし私は,そうした君たちの空想が現実として思考可能なものとなるよう制約を加えてきた」【訳注74】。

第6章　ニーチェと破局

「君たちが世界と呼んでいるものは，君たち自らが創造すべきである。その新たな世界こそ君たちの存在理由，君たちの似姿，君たちの意志，君たちの愛，そして君たちの喜びとするのだ！」【訳注75】。しかし，もし自分自身が創造者であったとしたら，次のような疑問が生じるはずである。「君は，君の考える善と悪を君自身に適用し，この君の意志を君自身の考えに勝る掟としてとして掲げることができるか？　君は，君の掟それ自体の裁判官であり，復讐者であることができるか？」【訳注76】。「人々が善や悪として信じているものは，私にとって古代の力への意志を露わにするにすぎない。……善悪が不朽だって，そんなことはあり得ない！　それらは，果てしなく自らを超克していかなければならないのだ」【訳注77】。「善悪の創造者たらんとする人間は，まずもってもろもろの価値の破壊者，粉砕者でなければならない。したがって，もっとも偉大な悪は，もっとも偉大な善の一部である。そして，かくあることこそ創造者への道なのである」【訳注78】。「諸価値の変換。それが創造者の道である。……創造者となる人間は常に破壊者なのだ」【訳注79】。「善と悪を創造したのは，常に慈愛の人であり，創造者であった。愛の炎はあらゆる美徳の中で輝いている。すなわち，あらゆる名前の中に怒りの炎が揺らめいているのと同じように」【訳注80】。「おお，兄弟たちよ，今日日あらゆるものが流れ去ってしまったのではないか？　あらゆる防護柵や足場は，もはや水の中に落ちてしまったのではないか？　いまさら誰が『善』や『悪』に執着するのか？　教えてくれ，兄弟たちよ，いつでもどこでもいいから！」【訳注81】。「しかし私は，こう言うだろう。すべてが崩れると言うのなら，とどめの一撃をくれてやれ！」。

　ニーチェは，伝統的道徳に反して次のように教える。「汝隣人を愛すべしという教えは，君にとってもはや良い愛ではない。君は君自身を放り出して隣人へと飛び移り，そのことを新たな美徳としている。しかし私は，君の言う『無私』とやらを始めから終わりまで見ることができる。『汝（Thou）』という言葉は，『我（I）』という言葉よりも古い。『汝』という言葉は聖別されているが，『我』という言葉はいまだそうではない。それゆえ人は，隣人に執着するのである」【訳注82】。同情については次のように言われる。「すべての偉大な愛はこのように話し，許しや哀れみさえも乗り越えていく。……おお，情け深いこ

と以上に愚かなことが世界のどこにあるだろうか？　自らに対する哀れみを越えるものを持たないすべての愛する者たちに対して哀れみを！……あらゆる偉大な愛は哀れみに勝る。というのもそれは、もっとも愛される者を創り出そうとするからである。私は、私自身を私の愛に捧げる。そしてまた私の心の中にいる私の隣人をも私の愛に捧げる。それが創造者という者の言葉である。創造者は厳しくなければならない」【訳注83】。ニーチェは「太古から呪われてきた三つの悪」【訳注84】について次のように述べている。「肉欲——衰えた人々にとっては甘い毒であるが、シシの意志にとっては重要な強心剤であり、うやうやしく蓄えられたワインの中でも最高のワインである。……肉欲——しかし私は、私の思考や言葉を生け垣で囲おう、ブタや残飯漁りが私の庭へなだれ込んで来ないように。……支配欲——大いなる嘲りの恐るべき教師、それは街々やもろもろの帝国に面と向かって説教する。『汝去るべし！』と。それは相手が『我去るべし』と叫ぶまで続けられる。……支配欲——それは、純粋な人々や孤独な人々のまえにさえ魅惑的に立ち現れ、そして高みに住まう慎ましやかな人々のもとにまで登っていく。地上の楽園をまだらのばら色の恍惚で満たす愛のように光り輝きながら。……おお、そこに、そのような憧れに対して正しく、尊敬に値する、洗礼の名がある！『与える美徳』とは、かつて名づけようのないものにツァラトゥストラが授けた名前であった。そしてそのときこそ、彼が我欲を称えた最初のときであった。力強い魂から湧き出す全体であり、聖なる我欲。……そうした喜びは、自らの『善』や『悪』によって自我を神聖な木立の中に保護する。それは、自らの喜びを表すいくつもの名においておのれの中から卑劣なものすべてを放逐する。それは、臆病なものすべてを放逐し、曰く『悪、それは臆病だ！』。その憎しみは、常に心配を抱える者、ため息をつき、うめき声を出す者、ささいな利益をこせこせ追う者へと向けられる。……その憎しみと憎悪は、自らを守らない者、毒を含んだ唾液やいやらしい視線を飲み下す者に向けられる。つまり、あまりに辛抱強い者、苦悩する者、満ち足りた者に対してである。というのもそれは、奴隷の仕儀にほかならないからである。彼らは神々や神々の足蹠のまえであろうと、人間たちやその人間たちの意見のまえであろうと奴隷なのである。我欲は、あらゆる奴隷根性に唾を吐きかける、これこそ祝福された我欲！」【訳注85】。

第6章　ニーチェと破局

　これら山上の垂訓に反する教えは，壮大な構想に基づいており，のちの著作でも心理学的，理論的，哲学的，詩的に拡大されている。『ツァラトゥストラ』は二部構成だが，その教えは全編を貫徹し，どちらにも等しく影響を与えている。一つは，すでに言及した，循環的な生成，消滅，再生についての言及である。同時にそれは，ツァラトゥストラが自身の考えと格闘した軌跡である。もう一つが，丁寧で，とても情け深い暇乞いが彼ら真実の同時代人たちへなされることである。彼らは，ニーチェが「高貴な」人間と呼ぶ，はっきりと区別され，「賤民」という言葉のつくものをすべて見捨てた者たちである。そこでは，二人の王，勤めを終えた老教皇，魔術師（あるいは詩人や俳優），良心的精神をもつ人間など様々な類型が提示されている。良心的な人間は，ヒルに血を吸われながら，ヒルの心がわかるまで吸うに任せ，こう述べている。「何事も中途半端に知るよりも，何も知らない方がまだましだ」【訳注86】。また，醜悪な人間，神殺しも登場する。「神は死ななければならない，人間はもとよりすべてを見そなわす神は！　人間は，そんな目撃者が存在し続けることに耐えられないのだ。……神は，人間の奥ばかりでなく闇を，心の奥底に隠し込んだ恥ずべき行為と醜悪さを見たからだ」【訳注87】。牛馬の中に避難所を求め，自ら乞食に身をやつした者も登場する。「いったい何がもとで，私は自ら貧しき者の中でももっとも貧しい者になったのか？　それは富める者への嫌悪ではなかったか？　賤民の際限のない欲望，不愉快な妬み，辛辣で粘着質な復讐心，傲慢，これらすべてが目に飛び込んできたからである。貧しき者にこそ祝福を，とはもはや真実ではない。天上の王国は，これら雄牛とともにこそある」【訳注88】。そして最後には，ツァラトゥストラ自身の影さえ登場する。影は言う。「汝とともに，私は，もっとも遠く，もっとも寒い世界をさまよったのだ，まるで冬の屋根や雪に現れるあの幻影のように。汝とともに，私は，禁じられたこと，もっとも悪しきこと，もっとも忌み嫌うべきことへと突き進んできたのだ。もし，そうした私に何がしかの徳があるとすれば，私はもはや法を恐れないということだ。……汝とともに，私は，言葉と価値と大いなる名称への信仰を忘れた。……『真実など存在しない，すべては許されている』，私は自分にそう言い聞かせた。思わず私は，氷のように冷たい水の中へ頭を突っ込

んだ。……いったい私には何が残されているのだろう？ 倦み疲れた心、移ろいやすい意志、ぐらつく翼、砕けた背骨か。……私の家はどこだろうか？ 私はそれを求め、探し回った。しかし、見つけることはできなかった。おお、永遠に、どこにでもあると言えばあり、どこにもないと言えばない、永遠なる徒労！」【訳注89】。かく語る高等な人間とは、ニーチェが克服し、また拒絶してきた彼自身におけるおのれが部分的に姿を現したものである。ツァラトゥストラとは、受苦と悪とを主張してやまない真に高等な人間あるいは生命のディオニュソス的見方という教えによって自らを慰めるニーチェの分身なのである。

しかし、現実における今日の高等な人間たちは、ツァラトゥストラの教えを完全には体現していない。そのため私たちは、それに続く想像を絶した光景を理解しなければならない。「彼らの五体には、聡い耳が欠けている」、そして「彼らの中には、ひそかに蓄群が隠れている」。その結果、高笑いする若いシシが現れる。シシは、その頭の周りにハトの群れを羽ばたかせながら、腰を下ろし、あごを肘に乗せ、恐ろしげに教えを触れ回っている。「シシが来た。私の子どもたちが近くにいる、ツァラトゥストラは十分に熟した、私の時がやって来た！ これぞ私の朝、私の昼、始まりの時である。さあ、来い、来るがいい、汝、大いなる正午よ！」【訳注90】。

このように、大いなる正午という考えは、ある種の陶酔から導き出されている。そのため、それは、永劫回帰というきわめて難解な教説を背景としてはじめて適切に理解できる。この永劫回帰こそニーチェが自身の根源的体験と認識していたものである。永劫回帰という教説の科学的根拠については、ニーチェがこれを最初に閃いた直後の1881年には早くも言及されている。しかし、その追求は私たちの主目的ではないので、簡単に指摘するにとどめる。そのことについて『ツァラトゥストラ』では劇的に昂じた、しかしどこか懐疑的な調子で書かれた二か所[1]の言及を見ることができる。これがニーチェにとってどれほど重要な精神的意義を持っているかについては、おそらくそれを支える二つの事柄からはっきりと理解することができる。まず一つめが啓示的着想である。「そして、この世のあらゆる物事は、お互いに強く結びつけられているので、時間におけるいまこの瞬間というものは、まさにいまこの瞬間以後に起こるあらゆる出来事の原因となるのではないか？ それゆえに、いまこの瞬間

また，いまこの瞬間という自分自身の原因でもあるのではないか？……私をとらえているこの因果の連なりは，いつまでも続く，そしてまた私を再度創造するのだ」【訳注91】。二つめがニーチェ本人の体験という事実であり，こちらが私たちの関心事である。ニーチェは，あらゆる事象を力への意志と見なし，その体験をもとに生命の終末論的な見方を粉砕すると言うことができた。「私自身，永劫回帰という因果の連鎖に属する一つの因子である。……私は再び現れる，この太陽，この大地，このワシ，この大蛇とともに。この回帰は，また別の新たなる生，また別のよりよい生，あるいはまた別のいまと似たような生をもたらすのではない。この回帰では，いまここにおり，こう考えているこの私自身が未来永劫に現れ続けるのであり，このいまを生きている私と同じ生，私における最大のことも最小のことも含めまさに寸分違わぬ私の生が回帰するのである。万物を支配するこの永遠の回帰を再び教えるために，大地と人間の大いなる正午を再び語るために，そして人間たちに超人を再び告げるために」【訳注92】。それゆえ，大いなる正午とは，万物が永遠に回帰する中で，超人という教説が，必然的に，力への意志の働きによって告げられ得る，あるいは告げられなければならない瞬間である。ここで言う「られ得る」及び「なければならない」という言葉は，意味の上でお互い矛盾しているのではなく，一つのもの，同一のものなのである。

　ここでは，いま私たちが直面し，またニーチェ本人もよく承知していたすべての知的，精神的問題を論じるわけにはいかない。『善悪の彼岸』及び『道徳の系譜』についても同様である。これらは，『ツァラトゥストラ』と同時期の1885年から1887年にかけて公刊され，力への意志に関する社会学的，哲学的，心理学的な根拠を論じたものである。しかし，それについては，同時代の民主化や人類愛の普及に対し激しい拒否感を提示したものであるとだけ述べておく。「生命とは，本質的に，専有，侵害，すなわち弱者や他者を圧倒していくことである。鎮圧，過酷さ，つまり力ずくで自分自身の型を他者に押しつけることであり，相互殲滅，あるいは優しい言い方をしたとしても，搾取と言うほかない……というのも，結局，厳密に言って，生命とは力への意志そのものだからである。他人から搾取するということは，何も堕落した，あるいは不完全な，または原始的な社会の専売特許ではない。搾取とは，生命それ自体の本質に

とって必要欠くべからざる部分，有機的な根本要因なのである。つまり，搾取とは，生命それ自体に生来具わっている力への意志の帰結であり，端的に言えば，生命そのものを衝き動かす意志そのものなのである。たしかに，こうした理論は珍しいものではあるだろうが，現実に生じている事実を見れば，有史以来歴史を貫徹する基本要因である（少なくとも，この事実に関しては素直に認めようではないか）」【訳注93】。また『道徳の系譜』では，次のように述べられる。「支配と隷属が生命における紛れもない真実であるとすれば，『道徳』とは生命という現象がよって立つ力関係から生み出された一つの教説と理解すべきである」【訳注94】。となると，道徳は完全に相対的な問題となり，ニーチェの考えには当たり前のように「支配者の道徳」と「奴隷道徳」という二つの道徳が登場する。こうした考えから「道徳における奴隷の反乱」ないしこの反乱における道徳が有する心理学的基礎についての有名な教説が生じるのである。そのことについて深入りする必要はない。ニーチェが言うには，道徳における奴隷の反乱は，キリスト教から始まったのではなく，ヘブライ人の預言者から始まり，「キリスト教徒の遺産」である民主主義に向かう運動において継承されてきたものだ，ということを思い起こせば十分である。この遺産により，自己統治の権限を持つと公言する畜群の道徳が創出された。すなわち，「主人という概念も奴隷という概念も二つながら廃止する。『神もない，主人もない』とはある社会主義者の公式である」【訳注95】とニーチェが言うものである。ニーチェ曰く，これこそ今日のヨーロッパを支配している畜群道徳である。この種の道徳は，『道徳の系譜』では支配者へと向けられた「ルサンチマン」の道徳，「飽くことない憎悪の醸造釜」【訳注96】の道徳として描かれ，「悪（evil）」という概念の根拠となった。この道徳は，かつては育ちのよさ，高貴さ，強さといった「よい（good）」という概念を意味しており，その反対概念として，育ちの悪さ，凡俗，弱さといった「わるい（bad）」という概念が存在した。ところがこの畜群道徳は，弱さに由来しているので哀れみや同情の道徳に転化する。ここまで来て，ニーチェが文明への馴化を毛嫌いしていること，および彼の諸物に対するディオニュソス的見方が，その「貴族政への意志」とともにはっきりと理解されるのである。ニーチェは，実際次のように述べている。畜群道徳を実際に存在し得る唯一の道徳と考えるすべての擁護者は「苦悩が生命と不可

第 6 章　ニーチェと破局

分であるという点において，哀れみと同情という彼らの宗教において結びついているだけではない（ここで言う哀れみや同情とは，下は動物から上は神に至るまでを対象とする。もっとも神に対する哀れみや同情などという考えは，この民主主義という思想が蔓延する時代の特権であるが）。彼らはまた，苦悩に対する悲嘆，焦燥，死ぬほどの苦しみという点で結びついており，苦悩の傍観者であり続けることも，苦悩する者を苦悩するままに放置しておくこともできないというほとんど女性的な無力さを示す。すなわち，あらゆるものに対してあまりに無自覚なままの女々しさにおいて共通しているのであり，この無意識の女々しさに支配されたヨーロッパは，新たな仏教に脅かされているように見える」【訳注 97】。「その結果として，多くの堕落した人間が生じる危険がある。しかし実のところ，それは，私たちがいま目にしているうすのろで，馬鹿な社会主義者たちの言う未来の人間，理想の人間にまで貶められたものである。すなわち完全なる群居動物にまで矮小化され，格下げされた人間である（ところが，社会主義者たちに言わせると，それが自由社会の人間だそうだ）。このように人間が平等の権利と要求を持った正真正銘の小人となるまでに動物化するということは，可能なのだ。それはまさに疑いようのない事実なのだ」【訳注 98】。「しかし」と，ニーチェはディオニュソス的見方から説き続ける。「人間，この創造物の中でももっとも英雄的にして，かつ苦悩に慣れ親しんだ存在は，その本来的次元において，決して苦悩を否定するものではない。むしろ人間は，苦悩を意志し，自ら捜し求め，自らの中にその理由が，すなわちいったい何のために苦悩を忍ぶべきかという理由が示されていると立証する。中世における禁欲の理念は，このことを目に見えるかたちで表明したものにほかならない。キリスト教徒たちは，原罪や罪，あるいは後ろめたい良心といった観念によってどれほど自分を責め苦しめてきたことか！　自分を苦しめる，まったくそれは，奴隷道徳の極致，人間の長きにわたる殉教，2000 年にもわたる惑乱と言わずして何と言おう」【訳注 99】。

　支配と秩序に責任を持つ階級に流れる本源的な支配者道徳や 2000 年にわたる惑乱の道徳として私たちが知っていることと言えば，次のようなものである。「支配者の徳に合致する『善き者』とされた者，すなわち精神的な貴族，あるいは『気高き者』とされた者，すなわち精神の上でよき血を引く者，精神の上

で自らを特別だと思う者，これらはみな純真潔白である。一方，それに反して『悪しき者』，すなわち賤民の徳と合致する者は，凡俗であり，劣ったものである。それは『社会の範疇に含まれる』ことを軽蔑する者の道徳である。彼らは，猛獣の純粋無垢な良心へと立ち返り，自らを創出し，また常に社会の外側へ踏み出してきた。彼らは，高邁な精神のもとに，高笑いしながら不埒な殺人，放火，強姦，拷問をやめようとしない怪物である。その有様は，あたかも学生が馬鹿騒ぎをやらかすように気楽である。……」【訳注100】。「これらすべての貴族的種族の根底に，われわれは猛獣を，獲物と勝利を求め徘徊する，ほれぼれするほど見事な金毛獣を見失ってはならない。……この隠れた核心は，時々はけ口を必要とする。野獣は解き放たれなければならない，鬱蒼たる大地へと戻さねばならない。ローマ，アラビア，ドイツそして日本の貴族たち，ホメロスの英雄たち，スカンディナヴィアのヴァイキングたち，彼らはみなこの衝動を抱えている点で同類である」【訳注101】。

　おそらく，ニーチェ自身もこの「前道徳時代の」道徳にまで完全に戻ろうと望んでいるわけではない。とはいえ，ニーチェは，繰り返しこう述べる。「ああ，せめて一目だけでも，何がしかの恐れるに値するものを見せ給え。何か完全なもの，極限までたどり着いたもの，何か恐るべきもの，すさまじきもの，勝ち誇ったものを」【訳注102】。「われわれは，あらゆることが衰弱しつつあり，ますますばかばかしいもの，善き性質のもの，月並みなもの，無関心，中国人，キリスト教徒へと近づくばかりであることを感じている。人間は，疑いもなく，より善きものへと近づきつつある。ここにこそヨーロッパの悲運がある」【訳注103】。そのため，「こうした人間の状況を見た者の心は病んでしまう。これをニヒリズムと言わずに何と呼べばよいのか。われわれは，もはや人間そのものに対して疲れ果ててしまった。われわれは，人間を越えていかねばならない」【訳注104】。「物事をまた別の方法から眺めることのできるわれわれにとって，冷酷，無慈悲，隷属，街路や心に潜む危険，秘密，禁欲，あらゆる種類の魅惑や悪業，また人間におけるあらゆる悪，怖れ，獣性そして大蛇のようなものは，善と同じだけ人間という種の向上に寄与していることを知っている。このことは，どんなに言葉を費やしてもたりないぐらい重要である。われわれは，自分が……あらゆる現代的イデオロギーや畜群的願望のまさに正反対の地点に

立っていることに気づくのである」【訳注105】。

　そうだとすれば，ここで問題となるのが，ニーチェの言う「貴族的人間」あるいは孤独な者，つまり存在に意味を付与する者，超人への一里塚とされるものをどのように創出するかということである。ニーチェは，大まかにではあるが，すでに心のなかで暖めていたものを『ツァラトゥストラ』や『善悪の彼岸』で明らかにしている。これらを見ることで，こうした概念が，ニーチェの西欧化や民主化に対する恐怖によって，あるいはまた負の側面に対する，すなわち二重のディオニュソス的意味で理解された生命における受苦の側面に向けられている，現代人たちによる洗練された悪魔祓いに対するニーチェの警告にどれほど影響を受けているかを知ることができる。『ツァラトゥストラ』で論じられた多くのことが，『善悪の彼岸』の「高貴とは何か」という節では，反動的な仕方でなく，知的蘊奥を尽くしながら述べられる。別の文脈によく見られるように，ニーチェが殉教者や高貴な魂を包囲する，退化という内的な危険について論じながらイエスについて言及するとき，その立場は心理学的にはとても微妙である。「イエスの一生について言われる神聖な寓話や際立った出来事のもとには，愛についての知識のもっとも悲痛な実例の一つが隠されているかもしれない。それは，もっとも純真で，もっとも熱烈ではあるが，決して十分に人間を愛することのできなかった心である。すなわち，愛しまた愛されること以外何も要求せず，それも彼の愛を拒む者には誰であっても冷酷で，狂気じみた，怖ろしい憤怒をもってそう要求したのである」【訳注106】。あるいはまた，ニーチェはこうも言っている。「いと深き苦悩は，人間を高貴にする。それは彼をして他の者とは違った人間にする」【訳注107】。

　ニーチェによれば，貴族的人間におけるこの内的分裂は社会的に正当化され，「距離のパトス」【訳注108】へと高められる。同時に，彼が繰り返し言うには，貴族的徳を有する支配者とその被支配者，すなわち「群居動物」とのあいだにある溝は，埋められるのではなく，むしろ反対に拡大されるべきである。このようなニーチェの言を聞くとき，こう思わざるを得ない。すなわち，ニーチェは，社会主義や民主主義に対してあまりに安直な風刺をなし，人民という大衆を単なる「畜群」（彼らは著しく「女々しい」ということになっている）として厳しく烙印を押している。こうした拒絶の必要性に対する病的なまでの誇張は，

おそらくニーチェ自身における「ルサンチマン」によって補強され、さらにこの感情はニーチェが描き出すほとんどすべての系統の人間に適用されている。そして、ニーチェの生命に対するディオニュソス的構想を助長しているこうした恐怖症は、苦悩に対する断固とした支持を打ち出すと同時に、必ずしも「わずかな善と甘美な超越性」を排除せず、ディオニュソスの口を通して次のように語られる。「『しばしばわしは、どうすれば人間を前進させ、いまそうである以上に強く、深く、いっそう道徳とは無縁のものにすることができるか考えてみるのだ』。『より強く、深く、道徳とは無縁にですか？』私は、恐怖に駆られながら尋ねた。ディオニュソスは、繰り返した。『そうだ。より強く、より深く、そしていっそう道徳とは無縁に、そしていっそう美しく』と」【訳注109】。

　「偉大なる隠れた神、優しき神あるいは良心に対する生まれながらの罠」【訳注110】、すなわち私たちに生命における苦悩の側面を肯定的に断言する神にとりつかれた者としての「心情の天才」は、それゆえ、（ニーチェの言葉で言えば）人類が進歩するには、人類そのものを悪しき者にしなければならないと固く信じている。こうした信念は、ニーチェに顕著な、かつそのもっとも重要な文明への馴化への反発という恐怖症の側面からはじめて理解できる。というのも、悪しき者を生み出すということと、苦悩に対してより肯定的な、すなわち苦悩を克服する人間を生み出すことは、明らかにまったくの別問題だからである。むしろ、後者の苦悩を克服する人間を生み出すということこそ、生命のディオニュソス的見解本来の意味であろう。

　ここでいったん議論を整理しておこう。ディオニュソス的教説は、60年代、70年代に一世を風靡したブルジョワ世界観への崇拝に対抗して現れ、生命が失っていた深遠を再生させると同時に、この深遠を光と闇の混合物として示すものであった。この教説は、「善悪の彼岸」に立とうとする人間によって道徳の言葉として説明され、従来否定的にとらえられてきた諸価値を根本から再認識する要求へと変化する。これを踏まえた上で、これまでの議論を再確認すると、次のような事実がくっきりと浮かび上がる。すなわち、極端な主観性、道徳的諸価値間相互の関連づけ、さらにこれらの諸価値を客観的な絶対者へと結びつけることである。にもかかわらず、これらに対するニーチェ本人の態度は、決して一貫しているわけではない。

第6章　ニーチェと破局

　19世紀後半，道徳主義はある理由から公の場で議論されることがなかった（フリードリヒ・テオドール・フィッシャー（Friedrich Theodor Vischer, 1807～87）曰く，「道徳は理解されるのではない。道徳は自らを理解する」）。しかし，権力崇拝が真剣に語られるところ，とくにドイツでは，あらゆる道徳は，物事をより近視眼的に見ようとする人々，とりわけ教養ブルジョワによって主観的で，相対的なものとされた。一方，台頭しつつあるプロレタリア世界では，その宣伝者が広める行為規範という点で，18世紀の絶対的倫理概念が素朴に信じられ続けた。そのため，そこではこれらすべての概念が，それゆえまたあらゆる道徳がマルクス主義の唯物史観によって「正体を暴かれ」，「階級イデオロギー」として宣告されることになった。その結果，相対主義がかくも流布したのである。ニーチェはマルクス主義についてほとんど言及しなかったが，『道徳の系譜』はある点でマルクス主義と似ている部分がある。それは，階級にはそれぞれ固有の道徳があるということ，すなわちニーチェの言葉を用いれば，主人の道徳と奴隷の道徳があるということである。このように道徳が相関的なものと考えられたのは，道徳から18世紀の痕跡をすべて取り去ろうと熱心に追求したためである。さらに，ここで言う道徳は，きわめて主観的なものである。新しい「超道徳性」を生み出すとされる支配階級において社会的状況と言えば，すでに言及した「訓育と育成」を意味する。だが，ニーチェによると，この階級が持つ道徳ないし特有の姿勢は，自然と身につくもの，すなわちこの階級に所属するという社会的地位から機械的に生じるわけではない。それらは，あらゆる生命が意志に基づいており，その意志の根底には力への意志が存在するという理由から，この支配階級が自ら生命とそれを貫徹する力への意志を自明のこととして自ら意志することで獲得され，またニーチェが彼らに向けて教え諭すべき基本原理とされている。この原理は，新たな貴族，すなわち創造者が創り出す新しい価値から構成される。「全世界は，これら新しい価値によって創り出されたものの周りを神秘的に，静かに回転するのだ」【訳注111】。

　この考えは，主意主義的主観論に固執しているのだろうか。断じて否である。『ツァラトゥストラ』ですら，悪も決して欠かすことができないとされ，誰もが持つことのできる，また実際に持つべきとされる「悪魔」の話が出て来る。また『善悪の彼岸』でも，ニーチェは，そうした生命における「悪の」情動，

すなわちあらゆる絶対的資質として力を得るための憎しみ，妬み，強欲，欲望についてはっきりと言及している。一方，精神的，知的「清潔」は，貴族的徳としてだけでなく，絶対的衝動として賞賛されている。それどころか，これらはニーチェの言動全体に滲み出ており，彼自身の運命にも決定的な影響を及ぼしてさえいる。それゆえ，相対主義や主観主義の罠にかからなければ，ニーチェの著作の背後に客観的価値が存在していることに，それもとても強力なものであるということに気づくだろう。そこには，肯定，否定を問わず様々な価値が，私たちの言葉を用いれば，ニーチェ本人に体現される力強い肯定や否定という「客観的な力」が存在しているのである。彼の心の中で価値転換とともに進行しているのは，実際には次のように単純なことなのである。すなわち諸価値の転換，あるいは人間内部に存する一定の客観的力に合わせ諸価値における力点を調整することがそれである。とくに後者については，たとえば主人の道徳，奴隷の道徳などのように，個別に強調ないし切り捨てられることで様々な社会的バリエーションが生まれ得るということがその核心である。そこには，ニーチェがいつも強調するように，様々な種類の哀れみや同情が存在することは間違いない。たとえば，ニーチェは，豊かな心からあふれ出してくるような種類については容認し，内部の衝動からこみ上げて来るわけではないもの，あたかも道徳的義務感であるかのように偽装するものについては否定している。人間社会における哀れみや同情といった感情は，程度の差こそあれ，上記いずれかの種類に属する。しかし，哀れみの根源的内容をなす絶対的に超個人的で，客観的基盤，すなわち人類愛という超俗的な哀れみに対する資質という点で絶対的に超個人的で，客観的な基礎，すなわち人類愛という価値の俗世を越えたところにある調和は，相対主義の影響をまったく受けることなく保たれている。むしろ問われるべきは，それに対してどのような種類の発展の仕方が許されるか，ということのみである。このことについて，「貴族的」という概念において考えられる限りの「距離のパトス」を強調すること，あるいはまたニーチェが並々ならぬ熱意をもって広く大衆の中に正真正銘の「裂け目」を開こうとすることは，まぎれもない事実である。それゆえ，これらの方法には，私たちが人類愛と呼ぶものは，最低限しか含まれていない。しかし，高貴さと本当の人類愛というものは，本質的には，コインの表裏にすぎない。ギリシア

第6章　ニーチェと破局

悲劇は，運命と，力強い人類愛(ヒューマニティ)を持った高貴な心のあいだに生じる格闘を示す好例である。また，今日騎士的ないし騎士道と呼ばれているものは，幸運なことにいまでも紳士という理念のなかに名残を残しているが，高貴さと，キリスト教が世界にもたらした実践的人類愛(ヒューマニティ)との結合物にほかならない。

このことについては，のちに論じるとして，議論を進めよう。

ニーチェは，これまで議論してきた点で，90年代の青年たちに多大な影響を及ぼした。この90年代というのは，19世紀に一つの結末をもたらすと同時に，ヨーロッパと世界にとって最初の災厄の先触れとなる，矛盾に満ちた時期であった。ニーチェの著作がこの90年代という時期にどんな影響を及ぼしたかについては，改めて論じよう。

しかし，ニーチェは，本人の意図とは別に，戦間期に頂点に達するもう一つ別の，違ったうねりを引き起こすことになる。ニーチェが一般に受容されることで生じた，その深遠で，婉曲的に言えば，運命的影響を持つこのうねりを理解するには，ある著作に留意しなければならない。すなわち，ニーチェの考えがそこではじめて実践的表題へとまとめられた『権力への意志』である。この著作は，彼の死後，20世紀の幕開けと同時に公刊され，これまで論じてきた彼の著作からすれば，おおよそ15年後のものである。この書は，ニーチェが病魔に襲われる数か月前に書かれ，誇張や不節制を含んでやや放埓な印象を与える『偶像の黄昏』や『反キリスト者』よりもきわめて重要である。というのも，この書ではニーチェの・い・の・ち・の・終・わ・りを考慮しなくてよいからである。

『権力への意志』は未完の書である。その枠組みの多くについてはニーチェ本人が構想し，彼の意を継ぐ人々が遺稿を完成させ，ニーチェの死後出版された。そのため，この書の調子が終始穏やかであることについては，本人の手によるものなのか，本人の死後に手が加えられたのかわからない。しかし，こうした経緯からか，この書は全体としてよくまとまっており，思想については新しく，また哲学的根拠を持った強調が用いられている。その最初と最後の節では，ニーチェの初期思想の多くが論理的な結論へと達しており，たしかにきわめて慎重な判断を要するものではあるが，そこにはニーチェの意図が忠実に再現されているものと考えてほぼ間違いないであろう。また，そこに登場する，ニーチェの意図と関連するであろうディオニュソス賛歌は，彼が心の中

でこの書の激しい内容といかに格闘していたのかを如実に示している。たとえば，ニーチェ本人が「第七の孤独」と呼ぶものを祝福しようとしたこと（「魚のように銀色に輝く私の小舟が，はるか彼方へと漕ぎ出す」）や，「きらきら輝く星が，はるか彼方から私の方へゆっくりと沈んでくる」といった言葉を一目見ただけでそれが確認できる。ニーチェ自身，もっとも集中的に仕事をこなした時期，すなわち 1888 年の春，この書について次のように述べている。「私は，ほとんど毎日 2 時間を費やし，自身の構想を隈なく検証しようと躍起になっている。そこには，とてつもなく豊饒な問題が 1 行ごとに眼前に現れ，解決を待っている」。それは実際にとてつもない構想であり，ニーチェ本人も序言で確信をもって次のように述べている。「大いなることは，われわれがそれについて沈黙を保つか，あるいはぺちゃくちゃと吹聴するかいずれかを要求する。すなわちシニカルに，無垢にということである」【訳注112】。ここまで確認したなら，実際に以下のことを検証しなければならない。まず，それが正しく理解されているか，あるいは，広く見られるように，誤読されているかを含め，このニーチェ告別の著作がどれほど決定的な影響を及ぼし得たかということ。次いで，この書の形式は，初期の著作に比して明らかに異なるが，この逸脱とも言える違いは作為なのか，つまりその決定的な結論に何がしかの影響を与えようとしたのかということ。最後に，ニーチェはこの書に「1000 年の長きにわたる」将来の案内人としての役割を強く望んでいたにもかかわらず，彼の著作の中でもきわめて時代拘束的なものであったということである。よって，その良し悪しは別として，序言にあるように「シニカルに」，「無垢に」語ろうとするニーチェの意図を忘れてはならない。

　『権力への意志』では綿密な議論に加え，中核的理論として私たちが「世界」と呼ぶ経験に関する解釈が論じられる。ここではその詳細に立ち入ることは避け，次のように要約するにとどめておこう。すなわち，この書が強く主張するのは，この世には「存在」ではなくただ「生成」のみが存在する，そしてこの「生成」こそ私たちが世界と呼ぶものの解釈を可能にする唯一のものだということである。この「生成」とは，力のモナド【訳注113】，あるいは力の量子と呼ばれるものによる不断の闘争である。ここで言う力とは，物理学ないし化学における機械的な力を意味するのではなく，何らかの「擬似生命体」と考

えなければならない。それは，力への意志における焦点ないし量子と考えられている。「世界」を構成するこれらすべての力の焦点は，絶えず互いに衝突を繰り返しており，その行動は，拡大しようとする意志によって統制されている。その意志とは，あるものがほかのあるものを圧倒しようとする意図である。生命体とは，こうした格闘の顕著な一例，この力の変動過程における一機能にすぎない。あらゆる生命体は，同様の力の焦点から構成される一つの階層秩序である。このことを，人間という特殊な生物の事例で検討してみよう。人間というのは，きわめて不完全である。ニーチェ自身人間を「不完全な動物」と呼んでいる。人間であることの究極的な指標，すなわち自覚作用は，実は些細なことでしかない。というのも，ニーチェに従うと，人間の中ではそれぞれが意図をもって動き，衝突し合う力の焦点が階層秩序を成しており，人間そのものはこれら衝突する力の焦点から構成されるからである。これら一つひとつの焦点が，たとえそれが意志を自覚していないとしても，集合することで，最終的には，一つの解釈を可能にする実存的な統一体をかたちづくるのである。意識，すなわち人間の解釈と言われるものは，いったん人間を構成する莫大な数の解釈の一つへと還元される。つまり，人間という生命体には，ただ一つの大局的知が存在するだけであり，それは，本質的には，常に力への意志である。したがって，経験に含まれる内容，すなわち時間や空間という延長概念，あるいは印象や考えといった内実の変化は，力への意志の具体的な一つの発現形態，つまり解釈にすぎず，時と場合によって変化する相対的で，論理的な，極端に言えば記号的な概念に置き換えられる。すなわち，物の形状や因果関係の連鎖といった何らかのかたちや形式を持つものは，存在とその運動という概念に変換される，あるいはすべて含まれることになるのである。とはいえ，実際のところ「存在」そのものは存在し得ず，生成のみが力の焦点による格闘に含まれている。あらゆる知識は，力への意志によって大局的方向性を与えられているので，「真理」という考えもまた存在し得ず，一般的には感覚のみが存在する。それどころか「真理とは，それなしにはある種の有機的存在が生きていくことのできないような解釈の仕方である」【訳注114】。「われわれは，自らの生命の条件を『因果関係』の述語だと考えている。しかし，『目的論』や『機械的必然論』といったものは存在しない。これらを貫徹する法則という考えは，まさ

にそのときそこで起こった出来事が別のものとしては起こり得ないということを示すにすぎない」【訳注115】。すなわち，ニーチェにとって，力への意志内部における闘争様式は，この特定の仕方を除いて存在し得ないのである。

　力への意志が「根源的な情動形式」だと考えられることから，「あらゆる他の情動」は，力への意志の精巧な作品にすぎないとする「情動の教説」が導き出される。とりわけ，快楽や苦痛といった知覚作用は，根本的なものではなく，二次的なものにすぎない。それらは一種の指針であって，力への意志を持つ特定の存在に反応して，それを容認したり，否定したりすることを示しているのである。「快楽や苦痛は，単なる付随現象にすぎない。人間がこれこれしたいと欲すること，あるいは何がしかの生きた有機体におけるもっとも小さな部分が何々したいと要求することは，力の増大である。この力の増大のためになされる闘争において，快楽と苦痛が生じるのである。あの意志の行動の結果として，有機体は抵抗を求める，つまりそれ自らに反抗する何ものかを必要とする。……苦痛とはすなわち，われわれの力への意志を阻止するものであり，力への意志が働いていることを証するもっとも基本的な要素であり，またあらゆる有機的出来事における正常な要素である。したがって人間は，苦痛を決して避けることができない。むしろそれは人間にとって不可欠なものである。あらゆる勝利，あらゆる快の感情，あらゆる物事の起こりは，抵抗が克服されたことの結果として生じるのである」【訳注116】。その決定的な理由については，すでに言及したように，ニーチェは以前，こう宣言していた。すなわち，人間の行為を規制する，または人間がそのように感じている価値というものは，すべて客観的な根拠ではなく，そう感じる人間自身によって創り出されたものである。価値とは，その人における力への意志が一つの生命形式として表出したもの，いまある力の顕現形態なのである。「諸価値をそれが有する力の観点から数的，量的尺度で計測し，科学的序列をつくることができるかどうか，実験してみるべきである。この証明を経ていないあらゆる価値は，ただの思い込みにすぎない」【訳注117】。「では，われわれが一般に価値と呼んでいるものには何が欠けているのだろうか？　その答えは簡単である。力の蓄積量と組織された力の量が欠けているのである」。このことについては，きわめて生理学的な仕方で理解されている。「最上位の価値に関するわれわれのもっとも神聖な確信，われ

われの進歩は，すなわち筋肉という審級によってのみ判断される」【訳注118】。

　その結果，複雑精緻な世界と生命に対する説明が出来上がった。それは，自然主義や相対主義の極限にまで踏み込み，常に激しい論争に曝されている「存在」という世界観，とりわけ「生成」の背後にあるとされる存在という超越的な世界観に対抗するものである。それに関する説明は，力の量の大小ないしその衝動の拡大程度という基準を用いてなされる。その目的は，自然科学における機械論，決定論，因果論を「生成」と置き換えるためである。しかし，よく注意してみると，「生成」という解釈は，ニーチェによって拒絶されたはずの自然科学における機械論や決定論，因果論などを世界全体に対する根本的解釈方式として巧妙に利用したものであることがわかる。こうした考えは，自然科学における機械論や決定論，因果論を唯一存在し得る過程である「生成」に置き換えようとするものである。しかし結局のところ，「生成」とは，力の量子の増減，あるいはその衝動の拡大縮小を活動のエネルギーとし，力への意志が作動している証しである一つひとつのモナドの闘争と同一のものである。つまり，いったい何のために，ニーチェはあれほど忌み嫌っていた同時代の自然科学から，機械論的概念ではなく，自己拡大する量子という考えを自説に借用したのか，という問題が生じてくる。しかも，ニーチェ哲学には量に関する認識こそあれ，質に関する認識は皆無である。このことは，上述した，力への意志に関する量的議論の全体に指摘することができる。

　ここまできてニーチェは，このように恐ろしいほど脱精神化してみせた世界像に，そのもっとも重要な理論的核心として，周知の，諸価値の転換において要となる道徳理論をつくり上げている。というのは，ニーチェにとって，あらゆる価値評価は，常に公然暗黙を問わず，何らかの道徳的核心を有していたからである。しかし，道徳をこのように考える限り，ニーチェの意図に表裏が生まれる。一方，彼がすでに初期作品から試みてきた「暴露」作業は，ここに来て行き着くところまで行き着いていた。道徳的価値は，ニーチェ曰く（まずここで彼が言うのは，一般的な価値についてである）「生理学的な価値と比較される見せかけの価値」である。それゆえ，ニーチェは，生理学的価値の暴露作業に加え，それらの生物学化を進め始める。他方，それに対する彼自身の態度は，次のようなものであった。いまに至るまで，道徳は必要悪であった。「いま

に」というのは，ニーチェがそうした見せかけの価値の正体を暴き，それらを意識せずに，というよりむしろそれらに抗って生きてきた「強き人間」の登場を宣言するまで，という意味である。なぜなら「もろもろの道徳は，巡回動物園と同じである。それがつくられるには，その中に捕らわれている動物にとってさえ，鋼鉄の檻がある方が自由であるよりもいっそう都合がよいということ，思い切った手段をとることを厭わない猛獣使い，すなわち熱い鉄の使い方を熟知している猛獣使いがいるということが前提でなければならない」【訳注119】。さらに，ニーチェは続ける。「道徳に公正であろうとするなら，われわれはそれらを二つの動物学的概念に置き換えなければならない。野獣を飼いならすこと，ある一定の種類の繁殖がそれである」【訳注120】。実際，「われわれの精神における弱点は，主としてわれわれの良心を解剖することですでに判明している。それゆえ，われわれは深く感謝しなければならない。もろもろの道徳がすでに完成しているということに。しかしいまや，それらの道徳は何としても災厄を引き起こさずにはいない強制となった。これら道徳それ自体が，われわれをして道徳における道徳性を正直に否定するよう仕向けているのである」【訳注121】。

　ニーチェの推論を受け入れるなら，きわめて強力な知的根拠となるだろう。それは，やや誇張すれば，あらゆるものを一掃するほどの威力を持っている。しかし，あまりに何でも簡単に片づけすぎるのだ。こうした土台の上に，ニーチェにとってもっとも大事なもの，意志を持つ人間が打ち立てられる。これこそニーチェが生きた時代性をその身で証明するものであると同時に，現実に対する予言ともなったものであった。

　『権力への意志』の導入部は，この書の最後，予言的な部分が行動の理論であるのに対し，本質的には，ニーチェが同時代のヨーロッパにおけるニヒリズムの理論と歴史について解釈を加えたものである。そこで述べられる大部分のことは，すでにニーチェの初期作品においても陰に陽に見ることができる。しかしニーチェは，『権力への意志』執筆時点で円熟期を迎えており，多くの新たな見解や，とりわけ（力への意志という熟慮を経て出来上がった理論によって）この書の終わり部分に登場する，実践的な意味をもつ多くの誇張の修辞を書き残している。そのうち，何が，どのようにニーチェの心に思い浮かんだかを理

解するには，ニーチェがとった拒絶という根本的態度についてもう一度考えてみなければならない。

　全体的に見て，ニーチェの同時代に対する分析は，やはりその時代による拘束を受けている。ニーチェは，当時を分析して，それが現実に生じている，あるいは潜在的なニヒリズムの一つであると述べた。その際ニーチェは，もともとフリードリヒ・ハインリヒ・ヤコービ（Friedrich Heinrich Jakobi, 1743～1819）が1799年にフィヒテ（Johann Gottlieb Fichte, 1762～1814）を評した言葉を用い，またロシアのニヒリズムが派生的なものにすぎないと論じている。しかしニーチェが言うように，精神的には，私たちはみな，すでに空虚を眼前にして立っているか，いままさにそこに立とうとしているのであって，この分析は今日の状況にもぴたりと当てはまる。ニーチェは「ニヒリズムとは何を意味するのか？」と問い，こう答える。「それは，最高の諸価値が価値を引き下げられることである。そこには目的もなければ，われわれの問いに対する答えもない」【訳注122】。道徳的価値判断があらゆる高度な価値の基礎であり，またニーチェが前者の破壊を自らの主要任務としているという2点から，彼は，自身をニヒリズムの代弁者であると考えると同時に，彼自身の表現に従えば，そのときに至るまでずっとニヒリストであることを自認してきた。ニーチェによると，19世紀のニヒリズムは本質的にはまだ崩壊の過程であって（私たちもまた，ニーチェが考えたように，このニヒリズムがさらに発展するのか克服されるのか考えなければならない），それゆえ，自らをそれに対して自覚的に活動する代理人であるととらえることができた。

　ニーチェは，様々な次元で崩壊過程が進行していると考えている。たとえば，価値の領域では，従来信じられていたすべての最高の理念が消尽しつつあるとされる。これらは，ニーチェの言うキリスト教やその道徳的教えの放射物であって，彼が終始一貫攻撃してきたものである。あるいはまた，進歩的文明という全体的構造にも同様のことが生じているとされる。ニーチェは「私たちの時代における諸々の原則の混乱」，すなわち「鉄道や電信。力強くかつ多方面にわたる膨大な量の関心をたった一つの魂のうちに集約すること。たとえば，日々の祈りの代わりに用いられる新聞」【訳注123】について語っている。それゆえ「今日もっとも徹底的に破壊されていることは，伝統への本能と

意志とである」【訳注124】。ニーチェが言う伝統とは「幾世代にもわたって意志を緊張させること，人間が来るべき未来を数世紀にわたって統制するために，そうした状況や価値を意図的に選び取ること。これらこそもっとも反現代的なことである」【訳注125】。他方，私たちの伝統の代用品が「過労，詮索そして同情。われわれ現代の悪徳！」【訳注126】である。「この種の圧縮された印象に対する順応が生じる。人間は行動する能力を失った。人間は外的な刺激に反応するのみとなった。その力は，あるときには何かを獲得するために，あるときには獲得したものを守るために，またあるときには他人に対抗することで使い果たされる。自発性の完全なる衰弱」【訳注127】。その結果「ある種の内的な不活性，倦怠が外面的な快活さと均衡を保っている」【訳注128】。また社会面では，「あらゆる種類の混血や仲買人が腐るほど現れる」【訳注129】。彼らは，「国家をばかげたほどに太らせている。彼らは，実際にそこで働いているかどうかは別として，『代表者』なのである。たとえば，学者のほかに文学者が，大多数の苦悩する人々の代わりに彼らを『代表する』饒舌で，思い上がり，口だけの評論家がいる。もちろん，自分は十分に満ち足りた生活を送りながら，議会の前で大声を張り上げる，自称，苦悩する人々を『代表している』職業政治家については言うまでもない」【訳注130】。これらすべては「文化的弱者や奇形児を生み出す。そのことは，彼らをアラブ人やキリスト教徒相手に略奪を働いたサラセン人と比べてみれば明らかである。そうした意味では，中国人は，ヨーロッパ人よりも耐久力があるという点で幾分ましな類型である」【訳注131】。しかし，社会計画に対して依然として悪とされることが存在する。「低次の人間から高次の人間を分離すること，つまり障壁を創造しようとする本能，これこそ口汚く罵られてきたことなのである」。「総じて社会主義的理論家というものは，悪徳，病気，犯罪，売春のもはや生じ得ないという状況が存在し得ると考えるのであるが，それはばかげたことである。そのような言い草は，生命に死刑判決を下すも同然である」【訳注132】。「社会は，私が言うような善き心を持つとすれば，ガラクタやクズしか生み出さない。しかし，現代の社会は決して社会と呼べるものではなく，ましてや団体でもない。もはやそれは『賤民ども』の寄せ集めにすぎない。社会はもはや，自力で排泄するだけの力を持たない。それこそがデカダンスである。社会において問うべきは，この

デカダンスの影響である。われわれが常にデカダンスの原因であると見なしてきたものは、本当のところ、その結果なのである」【訳注133】。とはいえ、「デカダンスそれ自体は、攻撃されるべきものではない。むしろそれは、時代や民族を問わず、絶対不可欠なものであると同時にその特徴を表すものである。一方、全力で攻撃されるべきは、有機体の健全な部分へと伝染しようとするその端緒である。われわれは、そうしたきっかけをきちんと把握し、攻撃しているだろうか？　否、まったくその反対である。これこそわれわれが人道主義(フマニタリアニズム)の側に立ってあれこれ努力している原因なのである」【訳注134】。また、「社会主義とは、もっとも低俗かつもっとも愚かな者たちが極限まで推し進める専制である。たとえば、浅薄な者たちや妬み屋たちの……その言葉の四分の三がペテンである者どもの専制である……それは、現代的理念やその萌芽であるアナキズムの最終的帰結である。……キリスト教、人道主義(フマニタリアニズム)、フランス革命そして社会主義は、みな同根なのである」【訳注135】。「貧者たちにとっての天の国というのは、精神的には、すでに建設され始めている。この建設は、もはや道半ばまで達しており、ブルジョワ（成金ということから）と労働者（機械という理由から）という二種類の住人にまで絞られた」。

　こうした情勢は古い理念的な諸価値が崩れ去り、文明が人間そのものの成長を妨げていることの証しである。そこでは、虚弱な民主的、人道主義(フマニタリアニズム)運動は、こうした発達障害を助長しているにすぎない。ニーチェの見るところ、こうした情勢こそ悲観論の、それゆえニヒリズムの時代を生み出すことに一役買っている。「しかし」、とニーチェは言う、「ニヒリズム、それは二義的である」【訳注136】。ニヒリズムの二つの意味とは、精神における力の高まりから生じるニヒリズムである能動的ニヒリズムと、精神的な腐敗と退化というニヒリズムである受動的ニヒリズムである。ニーチェは、これら一見したところ矛盾するものがいかに豊かな意味をもっているかについて言及すべきなのだが、それについては若干の暗示と簡単なコメントを述べるにとどめ、二種類のニヒリズムという観点から、最近数世紀に対する分析を続けていく。しかし、ニーチェが言うには、近頃（ここで急に脱線するのだが）、能動的ニヒリズムの徴候、良い方向へと進んでいるという意味での中間段階と見なすべき「強化」の兆しが現れてきている。「人間の発達障害を引き起こしているものとまさに同じ原因

が，転じて，いっそう力強く，いっそうすばらしい精神を偉大なものへと高めていく！ 健康が増進している。強靭な肉体の前提となる必要条件はすでに認められており，次第に現実味を帯びてきている。もはや禁欲はア･イ･ロ･ニ･ー･でしかない」【訳注137】。そして，「そこで何かが成し遂げられたとすれば，官能に対するいっそう純真な関係，官能に対する喜ばしい，いっそうゲーテ的な好意的態度である。同様に認識において成し遂げられたのは，いっそう誇り高い感情が生み出されたことである。その結果，『純粋の愚』はほとんど受け入れられなくなった」【訳注138】。次いで，「もろもろの過程で進んでいる強靭化」についての手の込んだ記述がなされる。この強靭化は，すでに社会，科学そして道徳において（「もろもろの原則が滑稽なものになっている」），また政治において（「われわれが目にするのは，権力の問題だけである。権力の問題とは，ある権力量に対するもう一つ別の権力の量，つまり純粋に権力量の比較の問題である……われわれは，権利と呼ばれるすべてのものが征服の結果であることを知る」【訳注139】），偉大さの評価において（「われわれは激情を特権と見なし，何らかの犯罪的なものを含まなければ，それを偉大だとは言わない」【訳注140】）始まっているとされる。「要するに，そこにはある種の兆候があるということである。19世紀のヨーロッパ人は，自らの本能に対して恥じることがほとんどないという兆候が」【訳注141】。これらの描写から，ニーチェが，いかに敏感な感覚，独特のニュアンスでもって，ビスマルク以後における「激動の」現実主義時代を描き出したか見ることができるだろう。この時代こそ，私たちの周りにいる年長者たちがすべて経験したものなのである。

　ニーチェは，さらに先へ進み，これらすべての帰結として生じるであろう望ましい事柄について予後診断を始める。彼は「有角獣的国家主義」をはねつける一方，台頭しつつある軍事主義，すなわちこの時代におけるアナキズムでさえも誉めそやす。「私は，ヨーロッパにおける軍事主義の発達やその内部におけるアナキズムを喜ぶ……密やかな偽善の日々は，もはや終わりを迎えようとしている。われわれはみな，心中では野蛮人や野獣を喝采のもとに受け入れている。まったくこうしたことによって，哲学も前進するのである。いつの日か，カントも案山子と見なされるようになるだろう」【訳注142】。こうした観点からニーチェは，社会主義について次のように述べている。「社会主義は，あた

かも落ち着きのないモグラのように、ノロノロのそのそ社会の表土の下をほじくり返している。しかし、社会主義は、どんなに土を掘り返そうとも、何か有益なもの、あるいは何か健康に役立つものを生み出すことはないだろう。しかしそれは、『地上の平和』や民主主義に慣れた群居動物の安住感を引き延ばしている。社会主義は、ヨーロッパ人が精神的蓄えを、すなわち狡知と先見性を保持するだけでなく、男性的、好戦的美徳をすっかり放棄してしまわないよう仕向けるからである。そうしているあいだ、社会主義は、ヨーロッパ人を女性にありがちな原因不明の消衰から保護している」【訳注143】。それ以外のことについては、次のように述べられている。「集団の組織的統制化がこの民主的なヨーロッパで非常に強固になってきている。容易に学び取る者はまた、安易に服従する者でもある。すなわち、群居動物が、それもとびきり知性的な動物がいままさに育てられつつある。命令する者は、容易に従う者を確保するであろう」【訳注144】。「知性における啓蒙主義は、人間をいっそう不確かな者に、より意志の弱い者に、統合と支援をますます当てにする者にしてしまう、要するに人間における群居動物の性を発達させる確実な手段である。この点に関する民主主義における自己欺瞞は、きわめて有益である。人間の発育阻害と集団化を進歩の名の下に熱望するのだから！」【訳注145】。しかしそれは、いままさにニーチェが褒め称えていることでもある。つまりそれは、「大衆の大いなる愚かさ、残忍さ、悲惨さの時代であると同時にもっとも高次の個人の時代」【訳注146】を意味しているからである。そのためニーチェは、最高の皮肉を込めてこう書いている。「善悪の彼岸。しかしわれわれは、畜群道徳が無条件に神聖で犯すべからずものとして保たれることを要求する」【訳注147】。多くの我慢すべきことが生じるであろう。というのも、「表面上、すさまじい戦争の時代、あるいは爆発の時代がやって来る一方で、その下では弱者が増大する（たとえば大衆が増大する）時代がやって来る」【訳注148】からである。「だから私は、たとえそれがそうした戦争を呼び起こす可能性があるとしても、若干のことを予言することを恐れはしない」【訳注149】。彼が楽しみにしているのは「もっとも恐るべき大変動のあとの自己確認。それは新しい問題を伴う。……それこそ大いなる正午のとき、恐るべき晴朗のとき。私のペシミズム。力強い始まりのとき」【訳注150】。

ニーチェはこのように同時代を分析した。それは本人も認めるように一方的な時代批評であるが、そこには壮大な予言を見てとることができる。ここで注目すべきは、この予言の内容、またニーチェの言うペシミズムが可能な限り回避すべき深刻な状況と考えられるのではなく、むしろ反対に必要不可欠な治癒、「大いなる健康」へと至る一段階として描かれることである。この過程こそ、ニーチェが自ら実践し、引き起こすことのできるすべてである。

　こうした主張がいっそう際立つのは、この著作の実践的部分、すなわち結論部である。この部分は、直接生命に影響を及ぼす結論を含むか、あるいはそうした示唆を与えるものとなっている。この件(くだり)になると、私たちがよく知るニーチェは、きわめて具体的な社会建設の後景に退き、あらゆる点で奇妙奇天烈となり、あの絶妙の均衡と知性は、まさに消え去ろうとする。ここにきてニーチェは、様々な提案、嘲り、自明の理を交えた生真面目な辛辣さを、冷酷と残忍な過激主義へと転換し、最大限に発揮する。たとえば、こういった類のものである。「人類は単なる実験の材料であり、とんでもない失敗の連続、瓦礫の山なのである」【訳注151】。「民族や人種というものは、唯一の価値ある個人を生み出すための母体をかたちづくる。そして、そうした個人こそこの過程を実行するのである」。「群れの意識は、群れの内部を支配するが、その外にまでは及ばない。群れの指導者は、自身の行動については人と異なることを要求する。しかし、彼は、群れから独立しているのと同時に、生贄の野獣ともなるのである」。その他同様の言辞が多数存在する。ニーチェがこのように述べるとき、内的不信に満ちたある種独特のマキャヴェリズムが有無を言わさずもち出されることになる。「（支配者の）新しい美徳は、あたかも老人のような外見をして導入されるべきである」。その理由は、ニーチェによると、「純粋な、混じりけのない、生き生きとした、力に満ち、きわめて貪欲なマキャヴェリズムは、人間を超えたもの、神のような、超越的な存在である。それは、決して人間には到達できない代物であって、人間にとってせいぜいのところ触れるか触れないかぐらいが関の山である」【訳注152】。

　これまで論じてきたニーチェ思想の最終的な結論について、結論部、すなわち「国家と社会」や「訓育と育成」 (2) といった実践部門で確認してみよう。「いま君が占めている社会の位階は、君がいま保有している力の量によって決

定される。それ以外に残った部分は臆病である」【訳注153】。大衆は「弱者の合計である」。「われわれは，自然がいっさいの感情を持たないのと同様，大衆について容赦なく考えなければならない。というのも，そのままにしておけば，彼らは種を保存していくからである」【訳注154】。「われわれは，大衆の惨めさを皮肉な悲しさをもって観察する。われわれは，われわれだからこそできる何かを望んでいるのだ」【訳注155】。まったく同様に「労働者，兵士のように感じることを学ぶべきである。名誉という謝礼，名誉として与えられる給与こそ受け取るが，駄賃を受け取るべきではない」【訳注156】。それ以外については，「労働者は，いまブルジョワがやっているような生活を学ぶべきである。しかしそうなった労働者の上には，もはやいかなる欲求も持たないという点で彼らと区別される，より高次の階級が，すなわちいっそう清貧かつ簡素である一方，力の所有においてはいっさい欠けることのない階級が存在すべきである」【訳注157】とされている。労働者は，この高次の階級あるいは類型にのみ関心を持つ。労働者は「変化の素材」にすぎない。中産階級についてはどうだろうか。それに関するニーチェの構想はきわめて不明瞭である。一方ニーチェは，その初期作品にならい，どのようにして「社会の吹き溜まり」や19世紀の文明一般が必然的に「賤民の支配」へ行き着くのか，あるいはまた，それが古い価値の揺り戻しに合わせ，どのようにして凡俗，すなわち「将来におけるヨーロッパ人の肖像」へと結びつくのかについて詳細に説明している。ニーチェ曰く，「将来におけるヨーロッパ人の肖像」とは，「もっとも知的な奴隷動物。すなわち非常に勤勉で，心底慎み深く，溢れんばかりの好奇心を持ち，気まぐれで，甘やかされた，意志薄弱な者ども。世界市民的な理念と情念の混沌」【訳注158】である。その結果，彼は，半ばやけになってこうまくし立てる。「いったい20世紀のバンダル人たちはどこにいるのだろうか？ 彼らは，社会主義者どもが引き起こす動乱の後に，きっと姿を現し，その地位を確立するだろう」【訳注159】。一方，中産階級について語るニーチェの口調は，それとはまったく違っている。中産階級とは，文明によって急造された「大いなる凡俗」であるが，新たな貴族政治が依拠する不可欠の土台である。この貴族政治は「贅沢の露出」としての中産階級から分離される。「人間の平板化が将来にわたるわれわれの目標とならねばならない。人間のより強力な類型が依拠するための広

範な基盤が，まず創造されなければならないからである。平凡さを平凡に持とうとはせず，自らが特別な存在であることに勝利を感じることもなく，臆病，虚偽，欺瞞，悲痛に対して憤慨ばかりしているものは，愚かしく，軽蔑すべき類の理想主義である。われわれは，これらに対して決して別のあり方を望んではならない」【訳注160】。ニーチェの結論は，再び「裂け目が広がる」【訳注161】だろうというものである。「われわれは，より高次の類型が，自らの存続に寄与すべく捧げられた犠牲として，自らを分離するよう強いなければならない」【訳注162】。このあまりの言いように対し，さすがのニーチェもこのときばかりは手加減を加えたが，それでもその調子自体は変わっていない。「大事なのは，距離が開くことであって，そこに対立を創り出すことではない。中間層が孤立し，その影響力が制限されること，これが距離をそっくりそのまま保つ最良の方法である」【訳注163】。というのも，もっとも重要となるのは，「裂け目を創造する教説である。裂け目は頂点と底辺を保存し，中間を破壊するからである」。ニーチェは，さらにこう続ける。「人間の卑小化の進行は，われわれがより強力な人種の育成という思想を持つための力強い推進力となる。……平均化された種は，実現されるや否や，正当性を必要とする。この種は，より高次の主権を握る類型に奉仕し，より高次の主権を握る類型は，平均化された種を基盤とし，またこの基盤の上ではじめて本来の役割を果たすことができるのである。彼らは，統治に精を出すべき支配人種であるのみならず，独自の生命領域を，すなわち自らの美，勇気，文化，流儀そして高度な精神性を持つ，力に満ち溢れた人種でもある。彼らは，自らに対するどんな贅沢をも肯定し，また認める。彼らは，善悪の彼岸にあり，美徳が下す専制的な命令をもはや必要としないほど十分に力強く，倹約や利口ぶることを忌み嫌うほどに豊かである」【訳注164】。

　この主人階級，ニーチェが凡庸への対抗運動に起因するものとして描き，また「珍奇な選りぬきの植物の温室」であるべきだと述べる新しい階級は，二つの支配的類型に分けられる。それが「牧者」と「主人」である。牧者は群れを保存するための手段を持ち，主人はともかく群れが現在の姿を維持することを目的とする。ニーチェの考えではこの二つの変種は，超人を目指して踏み出した，すなわち元来死すべき普通の人間を超越して踏み出した「貴族的な」人間

に特徴的な資質を持つとされる。

　こうした社会再建計画は，ただ反民主的であるというのみならず，偽善とマキャヴェリズムの，あるいはあくまで素材として扱われる労働者やその他すべての「中間層」とのかなり特異な混合物として描き出される。そして，いまやこの計画は，将来の社会に現れるであろう様々な類型一覧から選び出された者たちに対する「育成」や「訓育」といったカテゴリに組み込まれる。ここでいくつか注目すべき未来診断がなされる。しかし，これらは，生命原理としての力への意志という量子理論を論じた著作から当然引き出される論理的帰結にすぎない。ニーチェは次のように主張する。ただ血統に基づく高貴のみが存在する。ここでニーチェは，誤解の無いように「私はここで『フォン』という大して意味のない言葉や，ゴータ年鑑のことを言っているのではない。念のため，愚かな者たちのために言っておく」【訳注165】と断りをつけ加えている。高貴であるということのもっとも基本的な源泉は，相続，それももっとも広い意味での相続にある。ニーチェの場合，この源泉は，後天的な意味での資質の相続及び伝統の相続という信念というかたちで理解されている。一方，ニーチェは，新たな貴族政を創造するため，こう自問している。「われわれはどうすれば，最高の価値が生じ得るような都合のよい状況を予測できるだろうか？」。この問いに対し，ニーチェは自分の見解を踏まえながら次のように答える。「それは，あまりに，あまりに複雑すぎて，失敗の見込みきわめて大である。よって，それを得ることに執着してはならない。ここには懐疑が生じる」【訳注166】。他方（こちらがニーチェの相続に関する考えの核心なのだが），「勇気，洞察力，揺るぎない態度，独立心，責任が増大し得る。われわれは精巧に保たれた均衡にいっそう磨きをかけ，そうすることでわれわれを助けに訪れる好都合な偶然を期待することができる」【訳注167】。ニーチェは，（知性という点からはっきりと教育の重要性を認め，それを著述していることからも）この誇りに対して，とりわけ知的教育に対して一定の地位を付与すべきであったが，依然として医学的調書をあてにした婚姻によってこの問題を解決しようとしている。この証明書というのは，「両家の家の歴史に関するいくつかの質問に対して，婚約した両性と医師が答えるべきもの」【訳注168】である。さら

にニーチェが言うには，どの結婚も「教区の中から選ばれたたしかに信頼の置ける証人によって賛同を得るべきである」【訳注169】。ここまで見る限り，そのまま国民社会主義が登場しそうな考えである。ニーチェは，自身の言う「より強い」ないし「高等な」類型に対して，いままさにドイツで起こりつつある多くのことにぴったり合致するような説明をしている。「私の見る限り未来は」，ニーチェはこのようにとても客観的調子で言う，「厳格な専門技術訓練，兵役が一般化する。したがって，高次の階級に属する者は，その他の点でどのような者であろうと，みな一律に将校となる」【訳注170】。ニーチェがこのように言うエリートには，当然新しい形式の道徳が存在するはずである。「それぞれの社会で，何をすべきかまたすべきでないかについて信頼のおける誓いがなされる。多くのことがはっきりと放棄される。この放棄に至るまで時が成熟しているか確かめること」【訳注171】。「［自ら望んだ］厳格な訓練を受け，習得するものは何か？　命令と服従を学ぶのである」【訳注172】。

　これらに関して政治や自由の問題をはじめ知的問題についても言及される一方，ニーチェが「貴族的な」人間を構想するにあたり，偉大な「総合的」人間，「人類が達し得た地点を示す道標人間」という決定的な理想像が現れる。そして，彼らにおいて「生命と相対峙する際の緊張が頂点に達するが，それは，人間の偉大さに関する第一条件なのである。私は，このような不可避の成り行きに対して決まった対処をとるようにしている。すなわち，人間は，より善くそしてより悪くならなければならない，というのがそれである」。そのことから，ニーチェは，より強力な類型が自らを維持するための手段として，とくに「自らが野蛮人であるということを承認できる状態に従うこと」【訳注173】を要求している。

　この書の実践的かつ予言的部門を締め括るのは「大地の主たち」「偉大な人間」そして「未来の立法者としての最高の人間」という注目すべき見解である。ニーチェは，大地の主や偉大な人間の任務について次のように述べている。「あたかも運命であるかのごとく，ゆっくりとではあるが確実に，怖ろしげに，大いなる任務，大いなる疑問が近づいてきている。大地は，一つのものとしていかに支配されるべきか？　あるいはまた，人間は，もはや民族や人種としてではなく人間全体として，いかなる目標のもとに育て，鍛えられるべきか？」

第6章　ニーチェと破局

【訳注174】。彼らにとって重要な資質は，道徳的な律法の付与者であることであり，それゆえにまたある種の道徳が必要とされる。その道徳は，それ自体不可分の力への意志，超越的権力に基づきながら，「残酷，冷酷，暴力行為，街中や心の中における危険，権利の不平等，秘匿，禁欲，誘惑そしてあらゆる類の無道。要するに，畜群が望むあらゆる種類のものの正反対のものこそ，種としての人間の道徳的強化に必要である」【訳注175】という信念を有する。そのような道徳は，「人間を高貴にというより，快適かつ平凡なものに育てようと望む。（そのため，ニーチェは再びあからさまな偽善を示しながら言う）支配階級，すなわち未来における大地の支配者を育てるための道徳は，人々に学んでもらうために，既存の道徳体系に組み込まれ，また既存の道徳の主義信条のもとにひそかに埋め込まれている必要がある」【訳注176】。

　ニーチェは，地上の主たる彼ら知的異人たちがかたちづくる社会について次のように述べている。「これよりのち，これまで目にしたことのないような，いっそう包括的な支配体制にとって好都合な前提条件が生じるであろう。しかし，このことは，依然として最重要事項ではない。というのも，国際的な王朝間の同盟が現在では可能になっているからである。その目的は，主人人種を，将来の『大地の主』を育て上げることである。巨大な貴族政がもっとも厳格な自己訓育のもとに建設されるのである。こうした貴族政において数千年にわたる永続性が，哲学的専制君主や芸術家的暴君の意志に与えられるであろう。彼ら人間の高次の類型は，世界の運命を自らの手に収め，また人間を素材とする芸術家たるために，おのれの欲望，知識，富や影響の優越をもってして，民主主義の広まったヨーロッパをもっとも従順で，扱いやすい道具として扱うだろう。われわれが新たな目でもって高度な外交を見るのも間もなくだろう」【訳注177】。ここで，高度な外交とは何かという疑問が生じるだろう。まさにこれと同種の「大地の主」が，ニーチェによって破門される民主主義の到来までヨーロッパを支配した王侯間の同盟関係に見られた，血統主義を採用する正統主義者の中にいなかっただろうか。彼らは，存分にその意図を達しなかっただろうか。あるいはまた，忌み嫌われた民主的道具は，世界の新たな支配者を目指すものにとって，必然的に，まさしく望ましい結果をもたらしたのではなかったか。

「偉大な人間」は，ニーチェの最終的見通しにおける二番目の登場人物である。彼らは，「本能における最高度の多様性を，それもそれぞれが考え得る限り最高度に」【訳注178】持っている。「彼は，本人が望むと望むまいと，懐疑主義者たらざるを得ない（だからといって，彼が必ず懐疑主義者に見えなければならないという意味ではない）。偉大であるということは，何か偉大なことやそれを成すための手段を望．む．と．いうことを必要とする。あらゆる種類の確信からの自由は，そうした人間の意志の強さの一部である」【訳注179】。「彼が欲するのは同情心ではなく，奉仕者，道具のみである。彼は，人間を見るといつも何かをつ．く．る．素材にならないかと考えている。彼は，自分自身のことについて言葉で伝えることが不可能だと知っている。彼は，自分が人に親密にするときにはぶっきらぼうだと思い，あるいはほかの人が彼を親密だと思うときには普通はそれほど親密ではないと考えるからである。彼は，自らと親しくしているとき以外は，仮面をつけたままなのである。彼は真実を語るより嘘をつく方を好む。そのことは，いっそうの精．神．と意．志．を要求する」【訳注180】。「彼は，自分のほかに法廷を持たない。それどころか，彼の全体的本性は，偉大さに関するあの並ぶもののないエネルギーを獲得するに違いない。あるときは育成を通して，またあるときは数百万に及ぶ失敗作の破壊を通して，将来の人間をかたちづくるためである。さらには，その結果生じる苦悩によって，またかつて存在した例のないような苦悩によって自．ら．の．精．神．を．崩．し．て．し．ま．わ．な．い．ためにである」【訳注181】。ニーチェは，この関係に対し次のようにつけ加えている。「この偉大な人間には，生命の持つ特定の資質が最大限に見うけられる。不正，虚偽，搾取などがそれである。しかし，彼がこの特質を披露した場合，いつでも彼の本質は最大限誤解され，善きものとして受け取られるだろう」【訳注182】。
　こうしたニーチェの典型的な発言は，よく言われるようにとても誤解されやすく，また実際そうなっているが，その延長上には「未来の立法者としての最高の人間」という類型がそびえ立っている。この立法者は，プラトンやその直系の弟子と関わりを持つ哲学者である。しかし，この新たな哲学者は「支配階級とともに，そのもっとも高度な精神的肖像としてのみ生じることができる。大衆政治，世界統治が差し迫っている」が，これまでのところ「そのための原理がまったく欠けている」状態である【訳注183】。しかし，その根本思想の

下絵は存在する。「まず新たな諸価値が創造されなければならない。そのため，哲学者は立法者でなければならない。そして教育者でもなければならないのだ！」【訳注184】。これらすべてにもかかわらず，「教育者は，決して自分自身の言葉ではなく，子弟との関係において考えられた言葉のみ発する。教育者は，このような偽装によって本心を察せられず，その真面目さを信用させる技に熟達している。彼は，あらゆる訓育と矯正の熟練者でなければならない。ある者に対しては，軽蔑という鞭打ちによってのみその性質を伸ばし，またほかの者，たとえば怠惰な者，優柔不断な者，小心者，虚栄心の強い者に対しては過剰なまでの愛情によって教育を行う。このような教育者は，善悪の彼岸にあるのだが，誰もそのことを知ってはならない」【訳注185】。教育者は，「より強い人間が必要とされる状況を生み出す。より強い人間は，そのために，道徳を（あるいはさらに，それを強化する精神関連の訓育を）要求し，実際にそれを獲得する」【訳注186】。彼は「多くの人々を犠牲にし，彼らを見殺しにすることができるほど自分自身への関心を高め……厳格な訓育を，戦争においては暴力と詐術を認めることを」【訳注187】学ばなければならない。ニーチェは，この関連で「キリストの魂をもったローマの皇帝」について明確に論述している。また，ニーチェは「最高の人間」の出現について次のように述べている。「長く，ひどい損失をともなう一連の美徳，健康，勤勉，自己抑制，幸福そして円満な結婚や幸運な偶然のあと，ついにはある人間が，力の怪物が現れる。彼は，使命の怪物を要求する。というのも，われわれを支配しているものこそわれわれ自身の力だからである」【訳注188】。そしてニーチェは，こうした哲学者の全種族がもつ永遠の地位について次のように述べている。「支配者の手の届かないところで，あらゆる拘束から解放された，もっとも高次の人間たちが生きている。彼らは，支配者の中に自分の道具を持っているのである」【訳注189】。彼らの内のたった一人が，ある環境において「無限の時間全体を正当化する……無数の不完全な人間たちと比較して，ある満たされた，豊かな，偉大な，全体的人間が」【訳注190】。「諸価値を確立し，もっとも高い本性に方向性を与えることで，幾世紀にもわたる意志に方向性を与える者こそ，最高の人間である」【訳注191】。「私は思う」とニーチェは言う。「私は，最高の人間が持つ魂の何がしかを見抜いたと。おそらく，私と違い，最高の人間の本性をほんの少しで

も見た者は、精神の安定を崩してしまうに違いない。しかし、一度でも最高の人間を見た者は、最高の人間が存在し得るように、自らなし得ることをなさなければならない。われわれの目標は、人類ではなく、超人なのだから」【訳注192】。

いかにして人間は永遠となるか……【訳注193】。

ここまで、ニーチェの著作でもとくに熱を帯びた部分を見てきた。それらはたしかに壮大ではあるが、一切の偽善を排すという点で純真にすぎるきらいがある（そもそも、かくも秘教的な教えを紙筆に残したということ自体、彼がいかに純真であったかを示している）。これらを詳しく見てきたのは、以下の理由からである。まず、今日の世界にその意義と影響が疑いもなく存在しているため。また、彼の主張をきちんと確認することで、ニーチェ本人に対し、すなわち彼の炎のような情熱に対し可能な限り公正な立場に立つためである。

こうした客観的視点に立つことではじめて『権力への意志』の結論に含まれる二つの回答、すなわち「ディオニュソスと永劫回帰」を正しく評価することができる。この二つの項目は、ニーチェが従来の著作で論じてきたことと何ら変わるところがない。しかし、生命のディオニュソス的見方とそれに関する永劫回帰という教説（永劫回帰は、生命のディオニュソス的見方の骨子になっているだけでなく、ニーチェ哲学そのものの骨子となっている）はどちらも、とくに後期ニーチェに特有の語り口調と著しい強調手法で記されている。後期ニーチェの特徴は、依然として知的には正常を保ちながらも、その理論が極端化しつつあったことである。ニーチェ特有というのは、たとえば、こうした考えの基礎となっている周知の文章に見ることができる。「ディオニュソス対十字架に架けられた者。そこに君の対立がある。両者は、その殉教の程度という点で何ら違いはない。ただその殉教自体が異なった意味を獲得するのである。生命それ自体、その恐ろしさ、その回帰は、苦痛、破壊、根絶への意志を引き起こす……」【訳注194】。「引き裂かれたディオニュソスの断片は、一つの生命の約束である。ディオニュソスは、永遠に何度でも再生するであろうし、破壊から復活するであろう」【訳注195】。また、ニーチェが自身の哲学を語るときに用いる強調の手法は度を越したものである。その哲学とは、ニヒリズムの克服を目

指すものであり、それゆえまた「180度の転換」、ディオニュソスによる「世界のありのままの肯定」へと行き着く。ここで言う「肯定」とは、「一切の退却、例外、選択の余地なく」なされなければならない。「そのためには、われわれがこれまで常に否定してきた生命の側面を、不可欠であるという理由のみならず、望ましいという理由で受け入れること。また、われわれが生命の補足物ないし第一条件として常に肯定してきた生命の側面を、望ましいというだけでなく、生命本来の目的にために、すなわち存在することにおけるより力強いもの、より恐ろしいもの、より真なるものとして、受け入れること。生命は、そうした存在においてこそ自らの意志をいっそうはっきりと表明するのだ」【訳注196】。そのため、「人間が恐怖を感じることで成長するということは、人間が文化において成長することの付属物としてとらえなければならない」。「人間は動物であると同時に、動物を超えたものでもある。高等な人間は怪物であると同時に、怪物を超えたものである。人間は、高く、偉大なものとなるにつれ、深く、恐ろしいものへと成長していく。この両者を切り離して考えるべきではない（あるいは言い換えるなら、われわれが一方を完璧ならしめようとすればするほど、もう一方においてもいっそうの完璧へと達するのである）。……充溢し、力強い魂は、痛ましく、恐ろしくさえある損失、欠乏、あらゆる侮蔑を軽やかに乗り越えるだけでない。それは、大いなる充溢と力強さをもって、そしてこれが重要なのだが、新たに成長した愛の福音をともなってこの地獄の淵から現れるのである」【訳注197】。「その結果、愛と友好に満ち溢れたゲーテ的見解が生じる」【訳注198】。

　こうした観点からすれば、世界に対するニーチェの見解が有する現実的な深み、ニーチェの苦悩やその極端な姿勢の原因が理解できる。おそらく、これから述べることについては、ある特定の感情と関わってくるだろう。このとき、ニーチェ曰く、純粋なる思考の力によって永劫回帰という教えが自分の中で運動を始める。すなわち、ニーチェの見方では、「歴史の中心に自らの場所を占める」【訳注199】という認識、あるいは「この思想が力への（そして野蛮への！！！）奉仕における選択の原理としてどの程度用いられ得るか」を、さらには「人類はこの思想に対して十分成熟している」【訳注200】かどうかを問うことに対する感情である。永劫回帰を生み、促進するための手段としてニー

チェがあげるのは，諸価値の転換，永遠に創造的な原則に加え，「種を保存するという意志だけでなく，力への意志。謙虚に『すべては主観的なものであるにすぎない』と言うのではなく，『それは私たち作品だ。私たちはそれを誇ろうではないか！』と言うこと」【訳注201】である。ともかくも，ニーチェは，「あの連鎖が再び確立されるまでに2000年ないし3000年要するということは，驚くにはあたらない。2000年ないし3000年かかったとてそれがいったい何だと言うのだ？」【訳注202】と考えている。詰まるところ，次のように述べられる。「汝は，世界が私にとってどのようなものであるか知っているか？……始まりも終わりもない驚くべき力，決して増減しない力，いかなることにも動じない鉄仮面のように……何ものにも縛られず，自らの法則のみを保持している世界。流出し，溢れ出し，無限に拡大するのではなく，ある一定の空間に，一定の力として留まるものである。この空間とは，どこもかしこも空洞なのではなく，力に満ち溢れている。その権能と意志の働きによって，一瞬にして何もかもが積み上がり，また沈み込む。あたかも大海のごとく荒れ狂い，猛々しい力の，変転常なく，永遠に繰り返す，巨大な周期的再生。満ち引きによってべた凪から大小の波が渦巻く複雑な様へとその姿を変える。冷たく，死人のようで，ぴくりとも動こうとしない静止状態から，猛々しく，烈火のごとき姿へと，自らを否定するのである。そしてそのあと，再びこの充溢から静謐へと，否定の働きから調和の喜びへと立ち返るのである。それは，自らの働きがいつでも同じであることを喜び，自らが永遠の再生であることを，満たされることもなければ，過剰になることもなく，消耗してしまうこともない生成であることを祝福する。これこそ新たなディオニュソスの世界，永久に自己を創造し，永久に自己を破壊し続ける。この世界には二倍の喜びがある。終わりも目的もない『善悪の彼岸』，この私の世界。もし終わりや目的がこの循環運動の幸福にないとすれば，それは意志のない善悪の彼岸である。もしその循環の輪がそれ自体善き意志を生まないとすればそれは，意志のない善悪の彼岸なのである。汝は，この世界に一つの名前を付けようというのか？ この世界のあらゆる謎にケリをつけようというのか？ 汝，漆黒の，比類なく豪胆で，何者にも屈しない真夜中の子らよ，汝らも一筋の光を欲するか？ この世界は力への意志であり，それ以外の何ものでもあり得ない。そして汝もまた，この力への意志なの

である。それ以外の何であり得ようか！」【訳注203】。
　この半物理的，半（いやはやなんと！）形而上学的，あるいはこう表現してよいのなら，存在論的[(3)]言明を信ずるならば，おそらくそのディオニュソス賛歌は，次のような言葉と同時に書かれたであろう。「そなたの幸福はほとんど乾ききり，愛を枯渇させる——雨の降らない大地」「自己を知る者——自らの死刑執行人」，あるいはまた「必要という罪！　存在のもっとも高き星！　いかなる願いも届かず，どんな否認でも傷つけることができない，生命の永遠の賛歌，私は，永遠にそなたを肯定する。私は，そなたを愛すゆえ，永久に！」【訳注204】。ここまで来て私たちは，ここまで大まかに全体像をつかもうとしてきた見解から生じる不協和音がいかに激しく，根深いものであるか，少しでも理解できたのではなかろうか。

　ここでは，これ以上ニーチェ思想の深淵に立ち入ることはしない。どの著作もそれぞれ論じるにふさわしい場やその影響，意義，落ち着きどころがあるからである。
　私たちが概観した鋭い理論や空想，とても個性的な人間の感情の爆発がたしかに存在し，ニーチェ思想が『ツァラトゥストラ』直後に，すなわち決定的な方向性を獲得するこの時期に発展を止めてしまったとすれば，良心に鑑みて，これ以上ニーチェに対する追及をさけ，この人物の著作が持つ壮大な構想を単純に楽しむということには何ら問題はない（若いころは誰もがそうであったし，ニーチェに対して素直になるなら，かく言う私もその一人であった）。私たちは，その豊かな表現から納得のいく部分を取り上げ，容認できない部分を無視すればよいのである。当時，私たちはニーチェを選択的に消化することも可能であった。それは，現在の私たちの習慣であるように，自分が読んだものの大部分については選択的に受け入れるということである。しかし，そのことはニーチェには決して当てはまらない。とりわけ，『権力への意志』を記した後期にニーチェについてそのように言うことはできない。まして，幾人かのテロリストのような独裁者たちが悲しき時代の慰みとしてニーチェの豪華版を互いに贈りあったことを知っている以上，なおさらそのように言うことはできない。私たちは，ニーチェ思想が持つ真の影響を経験し，ニーチェがいかに理解

され，また誤解されてきたか，そして私たち一人ひとりの実生活における精神的要素としてニーチェがいま何を意味しているかを知っているからである。今日，ニーチェは歴史的意義を獲得した。実際ニーチェは，『この人を見よ』で予示したことの実現，すなわち，世界の歴史を二つに分断することに貢献したのである。

　だとすれば，私たちはニーチェに対する立場をはっきりさせなければならない。彼の著作が何を意味し，どんな影響を及ぼしているのか。これを明らかにするには，ニーチェの美的魅力，心性や表現力，とりわけその著作からうかがえる数奇な個人的運命という魅力を断固として断ち切らなければならない。ニーチェ思想の影響とは何であろうか。努めて客観的に見た場合，それはどこに位置し，またどのような視座を持つのだろうか。この問いに答えるには，ニーチェの著作の中でもっとも一貫した理論構成を持つ『権力への意志』を出発点にしなければならない。その際，ニーチェ思想において最後まで首尾一貫していることと，時代拘束的な部分，彼が生きた時代に対する解釈の部分を厳密に区別しておかなければならない。他方，ニーチェ哲学は同時代に対する強烈な否定に貫かれているが，それはニーチェ本人がそうした強烈な情念を持っていたからである。その意味で，ニーチェ思想における絶対的なものについては，時代拘束的なものから区別することができない。とくに私たちの考察では，ニーチェにおいてこれぞ絶対的と呼べるものは，まさにニーチェ本人による否定から生じているので，そうした区別が難しい。

　ニーチェ思想において終局的に絶対と言えるものは，ほぼ間違いなく生命のディオニュソス的見方と呼ばれるものであろう。それはまさに，ニーチェと同時代の世界における教養ブルジョワたち（ニーチェはほとんど一人で彼らと格闘した）の驚くべき浅薄さに対置されたものである。彼らは，存在の暗い側面，私たちの言葉を使えば暗く，不気味な側面を見なかったし，また見ようともしなかった。すでに見たように，ショウペンハウアー以後，若干の者がこれらに気づき，また見解を述べていた。しかし，一般的には，時代そのものがこれらに対する危機感を失っていた。当時，ゲーテがこの問題の背後に残したことはすっかり無視され，その実質以上に軽視されていた。当時ゲーテは，表面的にしか理解されておらず，あからさまにドイツ文化の亡霊と考えられていたから

である。すでに見たように，当時はビスマルク時代であり，「権力政治」がまかり通っていた。人々はみな「現実主義者」へと転向し，18世紀から受け継がれてきた理念は（明らかに）古臭いものとして次第に見向きもされなくなっていた。ブルクハルトだけがその危険を「知っていた」にすぎない。その後，存在の隠れた，危険な特質に気がついた者は一人もいなかった。

　ニーチェの時代に対する激しい抗議，すなわち苦悩こそ生命の本質であり，生成の有機的過程が常に苦悩と破壊を意味するということを誰も知ろうとせず，認めようともしないという抗議は，正鵠を射ていた。この抗議は80年代の「現実主義者」にも当てはまる。こうした状況を理解し，虚栄の時代の眼前に繰り返し突きつけたことがニーチェの名声を不朽のものにしている。というのも，彼が深遠という世界を提示したからである。それは，ダンテやミケランジェロ，シェイクスピアの時代に存在し，17世紀には幾分違った方法ではあるがパスカルやレンブラントといった人物たちが目撃し，残念なことに18世紀に至って懸命に包み隠されるようになり，ついには19世紀の進歩の過程で完全に見失われてしまった。そしてこの深遠はたった一人の人間によって再発見されることになる。その人物は，運命が十分に考慮して選んだのか，あるいは自らそれを運命として引き受けたのか，いずれにしろ同時代人たちよりも鋭い目で時代を観察することができた。そして，この深遠は，ただ再発見されたのではなく，勇気をもって正面から向き合い，それに対する情熱を失ってはならないという主張を伴っていた。私たちは今日，最悪の事態を経験している。だからといって，神がご存知であるが，苦悩と恐怖が生命の不可欠の部分であると声を張り上げて言い合う必要はない。にもかかわらず，それがこの浅薄な時代において見いだされ，私たちが今日とくに必要としている耐える勇気，忍耐を主張した人物によって表明されたことは，一種の功業であるに違いない。

　ニーチェの功績について率直に述べるなら，厳格な精神的訓育をともなったある種の偉大な自然さ〔ナチュラルネス〕の要求，渇望をあげることができる。そう自然さ〔ナチュラルネス〕！　今日私たちはこの種の自然さに事欠かない。とはいえ，ニーチェほどこの「事欠かない」という言葉が当てはまる人物はいないであろう。しかし，こうした病みかけのブルジョワ的文化世界のよどんだ空気の中，偏狭で，単調な道徳の空気は，その性質や制限についてまったく試されることもなく，生命においてで

はなく芸術でしか認められていなかったエロティシズムを，それゆえ不健康な，病的な心地よさを引き起こしていた。こうした空気の中では，自己を統制する意味を持った「大いなる健康」というニーチェの訓戒は，実際そこに自由や回復といった空気を送り込む一因となった。ニーチェの戒めは，いまにも爆発しそうな文化を後生大事に抱え込むメガネをかけた世代の高慢をくじく一方，世紀転換期以後のより自由な空気の中で育ち，抑制のきいた同意を本能に与えることのできる世代にはよりどころを与えた。その最初の世代は，今日私たちの周りにいる。彼らは，有り余るほどの肉体的健康を享受しており，肉体的妙技やスポーツで自然な喜びを表現する。また，彼らの知的特徴は，ニーチェの影響により，かつて大流行した精彩を欠いた，空虚なゴンゴリズム【訳注205】が抑制されていることである。

　ここで，世紀転換期が，とくに教養層にとって，どれほど大きな変容を遂げたかについて言及しなければならない。この時期，生命への理解が深まっただけでなく，それ以前の偏狭な時代には知られていなかった新たな地平が広がることで知的活動水準が高まり，人間性についても要求水準が上昇していた。こうした動きについて，ニーチェが言う公平な「貴族的」人間という原理や，彼が深遠な影響を獲得するため，新たな精神的領域を全体的に征服しようと力を注いだ要求が，大きな役割を果たしていることは疑いない。当時，精神の凡庸な発達という危険が存在し，世紀末以後，とくにドイツでこの危険がごっそり取り除かれる可能性があったとしたら，その最高かつ決定的な力となるのは，ニーチェの知以外にあり得なかったであろう。ニーチェこそ，あらゆる凡俗に憎しみをみなぎらせ，こちらが萎えてしまうほどの軽蔑によってそれを迫害した当人だからである。これは，まさに偉大な貢献であると言えよう。というのも，ニーチェによって事物の深遠な見方が復活しただけでなく，健康と人間本性が回復することで，まったく新しい仕方で魂と心の高みが垣間見えたからである。

　一方，忘れてはならないのが，そのためにいったいどれだけの犠牲を払ったのかということである。あらゆるものが犠牲になった。まずは，ニーチェがはっきり時代拘束的と判断したものすべてである。次いで，ニーチェが間違った見通しのもと徹底的に攻撃したすべてのものである。ニーチェは，価値ある

もの，すなわち人間性に関して言えば決定的に重要なものまで攻撃対象と見なし，力を込めて金づちを振り下ろしたため，それらは極端に歪んでしまうか粉々になってしまった。

　ニーチェにおける時代拘束的なものとは，まったくの自然主義的相対主義者や，ニーチェが自らの経験を引き合いに出して語っているような主観的状況把握の二つである。ニーチェ自身，自らの言う理念や原理について「自然主義的」，とりわけ「生理学的」なものだと述べている。そのことを表現するためニーチェは，適切とは言いにくいが，自然科学から力の量子間の闘争という概念を借用した。ニーチェ曰くそれは，生命による諸価値の転換における質量と形相に関する鍵を提供する，すなわち世界への鍵，文字通りアルファからオメガまで一切の解釈を提供する。これこそまさに19世紀の最悪かつ時代遅れな点なのだ。自然科学の言葉は，事物を包み込むにはまったく不十分な外皮であって，むしろそれらを形式化し，その魂を抜き去るものであった。というのも，事物は，いっそう深い次元に宿っているのであり，そうした次元にあってはじめて実際にありのままに存在していると言えるからである。それどころか，そうした外皮があまりに空虚であったため，ニーチェ自身，心の底からそれを受け入れることができず，新たに精神的原理を考案してさえいる。さらにニーチェの場合，自然科学用語が極端な主観論と結びつけられていた。このことはニーチェの時代拘束性を端的に示している。とはいえ，ニーチェは当然，「主観的」という形容に対して力づくでも異議を唱えたであろう。彼にとって，あらゆることが「確固たる意志をもった」力の量子による客観的な闘争ということになっているからである。しかし，ここで言う闘争とは，ニーチェにおける他のいくつもの大事な観点，たとえばその世界観，基本原理，豊かな空想を放っておいて，「貴族的」人間だけをつまみ食いしようとする者にはきちんと理解することができない。ニーチェが言うように，もしあらゆる価値が人間によって創られる，それも超越的価値という客観的背景を伴わずに人間が創り出すものだとすれば，創出された価値は，必然的に客観的なものではあり得ず，習慣の産物とならざるを得ない。よってニーチェは，価値というものについて，ただ主観的なものとしてしか理解できなかった。たとえ彼が「無垢」という，あるいはその著作全体を通して真に倫理的であることを示すために用い

られる激しい強調に見られるような知的誠実という絶対的公理を持ち出したとしても、また、時に自らがこの見解を放棄することがあるにしても、その価値理解の仕方に変化はない。

　ニーチェが用いる肯定や否定の言葉すべては、注意を促すため常にイタリック体で記されている。そのことは19世紀にヨーロッパで生じた精神的崩壊現象に原因がある。それらの言葉は、理念的な価値の世界が崩壊したその断片、すなわち宗教のほかに適切な代用品がないという崩壊現象の断片であった。いまここではっきりと言えるのは、歴史主義や相対主義をともなった世俗主義の精神的帰結は、ニーチェが正しく論じ、とりわけ最後まで勇敢に闘ったものの、結局それを克服することのできなかった、あのニヒリズムへと必然的に行き着いたということである。

　ニーチェは、自ら考え望んだように、ニヒリズムを克服できなかったのか。その通りと答えるほかない。ニーチェはニヒリズムを克服できなかった。その理由は、ニーチェがあまりに時代拘束的だったからである。この時代拘束性のために、ニーチェは必然的に自然主義を具体化し、主観主義と関係することを試みざるを得なかった。両者ともニーチェが克服しようとしていたものであるが、目的のために意図して用いざるを得なかったのである。結局、彼は、自らが生きた時代と同様、17, 18世紀の抽象主義を、それが崩壊した後でさえ、乗り越えることができなかった。というのもニーチェは、概念という古い理念の世界が崩壊し、偏狭に理解されたキリスト教や教会の道徳が明らかに相対性を示すことで、絶対的な潜在力、すなわち内在的、超越的力がその力を失い、やがて破壊されると考えたからである。これらの力は、キリスト教という自明の公理を背景としているのと同様に、理念という相対的概念世界を基礎にしているからである。しかしまた、何と大きな間違いだったろうか。キリスト教の公式道徳（私たちは常にそれを念頭においておかなければならない）とは、キリスト教が依拠する先験的、根本的経験に由来する価値を強調した定式以外の何ものでもない。すなわち、それは、人類という超越的な単一性の経験、この経験が、熟慮の上、特定の方向へと情熱的に高められ形式化したものに由来している。このことはきわめて重要なので、重複を承知で再度言及する。キリスト教徒のあいだで言われていた「人類愛(ヒューマニティ)」は、当時すでに世俗化され、吹聴されて

第6章　ニーチェと破局

いたが，19世紀になると，単なる誇張ないし陳腐な言葉になったとしてニーチェの嘲りの対象となっていた「人道主義(フマニタリアニズム)」によって打撃を受けていた。しかしそれは，かつて発見されてから不滅のものとなった，すなわちその発見以来やむことなく人類の背後で働いている超越的力という，人類の経験をただ表現しただけのものではない。これら18世紀のあらゆる理念は，もはや明らかに古臭くガタがきており，さらには危険なものとさえなっており，それゆえニーチェによる嬉々とした攻撃を受けることになった。しかし，本当のところ，これらの理念は直接的，意識的な経験の兆し，予感，そしておそらくはとても素朴な直観的理解，あるいは価値強調であった。すなわち，それらは人間の中に隅々までゆきわたっている超越的力を体験したことの何らかの証なのである。しかし，これらに対する暗く，不気味な力が抽象概念へと変化し，見失われてしまったという，たったそれだけのことから，18世紀の諸理念は，薄っぺらで現実から遠く隔たったもの，すなわち，とりわけドイツにおいて19世紀後半に広まった近視眼的現実主義に抗する力を失ってしまった。

　ここではいくつかの異なった価値が強調されているのは間違いない。ニーチェに言わせると，そこには「人類に押しつけられた」価値の様々な混合物が存在している。しかし，これらすべては世界の見方に対する強調の方法や力点を変えた現世的な変種にすぎない。つまり，それらすべては，これまで再三述べてきたように，存在論的に見れば決定的な意味を持ち，客観的に見れば現実的な意味を持つものであり，どちらも私たち人類をかたちづくる内的，超越的な力の世界を示している。この世界を改めて理解し，それを自ら体験する準備と能力を整え，それによって自らの位置を確認することさえできたなら，私たちはニヒリズム克服の途に就いたも同然であり，これ以外の手段はあり得ないのである。私たちが思い描く価値の強調，力点の置き方については自分でいかようにすることもでき，客観的力に関する個人的相違についても各人それぞれの方法で十分変更可能である。このことについては，また改めて論じるとしよう[4]。とりあえずこうした姿勢についてもっともわかりやすい例として，すなわちこうした変化がいかに容易であるかについては，ニーチェ自身が価値転換の実験を試みたことが挙げられる。

　しかし，ニーチェの「価値転換」は，なんと時代に拘束され，独特の恐怖感

に支配されていることだろうか。その根底には文明に飼いならされることに対するニーチェの恐れがある。まず一番にニーチェが言うのは，文明が凡俗や虚弱化に寄与していること，そしてこれが重要なのだが，文明がまさに大衆であること，ニーチェ曰く文明を軟弱化させる「畜群」だということである。生の大衆的機械化は，今日疑いなく，大衆の凡庸，とりわけ精神的枯渇という趨勢を伴っている。かつて一人ひとりの自発性と責任において遂行されていた仕事の大部分が，いまではいくつかの脱精神化された技術的過程へと「合理化され」，それに合わせて工場における組織的労働へと脱精神化されている。また，国家や産業という機能的組織に付属する仕事，私たちが普通に目にするようになったいわゆる事務職というやつの冴えないことといったらない。これぞ現代の宿命である。それは，たとえ私たちがこうした機械化にもかかわらず若干の自発性と責任を心に残していたとしても，厳しい運命であることに違いなく，日々装いを新たにし続けていると言わなければならない。若干の自発的創意や積極的な行動は，まだ何がしかを意味し，生の充実に付け加えられるものではあるが，それ自体もはや階層の上下を問わずかろうじて維持されているにすぎなくなっている。まさにここに，喪失，それもとてつもない喪失が存在する。こうした喪失はほとんどすべて労働が「テイラー主義化」して以降，それももっとも知的な職種においてさえ日々増大している。労働者のアリのような働き方については言わずもがなである。

　実際，生命の衝動は弱まり，衰弱しつつあるのだろうか。それを恐れる大衆や新しい中間層に対する私たちの知識はとても限られている。労働者の場合，彼ら固有の問題を抱える所有，そしてその仕事の本質的部分については，その軟弱化を防ぐため適切な配慮がなされている。たとえば，ドイツの新たな中間層は，正確な表現ではないがドイツのユリのように純真な政策の主要支持層であった。この政策はこの10年間私たちが従うことを強いられたものであるが，それを考えたとき，本当に彼らは「軟弱」だったと言えるだろうか。まさにその正反対だったことは言うまでもない。

　ニーチェの文明に対する恐怖は，「柔弱」や「堕落」といった視点から見てもわかるように明らかに大げさである。私たちのつい最近の経験を踏まえるならば，ニーチェが言うような「悪」，生命の「暗黒面」について，すなわち

第6章　ニーチェと破局

「中傷された」対抗力と呼ばれる，追い立てられ扇動されるすべてについてさほど心配する必要はないように思われる。裏切り，虚偽，侮辱，あらゆるマキャヴェリ的「美徳」についてニーチェは卑劣の極みに達するものとして激賞しており，私たちは今日そうした不愉快に事欠かない。私たちが望むのは，そのことがこれから数百年にわたって私たちをある考えから解放してくれることである。すなわち，私たちがあまりに居心地のよい生活とバランスをとるために，洗練された悪に手を染めざるを得ないという考えである。そしてニーチェは，必要不可欠な基底音として，ところかまわず戦争，戦争と騒ぎ立てる。現代の戦争が，好んで女性や子どもを犠牲にし婉曲的に「総力戦」と呼ばれる一方，いまだ私たちが知る獣性の饗宴には達していないとしても，同様に，それが私たちのもっとも卑しく，劣った本能を涵養し，最高の美しい花へと育てたとしても，また今日いたるところで起こっているように，それが人類愛と文化を跡形もなく破壊してはいないとしても，あるいは古の「紳士の戦争」がいまだ存在したとしても（もちろん今日それは神話になっているが），私たちは女々しさの解毒剤として戦争を必要とはしない。私たちは今次の戦争でこのことを学んだ。イギリスやアメリカの平和主義者たちは，数千，数万回に及ぶ航空戦で，あるいは挺身隊員として犠牲となり，孤独に散っていったが，彼らはこの忌まわしい虐殺劇の中で，上述の点を含めあらゆる観点から見て，類を見ない乱兵だったと言えるだろうか。ニーチェは，1914 年以前の人間が大部分そうであったように，依然として戦争を紳士的なものと考えているため，かつての多くの軍事的英雄と同様に戦争を正当化している。彼が戦争という「万物の父」を褒め称え，不可欠であると説明し続けるからである。しかし今日，こうした賞賛は問題外である。幸いにも，私たちは，自分自身の経験から，人間の精神とその知的強靭さを維持するのにこうした軍事的精神を注入する必要はないことを知っている。いまのこの状況を考えれば，この問題についてこれ以上述べるまでもないだろう。

　ニーチェはまた，ほかの問題も提示している。それが「大衆の反乱」，民主主義への恐れである（これについてもこれまでの問題と同じく時代拘束性が見られる。これは，人々が下からの圧力を強く意識し始めた 17, 18 世紀の問題だったからである）。今日，かつてそう言われたように，大衆が何らかの方法で反逆を企

てるということが現代人の宿命であるなどと，誰が信じるであろうか。しかしニーチェ本人は，のちにマキャヴェリズムに資するという意図をもって民主主義を受け入れたものの，それ以外では「ああ悲しい，悲しい！」とお決まりのように振舞い，泣きわめくことを愚かなことだと述べている。現代文明は畜群の体制へと行き着く。さしあたり，人間という要素の取り扱いについては措くとしても，私たちはニーチェの言う「畜群」が読み書き能力や新聞その他の各種現代的情報配信サービスを有しながら「牧者」の支配を受け，その「群居動物的資質」を保ち続ける，さらには衰えた貴族階級が駆使する排他的権力を伴う社会形態を保ち続けるはずだ，などと信じるとすれば，社会学的に見てあまりに素朴すぎるということになるだろう。そしてあいにく，ニーチェが素朴すぎたことは否定できない。

　ここでの問題は，現代の大衆が抱えている，あるいは抱えることになるであろう構造ではない。しかし，今日のあらゆる政府は，民主主義的なものだけでなく，独裁や恐怖政治を実現，維持しようとするものまで含め，実際に一般の風潮，大衆の支持や異議に，要するに人々の意思に依存しないものはない。また政府は，政治的自由や大衆の自由な同意に基づく場合よりも，恐怖政治や独裁，半独裁政治を志向している場合の方が，大衆的傾向の持続を意味する社会的平等主義という点でいっそう一般の意思に迎合する傾向がある。そのため，あらゆる政府は，大衆の自由や自己決定という点に関して社会的水準に見合った対価を支払わなければならず，それについて手出しができないため，結果として文化や伝統という点で特権的地位を持つ高次階級はすべて廃止されるところまで来ている。大衆による一方的支配に対する予防措置として自由と民主主義ほど確実なものはない。ニーチェはこの事実を見落としていた。大衆に自由な活動能力があれば，民主主義は彼ら自身によって選ばれ，承認されたリーダーを持つ社会階層を要求するからである。そのため，そうした指導者は，大衆の自由な自己決定によって，さらにはエリートや特権階級が自分たちの中から生み出される，つまり自分たちの自由意思によるという感情を大衆が持つことで，自然とエリートとして際立ってくるのであり，かつそうしたものとして認知されていくのである。

　事態を冷静に見つめれば，ここまで述べてきたことは，誰が見ても疑いなく

第6章 ニーチェと破局

明らかであろう。しかし，もっとも本質的なことは，ニーチェの大衆に対する恐怖が政治学や社会学の問題ではなく，根本的には心理学の問題だったということである。彼は，総体的水準のために，外部との交流ではなく孤独においてのみ勝ち取ることのできる心と魂の高みと深淵のために，この恐怖へ，凡俗に対する鬱積したありたけの嫌悪と，知的，精神的優越に対するありたけの畏怖と関心を詰め込んだ。つまり，彼は自分が意志するすべてのものをそこへ叩き込んだのである。その意志とは，あらゆるものからニーチェが自らをとり巻く教養層に見出した凡庸を厳格に分離することであった。そこには，ニーチェが近寄りがたいと考えていた大衆と彼ら固有の生活様式も含まれている。彼が当時，大衆の実存やその問題に投影したこれらの嫌悪や分離は，まったく見当違いのものであった。

こうした懸念からニーチェは「貴族政」という理念に達するが，そのことによってまた，常に「距離のパトス」を主張するようになる。したがってまた彼は，自ら「強者」と呼ぶ優れた人々から「群れ」と呼ぶ畜群を区別するための考えられる限り大きな「障壁」を絶えず求め続けることになる。この点にこそニーチェ思想における最大の危険が，すなわちニーチェ本人の情熱的な意志を体現するもっとも危険な代用物が存在する。そしてそこに超人というニーチェ思想の全体的解釈に関する疑問が生じる。

ここで再び最低限注意しておくべき価値について，純社会学的見地から論じよう。まず確認すべきは，平均的な人間類型というのは，歴史を通して人や時代を問わず，自己形成するエリートが大多数の人々に行使する影響のもとにかたちづくられるということである。このことはあらゆる歴史体，時代にあてはまる。そのことはまた，ニーチェがしばしば羨望の眼差しを注ぐインドのカースト制，少なくともある種の貴族政やそれに類するものにとっても真実である。エリートは規範となる心理や精神を創出するが，それは移ろいやすいため，ヒエラルキー構造を取るかどうかとは別に，それに応じた大衆の鋳型，平均的人間類型をもつくり出す。とすれば，エリートという観点から言えば，この大衆の影響力の強い時代に，エリートに対して「距離のパトス」や，いま現にある障壁を拡大せよと説教することほど危険なことがあるだろうか。そのことはエリートの自滅を引き起こしつつある。遅かれ早かれ，エリートというものは，

18世紀末，かつて特権的地位を占めた貴族政や正統主義的君主政，それに関連するすべてで生じたように，社会的動態(ソシアルダイナミック)によって粉々に打ち砕かれるだろう。後期ニーチェに見られるような旧体制の復活はもはや公然，秘密を抜きにしてあり得ず，今日ではむしろ大衆とエリートとの動態的関係(ダイナミックリレーションシップ)にぴたりと一致するような社会的願望や行動が生じる，すなわち大衆とエリートの双方が自ら望んで統合する可能性の方がはるかに高い。このことは，単に現実主義によって言われるだけでなく，私たちの時代における教会説法，公理となっている。それは，大衆の精神的台頭とエリートが自らの高位を保ち続けることの双方を可能にする唯一の方策である。

そう，それはまさに大衆の精神的台頭にとってこそ有効なのだ。ニーチェのもっとも致命的な誤り，またもっとも致命的な精神的倒錯は，まさにそれを見抜けなかったことである。つまり，ニーチェは，その生の構想全体の中で大衆をただの「伝達素材」，あるいは中性的精神と位置づけてしまったのである。しかし大衆は動態的要因(ダイナミックファクター)であり，それゆえまたあらゆる歴史，文化過程でしかるべきものとして評価されるべき積極的な構成要素である。こうした大衆の意義については私たち自身が目撃しただけでも相当な数に上る。この事実を見落とした議論はみな空想にすぎない。

超人に関する第二の問題はエリートに関するもの，とくに（ニーチェのカテゴリで言えば）「貴族的」人間，「地上の支配者」，最終的には「もっとも高等な」人間についてである。これらはまさに超人の前衛とされている。ここで問うべきは，私たちのような死すべきものとしての人間にこうした「高等な」人間を思い描くことが可能なのか，あるいは私たちの歴史に運命が遣わした最高の人間たちよりも「高等な」人間を期待できるのかということである。私たちが西欧のもっともすぐれた人物として知る，ダンテやミケランジェロ，シェイクスピア，レンブラント，ゲーテといった数少ない偉人に勝るような人間を想像することができるだろうか。正直なところ，このように考えることさえ少しおかしく思えてならない。ここに挙げた人物たちは，大きな内的緊張，対立する諸力の結合，自己訓育，生や苦悩の激しさという点で，ニーチェが偉人，最高の人間として杓子定規に描き出すあらゆることと比べる気にならないほどの充溢に到達していた。ニーチェが捜し求め，創造しようと望む「人類史上にお

ける画期的な人間たち」は，まさしく神のお蔭をもってすでに存在している。だとすればここで必要なことは，彼らを偉人として受け入れ，そしてすでに述べたように，彼らに代わるべき人物が見当たらないというのであれば，彼らを私たちの心の内を照らし出す「灯台」として用いることであろう。

とはいえ，こうした態度を実りあるものにしようと思えば，そうした人々に体現され，また彼らが格闘した客観的価値や力に対する見解を追体験する必要がある。この作業こそこれまでの議論で私たちが目指してきたことである。

しかし，ニーチェにはそうした見解が欠けていた。このことこそニーチェが超人を構想した理由である。すなわち，意志以外を信じることのできない人間は，超人になることでしかニヒリズムを克服できないとされるのである。したがってまた，ニーチェの全体的な願望は，力やその実現形態によって意志されたものではなく（とくに後者はある種の訓育と生活方法によってのみ起こすことができる），その「エリート」概念，すなわち「貴族的」，「支配者としての」人間を伴って現れる。そこには，常に意志される「障壁」やニーチェの理念的世界で非常に歪んだかたちで理解されている「距離」が含まれる。

以上の考察から，結論として，西欧が産み出した根源的諸力，すなわち現実の世界に影響を及ぼしてきた人類愛(ヒューマニティ)や自由に対するニーチェの背信をはっきりと指摘することができる。どちらも幾世紀にもわたって西欧の歴史を貫いてきたものである。そしてこれらこそ西欧を西欧たらしめている決定的な要因であった。一方はキリスト教に由来し，もう一方は私たち西欧に住まう人間の遺産，すなわち古典古代という偉大な時代から引き出される経験によってその都度再確認されてきた遺産に由来する。すでに見たように，両者は18世紀には人間に埋め込まれた超越的な力として理解されていた。こうした理解によって，18世紀は，たとえそれらを抽象的な形式としてのみ理解したにせよ，あるいは実際にそれらをそういうものとして広めたにせよ，人類史に大きな足跡を残した。こうした超越性の発見によって19世紀後半にはより広い領域でその影響が広まっていった。しかし同時に，こうした超越性は，深淵に対する新しい経験を伴わなかったために，次第に実体を欠いた空虚なものとなりつつあった。以後世紀末に向かうにつれ，1789年の理念を「辛らつに」語ること，その欠点や裏面のみを見ることは習慣となっていた。もっとも，その不完全性や裏面

は、実際そこに欠陥があるというのではなく、その実現をあまりに急いだため生じたにすぎないのである。しかし、そのやり口の汚さといったらどうだろう。フランス革命やイギリス、アメリカの民主主義に対する信念にあらゆる弱さ、浅はかさ、不毛かつ悲惨な付加物が持ち込まれたことで、人類愛(ヒューマニティ)と自由を支える信頼は、普遍的な意味を保つ「実践的政治」のみとなる。すなわち、人類への信頼、西欧に生まれそこに所属することへの信頼、そしてそのルーツ、より正確には、その超越的なルーツを持つことに対する信頼のみが残される。言い換えるならそれは、私たち一人ひとりに生きる目的を喚起する、人間が地上において自らの運命を切り開く能力に対する真実の信頼である。こうした務めに対して知らぬ顔を決め込む、あるいはただ困難だという理由からそれと向き合うことを躊躇するのは卑しむべきことであろう。このような信頼、あるいは別の言葉を用いれば、その基盤となっている人類愛(ヒューマニティ)に関する深淵な経験は、その力点に関するいかなる変種をも持たない。こうした変化がニーチェにエリートの意義、すなわちエリートの在り方や偉人の評価を誤らせたのである。一方、そうであるからこそエリートの育成が唯一の重要問題となり、その育成に際して人間や民族の幅広い見解が問われることになる。というのも、エリートは、大衆が彼らの力で育てられるような水準を体現してはじめて、額面通りの意味で広く大衆に君臨していると言えるからである。同時に、偉人たちの正当な評価は、生命という激しく運動する大海で、せり上がった波の頂点と見なされてはじめて意味を持つことになるからである。

　このようにしてはじめて、この両者、すなわちエリートと偉人は大衆と結びつき、私たちが望む将来において生命の模範型へと統合されるであろう。それは、実践的に可能であるというだけでなく、内的、精神的緊張なしに可能な将来の模範型である。まさにそれは内的緊張なしに可能なのである。ニーチェが行い、その目で見、そして述べたすべてのことは、彼の情熱、その壮大な構想、純粋な意思にもかかわらず、実際にそのような緊張が存在していたということの証にほかならない。この緊張は、致命的なひびを生み出した。このひびに沿って割れ目が広がり、新しく、より高い水準を持った土台が粉砕されてしまったのだ（そして、このひびを生み出したものこそ、同時代の単調な平凡さへのニーチェの攻撃的態度であった）。言い換えるならこのひびは、太古以来、西欧

に固有の理念を伴ったその広範な生を破壊したのである。私たちは今日，この破壊の帰結を見ることができる。ニーチェがこの帰結に及ぼした影響を過小評価することは，もっとも忌むべき評価であろう。

第 2 節　偽りの平和（1890～1914年）と大災厄の時期

　ここからは，これまでの議論の帰結について具体的に検証し，それに対して私たちがとるべき一般的な態度について概観しよう。しかし，その前に，私たちがいま直面している災厄に特有の性質を付与した社会学や精神における動態的変化(ダイナミズム)の要因という観点から，そうした帰結をもたらした1870年代以降の忘れてはならない局面について要点を確認しておこう。

　そのとき円熟期を迎えたニーチェが舞台に登場し，彼は舞台に上るや否やたちまち観客を惹きつけた。そこにはすでに世界規模のすさまじい緊張が存在していたにもかかわらず，彼はきわめて危険な仕方で演技を続けた。この時期は，いま私たちが目にしている大災厄に対して最初の刺戟を与え，第一次世界大戦以後生じた不透明な緊張感をもたらした。それがニーチェの登場直後でなくこれほど遅れてやってきた原因は，1880年から1914年におよぶ時期の特異な性格，そしてそこにニーチェ思想が特異な仕方で影響を及ぼしたこと，一方戦後しばらくはそれとはまったく異なる雰囲気が生じ，ニーチェの普及もまた別の仕方でそこに作用したことに求められる。

　ここでは，この時期についてすでに述べたことを改めて繰り返し，戦間期についてより詳細な記述を試みることはしない。その多くについては，今日私たち一人ひとりが自分の経験を通してよく知っており，またそれを考察するにはもう少し時間が経ち，歴史的な視座を手に入れなければならないからである。そのため，私たちが同時代の状況について議論する分には，これから論じることを土台とすれば十分である。

　1880年から1914年にかけての時期は，緊張が極大化した時期として問題視される一方，安心感に覆われた時期でもあったが，まさに以前言及した心と政治の亀裂がどのような帰結をもたらすか私たちに教えてくれる。とくにドイツ

においてそれが何を意味したか，また，ドイツと他のヨーロッパ諸国には内的構造が異なるとはいえ，それが時代の一般的現象として，ドイツと同様にその暗い影を投げかけたことについてはすでに見た通りである。ここからは，大まかにではあるが，この亀裂が実践面，精神面でどのようにして生じたか，それがどのような帰結をもたらし，世界に対してどんな影響を及ぼしたかについて記述を進めていこう。

　心と政治が放任されたこと，このことが両者のあいだに生じた亀裂に関するもっとも重要な帰結である。すなわち，権力が無制限の自由を手に入れたのである。

　それ以後，政治と権力は，あらゆる種類の知的統制，すなわち精神的統制を失っていった。この分離が生じてしばらくのあいだは，とくにドイツではビスマルクがそのことを隠蔽しつつ，知識人層がドイツ代表として帝国議会に参加することも可能であり続けた（もっとも，その意図と目的に反し，帝国議会は1878年以後，責任ある統治に対する実質的能力を備えておらず，権力を奪い取られていた）。彼らは，しばしば揶揄される，1848年フランクフルトのパウロ教会に召集された「教授議会」【訳注206】の後継者であった。しかし，彼らの背骨はすでに完全に砕かれており，やがて政治の表舞台から完全に消え去ることとなった。政治の領域には，利害関係者，すなわち穀物や酒類の関税に利害を有する東部の貴族と西部の大資本家が，本来ならその資格がほとんどないにもかかわらず，ともかくも代表の地位を与えられていた地方官やそれに類する人々，あるいはカトリック教会の利害代表者（これはこれで政治に対して思いのほか適応性を持っていた），さらには組織化された労働者たちの代表とともに進出してきた。このような「同業組合的な」背景を持つ組織が政治に進出してきたため，もはや政治に調和のとれた精神を期待することができなくなった。そのとき政治を支配したのが特定の利害とそれをとり巻く利害関係である。同時期オーストリアでは，非常に軽蔑すべき自由主義者（ニーチェに言わせると「凡庸の典型」）が反対していたにもかかわらず，ボスニア・ヘルツェゴビナからオーストリア・ハンガリー帝国へダナン（Danaan）の割譲が行われている【訳注207】。この反対は，政治的には当然の判断であったが，結局無駄に終わってしまった。というのも，ベルリン会議でビスマルクがペテンを働いたからである。この割

譲には権力政治の野心が含まれており，のちにオーストリア・ハンガリー帝国を解体へと追いやるトロイの木馬となった。こうしたとても合理的な自由主義は，「汎(パン)」を標榜する民族主義者や帝国主義者によって引き継がれた。その結果，この国の連邦議会（Parliament）と帝国議会（Diet）では諸方策が乱立し，混乱は行き着くところまで行き着いた。結局，帝国は内側から分断されることになり，軽率にもセルビアとの衝突を煽り立てられた。もちろんセルビアは，ボスニア・ヘルツェゴビナの経済的かつ心理的母体であると同時に，あの事件の直接的な原因となったのである。ドイツではそのあいだ，ヴィルヘルム二世が知的伝統など歯牙にもかけず，横柄な長舌に浸ることができた。さらに，様々な利害関係から成り立っていた従順な議会は，ティルピッツ（Alfred von Tirpitz, 1849～1930）に対して，のちの戦争でまったく役に立たないことが明らかとなるあの大艦隊の建造予算を容認した（ティルピッツは好人物ではあったが，政治に関してはずぶの素人であった）[5]。それにより，イギリスとのあいだに熾烈な建艦競争が起こった。それはドイツにとって一種の冒険であり，この競争でドイツが抱えるリスクはイギリスをはるかに越えて甚大なものになると考えられていた。この艦隊建設は権力政治的思考に拍車をかけ，帝国議会は軍備にさらなる予算を認めることになる。名誉と利得が万事にわたって幅を利かせていた。しかし，権力政治によって引き起こされる崩壊がすでに始まっていた。

　フランスでは，議会はまずまずの知的水準を保ちながらぎりぎりのところで運営されていた。しかし，すでに沸点に達していた国際情勢の最中に，議会が頑迷な戦争屋，権力政治的な陰謀家であるポワンカレ（Raymond Poincaré, 1860～1934）のような人物を大統領に選出することができたという事実は，フランスでさえ心と政治のつながりが疑わしいほどに弱まっていたことの証しである。とはいえ，ブーランジェ事件（1887～89年）やきわめて遺憾なドレフュス事件（1894～99年）以後，権力政治への熱狂は，知性という冷却水を注入されることで幾分和らいだと考えられていた。他の国々，おもにロシア帝国と大英帝国については，細々と述べるよりは，一つ重要なことを確認しておこう。権力政治に基づき南下政策を進めるロシア帝国とそれに対抗して自国の権益を防衛したい大英帝国という構図は，当時の合言葉として受け入れられて

おり，ほかのあらゆる出来事に影響を及ぼしていた。そのため，いたるところで道徳や知性の統制を受けない権力の放任がまかり通った。

　ここで言う知的空間の特質とは何か。フランスとドイツに限定して考察すると，この時期の文物における知性の決定的要因が浮かび上がってくるかもしれない。フランスでは，様々な理由から世紀転換期にかけて一時的な知的停滞に悩まされたが，それでもなおベルクソン（Henri Bergson, 1859〜1941）という偉大な哲学者を輩出している。ベルクソンによる機械論の廃棄，すなわち彼の生の躍動説によると，諸力は自らの権能によって自身を自発的に再確立する。この見解はベルクソンの他の業績と同じく非凡なものであったが，大波となってドイツへ押し寄せ，新たな権力を解き放つことになった。現代フランスの「開拓者たち」[6]，たとえばペギー（Charles Péguy, 1873〜1914）やスアレス（André Suaresé, 生没年不詳）らは，フランス最後の意義ある文学的繁栄に貢献する一方，ほかのことに関しても，1914年に示されたような生に対するフランスの意志を強化することに貢献したが，彼らはみなベルクソンという刺激的な泉にどっぷりと浸かっていた。しかし，そこにはやはり知的放蕩があった。ジョルジュ・ソレル（Georges Sorel, 1847〜1922）もそうした源泉によって養われた一人である。ソレルは，ここで取り上げた人々よりも一昔前の世代であったが，彼ら若い世代にも通暁していた。彼の知的態度は決して革命的なものではなかったが，それでも『暴力論』（1908年）を記すほどのものであった。『暴力論』は，マルクス主義的社会主義に代わるまったく新しい実践的社会主義を設定し，労働者運動を改革による平和的発展から暴力による革命へと大きく軌道修正したことで，ニーチェとともに世紀末へ向かう時代の中でもっとも影響力のあった知的媒体として知られている。議会は，実践的革命主義や自立した真の労働者運動という「神話」によってとって代わられるべき労働者飼いならしのための機関であるとされた。直接行動，この言葉はエリートと同じ地位に立つアヴァンギャルドたちによって定式化，宣伝された。宣伝者たちは大衆を熱狂させ直接行動へと導いた。それこそが時代の標語であった。「直接行動」（それ自体はまったく問題ないのだが）というソレルの戦略の背後には，彼の意図に忠実で，「暴力」という言葉を文字通りの意味で用い，またアヴァンギャルドに独裁的な意味を吹き込むことになる最初の革命主義が忍び寄ってい

た。そうした革命主義は，古い西欧の理念や防護壁を荒っぽく外へ放り出そうとする，新たな意志を持った諸力に火を灯すことになった。言うまでもなく，これら二つの互いに反発し合う運動は，どちらも世界に対して決定的な意義を持っていた。それらは，ここで見たような本質的には天上世界のとでも言うべき，浮世離れした頭脳で考え出された知的現状からその糧を得ていた。そうした頭脳の持ち主は，老境を迎えてなおこれら二つの運動の一方の創始者であるレーニン（Vladimir Ilich Lenin, 1870〜1924）に対してさえ愛想を振りまくことができた。彼らは，自分の生活に安住し，「商品と所有」の方式がどれだけ異なっているか，すなわち「ブルジョワジー」のそれとどれほど違っていたかについて何も考えていないか，あるいは皮肉めいて言えば，考えることを止めようとしなかった。にもかかわらず彼らは，その「暴力」という標語にいかなる犠牲をもいとわない覚悟を持っていた。まったく典型的な知的放任主義者であるこの種の人物，すなわちその言動が実際にどういう結果をもたらすかほとんど考えない宣伝屋は，1914年までの緊張が少し落ち着いていた時代に蔓延した。そうした状況，すなわちブルジョワ文化圏に属する人々が社会主義以外に関してもそのような宣伝について単に思想の「興味深い」形態であるとして，何か「宙に浮いたように」落ち着いて議論し，知的に耐えているということこそ，当時における知的状況の特徴である。

　ドイツでも状況は同じであった。しかし，より多くの「興味深い」混合物を考察すれば，知識層は，行為主体として能力のある，実践的な生命からいっそう疎外されていたと考えられる。ドイツは日に日に豊かになりつつあった。このときはじめてドイツ資本圏に真の「有閑階級」が出来上がりつつあった。同時にドイツは，真に知的な空間というものを経験しつつあり，それを知らず知らずのうちに（あるいは，自覚していたにしても，いつもと違ったやり方で）自らの偉大な知的伝統へとり込みつつあった。そこには，ある種の「ルネサンス」が生じていた。それは，ブルジョワ文化特有のよどんだ空気を吹き飛ばしただけでなく，あたかも自分自身を見つめ直すように，これまでさしたる抵抗もせず楽観的に受け入れていた機械化に対し，それがもたらす破壊過程の奔馬のような勢いを拒絶する動きが出てきた。その好例としてドイツ文学を取り上げてみよう。以前の文学では生命の問題に対する態度が歴史的，社会的固定化

に悩まされていたが（それこそかつて，グスタフ・フライターク（Gustav Freytag, 1816～95）が問うたものだなどと想像できるだろうか），テオドール・フィオンターネ（Theodor Fontane, 1819～98）のような当代の代表者や独自の道をいくゴッドフリート・ケラー（Gottfried Keller, 1819～90）でさえ，その文学的姿勢に環境や人物の性格に対する柔らかく，丁寧な描写が一般原則として登場していることを考えると，このとき文学には何かこれまでとは違ったものが生じていたと言うことができる。生命の根本に取り組む小説が現れ始め（たとえばトーマス・マン Thomas Mann, 1875～1955），叙情性は事物に関する永久の，深淵に臨むような見解に近づくと同時に，しばしばまったく新しい音声表現によりそこに形式と音感を与えた。ドイツの一部の著述家たちは，フランスと同様，ブルジョワやプロレタリアといった領域から離れて事物を見るようになり，それとは別の外的な世界を創出した。この過程がいかに表面的なものであったとしても，そこには象徴的な意味が存在する。古き善き慣習の継続と結びついた因習から意識的に抜け出すこと，生命が持つ高みや深みの意義に対する開かれた関心，これらはかつてのドイツには決して存在しなかったものである。古典古代以来，私たちドイツ人がこれほどまで総括的な見地に近づいたことはなかった。

　ニーチェ，とくに『ツァラトゥストラ』を抜きにしてこの時代の空気を語ることはできない。ニーチェは真の障壁の破壊者，解放者であると同時に，多くの観点から見て問題を深化させる者であった。

　生命という観点から見て，全体としては何が起こっていたのだろうか。知的焦点は様々な場所で，内面の豊かさという点で，もっとも開かれた人間の関係，力強く交錯する受胎能力の充溢を，より洗練された言葉を用いれば，コスモポリタンとしての展望を備えた人間を生み出した。しかし，都市部においてさえ，それらの中に政治や実践的生命に対してわずかでも関係や影響力を持つものは一つとしてなかった。そのあいだには疎外という名の壁が立ちはだかっていた。これらの知的圏域は，その背後で実際何が起こっているかについてほとんどはっきりと理解することができなかった。彼らがしたことと言えば，ときおり，そのいくつかの兆候を気の利いた風刺画にしてあざ笑うか，そのまま放置しておくことであった。これと同様に，彼らは大衆の問題についても概して

何をなすべきかほとんど知らず、またほとんど注意を払うこともなかった。たしかに、彼らの中には労働者をきちんとした社会の一員とすること、すなわち社会政策と関わりを持とうとしたグループも存在した。しかし不幸なことに、非常に多くの人々が自分こそ知的にもっとも優れていると自惚れ、同時にニーチェの言う「距離のパトス」を自らの任務としていたため、労働者の社会への取り込みなど根本的に重要な問題とは考えられず、そのことは愚かな人々とはいかないまでも劣った人々の仕事だと見なされていた。民主主義を取るか社会主義を取るか。もっとも力強い意志の信奉者にして、この時代の天才とされたドイツ人詩人たち、たとえばシュテファン・ゲオルゲ（Stefan Anton George, 1868～1933）らは（もちろん、文字通りにもっとも詩才に恵まれているという意味ではない）、「エリートの紐帯」であるとされており、また彼らもそう自称して憚らなかった。彼らは、国民全員の将来や大衆の将来に関する重大で、真実の問題を知り、把握するのではなく、ある種の通過儀礼に取り囲まれ、「支配と奉仕」という計画に浮かれ騒いでいた。当時の状況は、知性の点で、あらゆる事柄が本当に大事な実践的行動から切り離され、心と政治が分断していた。それは、当初こそ純粋に心的領域の問題であったが、その影響はのちに現実問題として重くのしかかってくることになる。

　こうした状況は、たとえ人々がいつもこれほどまでに盲目で、あるいは愚かでなかったにしても、たいして変わらなかった。「結局、これだけ繁栄しているのに、ヴィルヘルム二世の強がりや芸術愛好主義に異を唱えることなんてできるものか」。これが一般的感情であった。人々はあらゆることをなすがままにしていた。彼らはある種の安全意識の中で生きていた。この安全意識によって彼らは、なんら制約もなく「すべてを理解し、許す」、あるいはもっとも気高い意味で大盤振る舞いにふけり続けることができるだけでなく、知的な意味でそうすることが自分たちの最高の義務であると信じて疑わなかった。しかし彼らは、この「すべてを理解する」という態度が、いかに気高いものであろうと、かつて心と世界が一体であると理解されていたころには、何かまったくまとまりのないもの、放任主義の一種であるとされていたことなど知りもしなかった（もちろん、このときのものはある意味でとても洗練されてはいたが）。

　これらすべての背後で、あるいは歴史的観点から見れば、このことを愉快な

人形劇として楽しむとまでは言わなくとも，知性における一つのエピソードに格下げしてしまったその裏で，権力や利益に貪欲な危険きわまりない政治的放任主義が着実に成長しつつあった。たしかに，ある程度の良識という点からすれば，そこに壁の裂け目をふさごうとする一握りの重要人物を見出すこともできる。しかし，かつてのばかばかしいほどの虚飾をまとった外交に抗して，いまやこのような「現実主義」的傾向が災厄をはらむ噴火活動を始め，依然としてその全貌を現してはいないものの，発展を続ける軍事主義によってあらゆるものが発火性を高めつつあった。すでに帝国主義，民族主義，軍事主義といった諸勢力は，舞台裏でひそかに激しい共同行動へと歩調を合わせつつあったのである。

　突然，どこかで2，3の弾丸が放たれた。私たちに戦争，大災厄が降りかかってきた。この2年のあいだ，そのもうもうと立ち上る熱気によって感じられていたこと，偽りに満ち，愚かな外交があるときには刺激し，あるときには檻に閉じ込めてきた危険な怪物が突然舞台へ飛び出してきた。夢想は，たちまちのうちに打ち砕かれた。精神的，知的世界は，現実から乖離し，すべて崩壊してしまった。この崩壊現象は，ドイツに限ったことではなかった。それは地球全体で，まるでハンマーを思い切り振り下したかのように，粉々に打ち砕かれた。

　私の知る限り，これほど望まれず，これほど予期に反したことが人類を襲ったことなど一度もない。暗い影の諸力が，これほど恐ろしげに自然という名の地下牢から脱走し，好き放題に動き回ったことなどかつてなかった。私たちはいま，その激しさ，その解き放たれた力がますます猛り狂うこの第二段階を生きているが，どうやってそれに再び枷をつけたらよいか，いまだにわからない。

　破滅という名の領域だけが残された。それは知的，精神的領域でも全世界へと広がっていった。その中心はヨーロッパにおける人と物の大規模な破壊であり，現実を見てみると，とくにドイツだけというわけではなくその周辺国，ロシア，イタリア，フランス，ベルギー，オランダそしてイギリスをも巻き込んでいった。その瓦礫の下には，少なくとも1200万から2000万にもわたる死者，すなわちもっともすばらしい文明の血筋が横たわっている。そこには数えきれないほどの，負傷者さらには戦死者，手足や家を失った者の母や妻子が含

第6章　ニーチェと破局

まれている。多くの都市が瓦礫の山へと変容し、いたるところで歴史の記念碑が破壊され、記録、すなわちかつてヨーロッパ文化の神聖かつ永遠の記念と考えられた、もっとも古く、もっとも貴重なものさえ滅びてしまった。その代わりにできたのが、憎しみにまみれたおぞましい死体安置所であった。私たちには、人類史上かつてないこの大変動の最中にあって何をなすべきか、という問いが突きつけられている。このことに関しては、ドイツ人、とくに今日憎しみに取り囲まれ、この巨大な惨劇の張本人である私たちこそ真摯に受け止めるべきである（私たちはその責任から逃れることはできない）。私たちは、この惨劇が始まったとき、テロリズムが投じた罠にかかったことに気づいたが、もちろんだからといって咎めを免れるわけではない。この問いに対し可能な限り真摯に、容赦なく、包括的に向き合わないとすれば、責任を特定の人物に転化するだけである（もちろん彼に対して一切の容赦は必要ない）。この若干の取り巻きに囲まれた人物は、絶大な魅力、裏舞台での権力、最高の才能、無節操な意志そして大衆を堕落させるほとんど催眠術といってよい知識を持つ怪物であった。この人物にしてはじめて、ある種の権力がその周りに集まり、彼を衝き動かす条件が整ったとき、あの怪物のような出来事を引き起こすことができる、あるいはまた実際に引き起こし得たのである。彼が行うことはまさにすべて、かつて実際そうなったように、象徴であり、その行為は国内外を問わず歓迎される。これらの条件についてはすでに述べたが、改めてやや詳細にその外的要因について概観すると同時に精神的要因について論じたい。

　もし私たちが、いまやほとんどゼロにまで擦り減ってしまった私たちの生命における内的、外的条件に順応しようと思えば、新しい精神的態度で出発しなければならない。私たちが精神上、世界の人々のあいだで地位や尊厳、意義を取り戻そうとするなら（そしてこのことは精神的にのみ可能である）、そうした条件を修正していかなければならない。

〈原注〉
(1)トーマス・コモンズの翻訳（Allen&Unwin）では「幻影と謎」、「快癒に向かう者」となっている。

(2) ここでは論旨から外れるので，理念や芸術としての力への意志に関するニーチェの考えには触れない。
(3) このことについて，たとえばカール・ヤスパース（Karl Jaspers, 1883～1969）は，その浩瀚かつ包括的著作『ニーチェ哲学入門』（ベルリン，1936 年）でこの視点からニーチェに本質的分析を加え，明確に論じている。
(4) 絶対的なものと相対的なものについては，最終章でより詳細に論じる。
(5) 周知のように，重要な潜水艦隊の建設はかなり遅れることになった。
(6) ここに挙げた用語については，エルンスト・ロバート・クルチウス（Ernst Robert Curtius, 1886～1956）の『現代フランス文学の開拓者たち』（1919 年）を参照。
【訳注】邦訳『現代フランスの文学開拓者』（大野俊一訳，白日書院，1947 年）

【訳注】
1　以下ニーチェの著作については，ちくま学芸文庫版『ニーチェ全集』（以下全集）を参照する。ウェーバーによる引用と全集は底本が異なり，少なからず相違がある。
　　本書では底本がドイツ語から翻訳された英語であることを鑑み，引用は強調（傍点）や中略記号（「……」）も含め英語に忠実に訳した。比較のため，各引用の注として全集該当箇所を示した。そのため，両者の強調や文章，語句が異なっている場合がある。
　　引用の大半は『ツァラトゥストラ』『善悪の彼岸』『道徳の系譜』『権力への意志』からなされる。上記以外の著作からの引用，極端に短い引用，あるいは文言の違いが大きく該当箇所の特定が困難な引用については，訳注を付さない。
2　フリードリッヒ・ニーチェ／吉沢伝三郎訳，ニーチェ全集 9『ツァラトゥストラ』（上），ちくま学芸文庫，2002 年，同（下），2005 年。
3　フリードリッヒ・ニーチェ／信太正三訳，ニーチェ全集 11『善悪の彼岸／道徳の系譜』，ちくま学芸文庫，2001 年。
4　ニーチェ／信太前掲，『善悪の彼岸／道徳の系譜』。
5　フリードリッヒ・ニーチェ／原祐訳，ニーチェ全集 12『権力への意志』（上），ちくま学芸文庫，2001 年，同（下），1999 年。
6　『ツァラトゥストラ』（上），215-216 頁。「こここそじっさい，あらゆる絵具壺の原産地なのだ！」。
7　『ツァラトゥストラ』（上），216 頁。「きみたちから，ヴェールと上っ張りと絵具と身振りとを取除く者があるとすれば，その者の手もとには，ちょうど鳥たちを嚇すに足るものが残されることであろう」。
8　『ツァラトゥストラ』（上），217 頁。「わたしが，きみたちの裸身をも，衣服をまとった姿をも，見るに耐えないということ，これこそ，じっさいこれこそが，

わたしの臓腑にとっての苦痛なのだ、きみら現代人たちよ！」。
9 『ツァラトゥストラ』（上）、31頁。「一切のものを小さくする最後の人間が跳びはねる。彼の種族はノミトビヨロイムシのように根絶しがたい」。
10 『ツァラトゥストラ』（下）、49頁。「彼らにとって徳とは、ひとを慎ましやかにし、飼いならすものである。それによって、彼らはオオカミを化してイヌとなし、人間そのものを化して人間の最上の家畜となしたのだ」。
11 『ツァラトゥストラ』（下）、50‐51頁。「忍従を説くこれらの教師たちときたら！ 小さくて、病んでいて、痂（かさぶた）でおおわれたところなら、どんなところへでも、彼らはシラミのように這って行く。そして、わたしが彼らをひねりつぶさないのは、ただわたしの吐きけに阻止されるからにすぎないのだ」。
12 『ツァラトゥストラ』（上）、177頁。
13 『ツァラトゥストラ』（上）、179頁。「そして、彼らが自分自身を『善にして義なる者たち』と称するとき、忘れるな、パリサイの徒たるべく、彼らに欠けているのは——ただ権力だけであることを！」。
14 『ツァラトゥストラ』（下）、272‐273頁。「というのは、今日では、小さい人々が主人になったからだ。この連中はみな、忍従と控え目と賢さと勤勉と思いやりと、以下同様に長々と続く小さい諸徳を説教するのだ」。
15 『ツァラトゥストラ』（下）、273頁。「女の性を持つもの、奴隷の性を受け継いでいるもの、とりわけ賤民というごった混ぜ、そういうものが今や人間のあらゆる運命の主人になろうとしているのだ——おお、吐きけ、吐きけ、吐きけ！ そういうものは繰り返し問うて、倦むことがない、『いかにして人間は、最も良く、最も長く、最も快適に保存されうるか？』と。このように問うことによって——彼らは今日の主人になっているのだ」。
16 『ツァラトゥストラ』（下）、117頁。「『多くを学ぶものは、一切の激しい欲求を忘れる』——人々は今日、あらゆる暗い路地で、こうささやき合っている」。
17 『ツァラトゥストラ』（下）、117頁。「『知恵はひとを倦ませる。何事もそのかいが——ないのだ。おまえは欲求してはならない！』」。
18 『ツァラトゥストラ』（下）、118頁。「何事もそのかいがない！ おまえたちは意欲してはならない！」。
19 『ツァラトゥストラ』（下）、119頁。「ここに小舟がある、——それは向こうへ渡って、おそらく大いなる無のなかへおもむくのであろう。——しかし、誰がこの『おそらく』に乗り込むことを欲するだろうか？」。
20 『ツァラトゥストラ』（上）、81頁。「わが身のうちにつねに猛獣をいだいていて、情欲にふけるか、あるいはわが身を引き裂くか以外には、選択の自由を持たない、恐るべき者たちがいる」。
21 『ツァラトゥストラ』（上）、82‐83頁。「魂の結核患者たちがいる。彼らは、生まれるやいなや、すでに死にはじめ、疲労と断念の教えにあこがれているのだ。

[中略]『生は苦にすぎない』[中略]『肉欲は罪である』[中略]『生むことは苦労だ』——と他の者たちは言う——『なんのためにこのうえまだ生むのか？不幸者たちを生むばかりだ！』このように言う者たちもまた，死を説教する者たちである」。

22 『ツァラトゥストラ』（上），83 - 84頁。「『同情が必要だ』——このように第三の者たちは言う。『わたしが所有しているものを受け取ってくれ！ わたしがわたしであるゆえんのものを受け取ってくれ！ そうしてくれればくれるほど，生がわたしを束縛することは，それだけ少なくなるのだ！』。[中略] だが，彼らは生から離脱したいのだ。彼らの鎖と贈り物で他の者たちをなおいっそう固く束縛する結果になろうと，そんなことは彼らになんのかかわりがあろう！——さらに，きみたちにとって生は激しい労働と動揺であるが，きみたちもまた，たいそう生に倦んでいるのではないか？ [中略] きみたちはみな，激しい労働を愛し，また，速いもの，新しいもの，見慣れないものを愛するが，——きみたちにとっては自分が耐えがたいのだ。きみたちの勤勉は逃避であり，自分自身を忘れようとする意志である。[中略] 死を説教する者たちの声が，いたるところに響いている。そして大地は，死を説教されなくてはならないような者たちに，充ちているのだ」。

23 『ツァラトゥストラ』（上），171 - 172頁。「わたしは一切の清潔なものが好きである。だが，不潔な者たちの，歯をむき出して笑う口や渇きを見るのは，好まない。彼らはそのまなざしを下のかた泉のなかへ投じた。いまや，彼らの不快なほくそ笑みが泉のなかから上のかたわたしのほうへ反射してくる。彼らはその情欲で神聖な水を毒した。そして，彼らが自分の不潔な夢を快楽と名づけたとき，彼らはさらに言葉をも毒した」。

24 『ツァラトゥストラ』（上），173頁。「また，わたしは，支配者たちがこんにち何を支配と名づけているかを知って，彼らに背を向けた。支配とは，権力を得るための駆引と取引なのだ——賤民相手の！ また，わたしは，鼻をつまんで，一切の昨日と今日とをふきげんに通り抜けた。まことに，一切の昨日と今日とは，文筆を業とする賤民の悪臭がするのだ！」。

25 『ツァラトゥストラ』（上），172 - 173頁。「そして，生そのものが敵意と死と拷問の十字架とを必要とするということを知ること，それは，わたしが最も苦しんで呑みこんだ食物ではない。——そうではなくて，わたしはかつて次のように問い，自分の問いがのどにつかえて，ほとんど息が詰まりそうになったのだ。何だって？ 生は賤民をも必要とするのか？ 毒された泉，悪臭を放つ火，汚れた夢，生命のパンにひそむウジが，必要であるのか？」。

26 『ツァラトゥストラ』（上），57頁。「一個の天界的な虚無であるところの，あの，人間性を失った非人間的な世界」。

27 『ツァラトゥストラ』（上），58頁。「一つの新しい誇りをわたしの自我はわたし

28 『ツァラトゥストラ』(上), 152 - 153頁。「唯一であり, 完全であり, 不動であり, 満ち足りており, 移ろわない者についての, この種の諸教説の一切, わたしはそれを邪悪で人間に敵対的な教説と呼ぶのだ! 一切の移ろわないもの——それは単に一つの比喩にすぎないのだ! じじつ, 詩人たちは嘘をつきすぎる。——だが, 時間と生成についてこそ, 最善の比喩のかずかずは語るべきだ。それら比喩は, あらゆる移ろいやすさの賛美と是認であるべきだ!」。

29 『ツァラトゥストラ』(上), 207頁。「ところで, 次のような秘密を生自身がわたしに向かって話した。『見よ,』と生は語った, 『わたしは, つねに自分自身を超克していかなくてはならないものである』」。

30 『ツァラトゥストラ』(下), 42頁。「あらゆることのなかで, ありえないことが一つある——つまり合理性だ!」。

31 『ツァラトゥストラ』(下), 42頁。「なるほど少量の理性, 星から星へとまき散らされた知恵の種, ——このパン種は, 一切の諸事物に混入されている。痴愚に役立つように, 知恵が一切の諸事物に混入されているのだ!」。

32 『ツァラトゥストラ』(上), 261 - 262頁。「ところで, きみたちの臆病さに染まって, 悪人たちを見ることを厭うようになったりしないこと, これが, 人間たちと交わるための, わたしの第三の賢さである。熱い陽光がはぐくむ奇蹟のかずかず, すなわち, トラどもや, ヤシの木々や, ガラガラヘビどもを見ると, わたしは至福を覚える。人間たちのなかにもまた, 熱い陽光にはぐくまれた, すばらしいやからがいるし, また奇蹟と呼ぶにふさわしいものが, 悪人たちにおいて, たくさん見受けられる」。

33 『ツァラトゥストラ』(上), 69頁。「きみたちは,『敵』と言うべきで,『悪漢』と言ってはならない。きみたちは,『病める者』と言うべきで,『ならず者』と言ってはならない。きみたちは,『愚か者』と言うべきで,『罪人』と言ってはならない」。

34 『ツァラトゥストラ』(上), 70頁。「赤服の裁判官は, こんなふうに語る。『いったいなぜ, この犯罪者は人を殺したのか? 彼は強奪することを欲したのだ』と。だが, わたしはきみたちに言う, 彼の魂は血を欲したのであって, 強奪を欲したのではない。彼は短刀の幸福を渇望したのだ!』と」。

35 『ツァラトゥストラ』(上), 185 - 186頁。「精神とは, みずからの生のなかへ切って入るところの生である。それは, みずからの呵責において, みずからの知を増大させるのだ, ——きみたちはすでにそのことを知っていたか? そして, 精神の幸福とは, こういうことだ, すなわち, 香油を注がれ, 涙によって清められて, 犠牲獣となることだ, ——きみたちはすでにそのことを知っていたか?」。

36 『ツァラトゥストラ』(下), 345‐346頁。

  おお, 人間よ！ 心せよ！
  深い真夜中は何を語るか？
  「わたしは眠っていた, わたしは眠っていた——,
  深い夢からわたしは目覚めた。——
  世界は深い,
  昼が考えたより深い。
  世界の苦痛は深い——,
  快楽は——心の悩みよりもさらに深い。
  苦痛は語る, 過ぎ去れ！ と。
  しかし一切の快楽は永遠を欲する——,
  ——深い, 深い永遠を欲する！

37 『ツァラトゥストラ』(上), 140頁。「人間と人間の大地とは, 依然として汲みつくされておらず, また発見されていない」。

38 『ツァラトゥストラ』(上), 62‐63頁。「きみのもろもろの思想や感情の背後に, わたしの兄弟よ, 一人の強大な命令者, 一人の知られざる賢者が立っている——この者が自己と呼ばれる。きみの身体のなかに彼は住んでいる。彼はきみの身体なのだ。きみの身体のなかには, きみの最善の知恵のなかにあるより, より多くの理性がある。そして, きみの身体がなんのためにまさしくきみの最善の知恵を必要とするかを, いったい誰が知ろうか？ ［中略］創造する身体が, みずからのために, 自分の意志の一つの手として, 精神を創造した」。

 『ツァラトゥストラはこう言った』(上)（岩波文庫, 2003年）訳者氷上英廣の「訳者解説」によると,「『わたし』という自覚の背後になお本物の『おのれ』があるという見方」は,「ニーチェを深層心理学の先駆者たらしめるもの」であり,「本能, 衝動, 力への意志の重視であり, かれは人間のモラルや意識をこの線から分析したり暴露したりする」。これがニーチェの「破壊の方法」であるとされる（270頁）。

 氷上の言う「おのれ」の原語はSelf。全集では, 上述のように,「自己」と訳される。本文では以後「自我」と訳出する。

39 『ツァラトゥストラ』(上), 99‐100頁。「わたしはきみたちに官能の無邪気さを勧める。わたしはきみたちに純潔を勧めるであろうか？ 純潔は, 若干の者たちにあっては一つの徳であるが, 多数の者たちにあってはほとんど一つの悪徳である。［中略］純潔を保つことの困難な者は, 純潔を断念するように勧めるべきである」。

 引用は『ツァラトゥストラ』13節「純潔について」からである。本文中の「肉

体は得意げに〜君は創造者となるであろう！」と訳出した部分は，次の14節「友人について」まで見渡しても見当たらない．

40 『ツァラトゥストラ』(上)，12節「市場のハエどもについて」で繰り返される句．全集では「のがれよ，わが友よ，きみの孤独のなかへ」となる．

41 『ツァラトゥストラ』(上)，111頁．「隣人ではなくて，友人を，わたしはきみたちに教える．友人はきみたちにとって大地の祝祭であるべきだ，また超人についての一個の予感であるべきだ」．

42 『ツァラトゥストラ』(上)，103頁．「友人たる者は，察知と秘密の厳守との名人であるべきだ．きみはすべてを見ようと欲してはならないのだ．……きみの同情は察知であるべきだ，きみの友人が同情を欲するかどうかを，まず知るために」．

43 『ツァラトゥストラ』(上)，113頁．「きみは，一つの新しい力，一つの新しい権利であるか？　一つの第一運動であるか？　一つの自力でころがる車輪であるか？　きみは，もろもろの星をも強制して，きみの周囲を回転させることができるか？」．

44 『ツァラトゥストラ』(上)，113頁．「きみは自分が自由だと言うのか？　わたしが聞きたいのは，主たろうとするきみの意向であって，きみがくびきを脱したということではない」．

45 『ツァラトゥストラ』(上)，116頁．「孤独な者よ，きみはきみ自身への道を歩み行くのだ！　そして，きみの道に沿って，きみ自身が，きみの七つの悪魔が位置しているのだ！」．

46 『ツァラトゥストラ』(上)，168頁．「きみたちの徳がきみたちの自己であること，かくて何か外来のものとか，皮膚とか，虚飾とかでないこと，これこそ，きみたちの魂の根底からする〔きみたちの〕真相なのだ，きみら有徳者たちよ！――」．

47 『ツァラトゥストラ』(上)，64頁．「わたしの兄弟よ，きみが一つの徳を持ち，そしてそれがきみの徳であるならば，きみはその徳を誰とも共有していない」．

48 『ツァラトゥストラ』(上)，65頁．「きみの徳は，なれなれしく名づけられるには，あまりに高すぎるものであるべきだ」．

49 『ツァラトゥストラ』(下)，135頁．「この新しい板を，おお，わたしの兄弟たちよ，わたしはきみたちの頭上に掲げる，硬くなれ！　という板を．――」．

　本文で「板」と訳した言葉の原語は「tablet」．岩波文庫訳者氷上によると，「『ツァラトゥストラ』の文体は，近代ドイツ語を創造したルター訳聖書にすこぶる似ている．イエスが弟子に語りかける調子は，そのままツァラトゥストラに受けつがれている．［中略］スタイルやリズムばかりではなく，聖書の多くの句や表現が，そのまま，あるいはそれを踏まえて，逆の意味にもじって使われている」(前掲註38「訳者解説」260頁)．

　氷上は，こうした「パロディ」が日本人に通じにくいもしれないとした上で，

訳語を聖書の該当箇所から採用している。それによると，「tablet」は日本聖書協会現代語訳聖書では律法を書き記した「石の板(ばん)」である。全集ではここに見られるように，その都度「〜の板」と訳されている。

50 『ツァラトゥストラ』（下），53頁。「ああ，きみたちがわたしの次のような言葉を理解したらよいのだが，『さあさあ，きみたちの意欲することをなすがよい，——しかし，まずもって，意欲しうる者たちであれ！』『さあさあ，自分自身を愛するようにきみたちの隣人を愛するがよい，——しかし，まずもって，自分自身を愛する者たちであってほしい——　——〔自分自身を〕大いなる愛をもって愛し，大いなる軽蔑をもって愛する者たちであって欲しい！』神を無みする者，ツァラトゥストラは，このように語る。——」。

51 『ツァラトゥストラ』（上），80頁。「高貴な者は新しいものを，一つの新しい徳を，創造しようとする。[中略] だが，一人の善人になることではなくて，一人の厚顔な者，一人のあざける者，一人の破壊者になることこそが，高貴な者の危険である」。

52 『ツァラトゥストラ』（下），33頁。「嵐が海に吹き落ちるところ，山脈の鼻が水を吸い込むところ，そこでいつか，それぞれの木は昼となく夜となくその見張りの役を受け持つべきだ，自分が試験され，識別されるために。それぞれの木は，識別され，試験されるべきだ，わたしの種族，ないしは血統に属するかどうかを，——息の長い意志の持ち主であって，話すときにも口数が少なく，また物事にも逆らわないで，与えるさいにも受け取るといったふうであるかどうかを，——」。

53 『ツァラトゥストラ』（上），137頁。「きみたちが称賛にも非難にも超然としており，そしてきみたちの意志が，一人の愛する者の意志として，一切の諸事物に命令しようとするならば，そこにきみたちの徳の源泉があるのだ」。本文に訳出した「君は私のように美徳を授けるべく努力しなければならない」という部分は，全集にはない。

54 『ツァラトゥストラ』（上），157頁。「『受けとることには冷淡であれ！　受けることは，〔相手に対する〕特別待遇であれ！』——このようにわたしは，何一つ贈るべきものを持たない者たちに勧める」。

55 『ツァラトゥストラ』（上），155 - 157頁。「羞恥，羞恥，羞恥——これが人間の歴史なのだ！　と。それゆえ，高貴な者は，自分〔の同情心〕を戒めて，ひとに恥ずかしい思いをさせないよう心掛ける。高貴な者は，自分〔の同情心〕を戒めて，およそ悩んでいる者に対し羞恥を覚えるよう心掛けるのだ。まことに，わたしは，同情することにおいて至福を覚えるような，あわれみ深い者たちを好まない。彼らにはあまりにも羞恥心が欠けているのだ。[中略] というのは，悩んでいる者の悩んでいるさまを見たことを，わたしは彼の羞恥のゆえに恥ずかしく思ったからであり，また，わたしが彼を助けたとき，わたしは彼の誇り

をひどく傷つけたからである。もろもろの大きな恩義は、〔それを受けた者に〕感謝の念をいだかせないで、復讐心を燃え立たせる。また、〔ひとから受けた〕小さな恩恵が忘れられない場合には、それは一匹の蝕む虫と化する」。

56 『ツァラトゥストラ』(上)、157‐158頁。「だが、最悪なのは、もろもろの小さな考えである。まことに、小さな考えがいだかれるよりは、むしろ悪い行為がなされるほうがましだ！〔中略〕だが、悪魔にとりつかれている者には、わたしはこういう言葉を耳打ちしよう。『むしろ、きみの悪魔を育てて大きくするがよい！ きみにとっても、まだ偉大になる道が一つあるわけだ！』」。

57 『ツァラトゥストラ』(上)、122‐123頁。「それはともあれ、きみたちが敵を持っていたら、敵の悪に報いるに善をもってするな。というのは、そういうことをすれば、相手を恥じ入らせることになるだろうからだ。むしろ、敵がきみたちに何か善をなしたことを証明せよ。かくて、相手を恥じ入らせるよりも、むしろ腹を立てよ！ [中略] かくて、きみたちに一つの大きな不正が加えられたら、それに対して、すみやかに五つの小さな不正を報いよ！ [中略] 分割された不正は、半ば正義である。[中略] まったく復讐をしないよりは、一つの小さな復讐をするほうが、人間的である」。

58 『ツァラトゥストラ』(上)、123頁。「自分の正しさを主張してゆずらないよりは、自分に不正を帰するほうが、高貴である。自分が正しい場合には、とりわけそうだ」。

59 『ツァラトゥストラ』(上)、184頁。「奴隷達の幸福から解放され、神々ともろもろの崇拝とから救済され、恐れを知らずして人々の恐怖心をそそり、偉大にして孤独。誠実な者の意志はこのようであるのだ」。

60 『ツァラトゥストラ』(上)、184頁。「飢えて、乱暴で、孤独で、神を無みしてあること。シシの意志は、自分自身がそうあることを欲するのだ」。

61 『ツァラトゥストラ』(上)、85‐86頁。「そして、きみたちが認識の聖者でありえないのなら、せめて認識の戦士であってくれ。[中略] きみたちは、きみたちの敵を捜し求めるべきだ、きみたちの戦争を行うべきだ、それもきみたちのもろもろの思想のために！ そして、きみたちの或る思想が敗れても、それでもなお、きみたちの正直さがこの敗戦を喜んで勝閧をあげるというようであるべきだ！ 戦争と勇気とは、隣人愛がなしたよりも、より多くの偉大なことをなした。きみたちの同情ではなくて、きみたちの勇敢さが、これまで、遭難者たちを救った」。

62 『ツァラトゥストラ』(上)、87頁。「反抗——それは奴隷の高貴さである。きみたちの高貴さは服従であれ！ きみたちの命令行為そのものが一個の服従行為であれ！ よき戦士たる者には、『なんじ、なすべし』のほうが、『われ欲す』より快く響く。かくてきみたちは、きみたちに好ましい一切のことを、あらかじめ命令されるべきなのだ。[中略] だがきみたちは、きみたちの最高の思想を、わ

たしから命令されるべきなのだ——ところで，その思想はこうだ。人間は，超克されるべきところの，何ものかである」。

63 『善悪の彼岸』，336頁。「大いなる誇らかな放下をもって生きるがよい。つねに世に超然として生きよ。——自己の情念，自己の賛否を意のままに据えまた放ち，また幾時かはそれらのもとに腰を下ろしているがよい。馬を御するがごとく，またしばしば驢馬をあやつるごとくに，それらのものを乗りこなすがよい。——すなわち，それらの迂愚をも火をも利用しえなくてはならない。おのれの三百の前景を，また黒眼鏡をも保有するがよい。なぜなら，なんぴとにもわれわれの眼の内を，ましてやわれわれの＜深底＞を覗き見さしてはならない場合があるからだ。また，慇懃というあの狡猾で陽気な悪徳を仲間に入れておくがいい。さらに，勇気，炯眼，共感，孤独というおのれの四つの徳を，いつも従えているがよい。なぜなら孤独は，われわれにあっては，純潔への崇高な傾向や衝動として一つの徳であるからだ。この衝動は，人間と人間が触れあうとき——すなわち＜社交＞において——いかにひとは避けがたく不純にならざるをえないかを察知する。すべての共同生活は，なんらかの仕方で，どこかで，いつかは——人を＜卑しく＞する」。

64 『ツァラトゥストラ』（上），205‐206頁。「しかし，きみたちに，善と悪についてのわたしの言葉を理解させるために，わたしはきみたちに，さらに，生についての，また一切の生あるもののありようについての，わたしの言葉を述べよう。〔中略〕ところで，およそわたしが生あるものを見いだしたところでは，わたしは，必ずやまた，服従ということについて語られるのを聞いた。一切の生あるものは，服従するところのものである。そして，次のことが，〔わたしの聞いた〕第二の点である。すなわち，自分自身に服従しえない者は，命令される，ということだ。かくのごときが，生あるもののありようである。だが，次のことが，わたしが聞いた第三の点である。すなわち，命令することは，服従するより難しい，ということだ」。

65 『ツァラトゥストラ』（上），206‐207頁。「さあ，願わくはわたしの言葉を聞け，きみら最高の賢者たちよ！ わたしが生そのものの心臓に，また生の心臓の根底にまで，もぐりこんだかどうかを，まじめに吟味せよ！ わたしが生あるものを見いだしたところ，そこにわたしは権力への意志を見いだした。そして，奉仕する者の意志のなかにさえも，わたしは，主たろうとする意志を見いだした。比較的弱いものを説得して，比較的強いものに奉仕させるのは，自分よりもなおいっそう弱いものに対して主たろうとする前者の意志である。この快感だけは，比較的弱いものも，なくてはすまされないものだ。そして，比較的小さなものが比較的大きなものに身を献げるのは，最小のものに対する快感と権力を得んがためであるのと同様に，最大のものですらも身を献げ，権力のために——生命を賭けるのだ」。

66 『ツァラトゥストラ』（上），237 頁。英語の原語は「fire-dragon」。この語は，全集『ツァラトゥストラ』（上）の「訳注」によると，「幽界の門の番犬ケルベロスからの連想。社会主義的な革命家ないしはその理想の象徴」（470 頁）として用いられる。氷上訳でも「火の犬」となっている（前掲『ツァラトゥストラはこう言った』（上），226 頁）。

67 『ツァラトゥストラ』（上），238 頁。「こういう悪魔どもを恐れるのは，ただに老婆たちだけではないのだ」。

68 『ツァラトゥストラ』（上），238‐239 頁。「おまえたちは，咆哮するすべを，また，灰で曇らせるすべを，心得ているのだ！ おまえたちはこの上ないほら吹きだ。そして，泥を熱く煮え立たせる術を，充分に学んだ。おまえたちがいるところ，その近くには，常に泥がなくてはならない。また，海綿状のものや，空洞状のものや，ひどく強制され束縛されたものが，たくさんなくてはならない。そういうものは自由になりたがっているのだ。おまえたちはみな，何よりも好んで《自由》と咆哮する。しかし，おびただしい咆哮や煙がいわゆる大事件を取り囲むやいなや，わたしは《大事件》に対する信仰を忘れるのを常とした。さあ，友よ，地獄の喧噪よ，わたしの言うことを信ぜよ！ 最大の事件――それは，われわれの最も騒々しい時ではなくて，われわれの最も静かな時なのだ」。

69 『ツァラトゥストラ』（上），88 頁。「すべての冷ややかな怪物たちのなかで，最も冷ややかな怪物」。

70 『ツァラトゥストラ』（下），129‐130 頁。「おお，わたしの兄弟たちよ，遠からずして，新しい諸民族が発生し，新しい諸源泉が，もろもろの新しい深淵へ，ざわめきながら流れ落ちるであろう。すなわち，地震は――多数の泉を埋め，多数の渇して憔悴せる者たちを生み出すが，他方また，内なるもろもろの力と秘め事を持ち上げて，明るみに出すのだ。地震は新しい諸源泉をあらわにする。古い諸民族の地震に際して，新しい諸源泉がどっと湧き出る。かくて，そのとき，『見よ，ここに，多数の渇した者たちのための一つの泉，多数の憧憬に充ちた者たちのための一つの心，多数の道具のための一つの意志がある』と叫ぶ者，――その者のまわりに，一つの民族が，すなわち，多くを試みる者たちが集まるのだ。〔空白一行：引用者〕誰が命令しうるか，誰が服従しなくてはならぬか――それがここで試みられるのだ！」。

71 『ツァラトゥストラ』（下），111‐112 頁。「一人の大いなる暴君が，才知にたけた怪物が，やって来るかもしれない。彼はその慈悲と無慈悲とをもって，一切の過ぎ去ったものを強制し，無理にも押し曲げて，ついにそれらを，彼にとっての橋，前兆，伝令，鶏鳴たらしめることであろう。だが，もう一つの危険，〔一切の過ぎ去ったものに対する〕わたしのもう一つの同情は，次の点に存する，――すなわち，賤民の素性に属するものの追憶は，祖父にまではさかのぼるが，――祖父と共に時間はやむ，という点に存するのだ。このように一切の

過ぎ去ったものは放棄されている。というのは，賤民が主人となり，かくて浅い水のなかで一切の時間が溺死するといったことが，いつか起こるかもしれないからだ。それゆえ，おお，わたしの兄弟たちよ，或る新しい貴族が必要なのだ，一切の賤民と一切の暴君的な者との敵対者であり，新しい諸板に新しく『高貴』という言葉を書く貴族が。すなわち，貴族が存在するために，多数の高貴な者たちと多種多様の高貴な者たちが必要なのだ！ 換言すれば，わたしがかつて比喩で語ったように，『神々は存在するが，神は存在しないということこそ，まさに神々しいことなのだ！』」。

72 『ツァラトゥストラ』（上），165 頁。「まことに，民衆が救済者と名づける者たち，民衆の心を奪うこの荒れ狂う風よりも，いっそう大いなる者たち，いっそう高く生まれついた者たちがいたのだ！ そして，すべての救済者たちより，いっそう大いなる者たちからも，きみたちは救済されなくてはならないのだ，わたしの兄弟たちよ，きみたちが自由への道を見いだそうと欲するのならば！」。

73 『ツァラトゥストラ』（上），150 頁。「かつてひとは，もろもろの遥かなる海を眺めやったとき，神，と言った。だが，いまやわたしは，超人，と言うことを，きみたちに教えた」。

74 『ツァラトゥストラ』（上），151 頁。「神は一個の仮想されたものである。だが，わたしは望む，きみたちの仮想が思考可能な事柄の範囲内に制限されることを」。

75 『ツァラトゥストラ』（上），151 頁。「そして，きみたちが世界と名づけたもの，それはまずきみたちによって創造されるべきものだ。きみたちの理性，きみたちの心像，きみたちの意志，きみたちの愛が，世界そのものとなるべきなのだ！」。

76 『ツァラトゥストラ』（上），114 頁。「きみは，きみ自身にきみの悪ときみの善とを与え，きみの意志をきみの頭上に一個の掟のように掲げることができるか？ きみは，きみ自身に対して，きみの掟を執行するための裁き人，かつ復讐者でありうるか？」。

77 『ツァラトゥストラ』（上），209 頁。「まことに，わたしはきみたちに言う。移ろうことのないような善と悪——そのようなものは存在しないのだ！ 善と悪は，それ自身のうちから，再三再四みずからを超克しなくてはならない」。訳中の最初の一行「人々が〜露わにするにすぎない」は，全集にはない。

78 『ツァラトゥストラ』（上），209 頁。「かくて，善と悪との創造者たらざるをえない者，まことに，この者はまず破壊者となり，諸価値を破砕しなくてはならないのだ。されば，最高の善意には最高の悪が付きものである。だが，この善意は創造的な善意なのだ。——」。

79 『ツァラトゥストラ』（上），107 頁。「諸価値の変化，——それは創造する者たちの変化である。創造者たらざるをえないものは，つねに破壊する」。

80 『ツァラトゥストラ』（上），108 頁。「善悪を創造したのは，いつも，愛する者たちであり，創造する者たちであった。あらゆる諸徳の名のうちには，愛の火と

怒りの火とが，あかあかと燃えている」．

81 『ツァラトゥストラ』（下），109頁．「おお，わたしの兄弟たちよ，今や一切が流れのうちにあるではないか？ 一切の欄干と小橋が水のなかに落ちたではないか？ 今にしてなお《善》と《悪》で身を支えようとするような者が，誰かあろうか？」．

82 『ツァラトゥストラ』（上），109頁．「きみたちは，自分自身から隣人へ逃避し，そのことを自分の徳にしたがる．だが，わたしたちはきみたちのいわゆる『無私』を見抜いているのだ．なんじという呼称は，われという呼称より古い．なんじという呼称は神聖なものと宣言されているが，われという呼称はまだそうではない．そこで，人間は隣人のもとに向かって押しかけるのだ」．

83 『ツァラトゥストラ』（上），159‐160頁．「あらゆる大いなる愛は，そのように話す．この愛は許しや同情さえも超克するのだ．［中略］ああ，同情深い者たちにおけるよりも大きな愚行が，この世のどこで行われただろうか？ 自分の同情の上に，さらに一つの高みを持たないような，すべての愛する者たちは，わざわいなるかな．［中略］だが，こういう言葉をも心に留めよ．あらゆる大いなる愛は，同情としての愛のすべてより，さらに上にある．というのは，大いなる愛は，さらに愛の対象を——創造しようとするからだ！『わたしはわたし自身を，またわたしと同様に，わたしの隣人を，わたしの愛に捧げる』——かくのごときが，すべての創造者たちの言葉である．ともあれ，すべての創造者たちは手きびしい．——」．

84 『ツァラトゥストラ』（下）第三部〔10〕の標題．全集では「この世において三つのこの上なく呪われたもの」ないし「三つの悪」とされる．

85 『ツァラトゥストラ』（下），85‐89頁．「肉欲．枯れしぼんだ者にとってのみ，或る甘ったるい毒．だがシシの意欲を持つ者たちにとっては，心の大いなる強壮剤，また畏敬の念をこめて愛蔵された，もろもろのブドウ酒のなかのブドウ酒．［中略］肉欲．——しかし，わたしは，わたしの思想のまわりに，さらにはわたしの言葉のまわりにも，垣をめぐらそう．ブタどもや放蕩者たちをわたしの園へ闖入させないように！——［中略］支配欲．大いなる軽蔑の教師，この教師は諸都市と諸国に面と向かって，『なんじ，去るべし！』と説教し——かくて諸都市と諸国それ自身のうちから，『われ去るべし！』という絶叫が発せられるにいたる．支配欲．だが，それはまた，人々の心を引きつけながら，清純な者たち，孤独な者たちのもとへ，上のかた，自足した高い者たちのもとへ，登って行くのだ．さながら，人々の心を引きつけながら地上の天空にもろもろの深紅の至福を描く愛のように，赤々と燃えながら．［中略］おお，こういう憧憬に授けるべき的確な洗礼名ないしは徳の名を，誰が見いだしえよう！『贈与する徳』——かつてツァラトゥストラは，この名づけがたいものをそう名づけた．そして，彼の言葉が我欲を至福のものとして称えたのも，当時のことであった

──そしてまことに，それはこの世で初めてのことであったのだ！──彼が称えたのは，力強い魂から湧き出る，健全で健康な我欲，──［中略］こういう自己享楽は，優良と劣悪についてのその言葉をもって，さながら神聖な鎮守の森をもってするように，みずからを庇護する。それは，みずからの幸福を表すもろもろの名をもって，おのれから一切の軽蔑すべきものを払いのける。それはおのれから一切の臆病なものを払いのける。それは語る，劣悪とは──これすなわち臆病のことだ！と。それにとっては，つねに心配し，嘆息し，哀泣している者，誰にせよいとささいな利益を拾い集める者は，軽蔑すべきものと思われる。［中略］それにとって憎むべきものでさえあり，吐きけの種でさえあるのは，決してわが身を守ろうとしない者，有毒なつばでも毒々しいまなざしでも呑みこむ者，あまりに忍耐強い者，何事をも耐え忍ぶ者，何事につけ足るを知る者である。けだし，こういうのは奴隷の流儀であるからだ。人あって奴隷のように神々と神々の足蹠とに屈従しようと，人々と人々の愚鈍な意見とに屈従しようと，すべてこういった奴隷の流儀に，この神聖な我欲はつばを吐きかけるのだ！」。

86 『ツァラトゥストラ』（下），200頁。「多くのことを生半可に知るよりは，何事も知らないほうがましだ！」。

87 『ツァラトゥストラ』（下），228頁。「そなたは神の殺害者なのだ！ わたしを立ち去らせてくれ。そなたは，あのものがそなたを見ていることに，──絶えず，くまなく，そなたを見ていることに，耐えられなかったのだ，そなた，最も醜い人間よ！ そなたはこの目撃者に復讐したのだ！」。

88 『ツァラトゥストラ』（下），236‐239頁。「『わたしがここで何を求めているかだって？』［中略］『わたしに，まずそなたのことを語れ！ そなたは，かつて或る大きな富を投げ捨て，みずから進んで乞食となったものではないのか，──自分の富と富める者たちとを恥じて，最も貧しい者たちのもとにのがれ，彼らに自分の充実と自分の心とを贈ろうとした者ではないのか？ しかし，彼らはこの者を受け入れなかった』。［中略］『それはまことにあなたの知っている通りだ。だから，わたしはついに動物たちのもとへ，これら雌ウシたちのもとへ来たのだ』。［中略］『みだらな渇望，怒気を帯びた嫉妬，怨恨を含んだ復讐心，賤民の誇り，そういったもののすべてを，わたしはまともに見せ付けられたのだ。貧しい人たちはさいわいだというのは，もはや本当ではない。天国はむしろ雌ウシたちのもとにある』」。

89 『ツァラトゥストラ』（下），246‐248頁。「あなたといっしょに，わたしは最も遠い最も冷たい諸世界を徘徊したのだ，みずから進んで冬の屋根の上や雪の上を走る幽霊にも似て。あなたといっしょに，わたしは，およそあらゆる，禁制のもの，最も不吉なもの，最も遠いもののなかへ，突き進んだ。そして，もしわたしに何か或る徳がそなわっているとすれば，それは，わたしがいかなる禁

制をも恐れなかったことだ。[中略] あなたといっしょに，わたしは，もろもろの言葉と価値と大いなる名称とに対する信仰を忘れた。[中略]《何ものも真ではなく，一切は許されている》と，わたしは自分に語りかけた。最も冷たい水のなかへわたしは飛びこんだのだ，頭と心でもって。[中略] 何が今なおわたしに残されたものか？ 一個の倦み疲れた破廉恥な心，一個の定めなき意志，ぐらつく翼，一個の砕けた脊椎だ。[中略]《どこにあるのか——わたしの家郷は？》わたしは現に自分の家郷を尋ね，捜し求めているし，また従来も捜し求めてきたが，わたしはそれを見いださなかった。おお，永遠に，あまねく捜し求め，おお，永遠に，どこにも見いださね，おお，永遠の——徒労よ！」。

90 『ツァラトゥストラ』（下），351 頁。「よし！ シシが来た。わたしの子どもたちが近くにいる。ツァラトゥストラは熟した。わたしの時が来た。——これはわたしの朝だ。わたしの昼が始まる。さあ，上がって来い，上がって来い，おまえ，大いなる正午よ！」。

91 『ツァラトゥストラ』（下），27 頁。「そして，この瞬間が一切の来るべき諸事物を自分の結果として引き起こすようなぐあいに，一切の諸物は堅く結ばれているのではないか？ したがって—— ——この瞬間は自分自身をも自分の結果として引き起こすのではないか？」。

92 『ツァラトゥストラ』（下），148 - 149 頁。「しかし，わたしがそのなかへ結び合わされている結び目，諸原因の結び目は，回帰する，——この結び目はわたしを再び創造するであろう！ わたし自身が永劫回帰の諸原因の一つなのだ。この太陽と共に，この大地と共に，このワシと共に，このヘビと共に，わたしは回帰する，——或る新しい生，あるいはよりよき生，あるいは似通った生へ，回帰するのではない。——この同じ生，同一の生へ，最大のことにおいても最小のことにおいても同一の生へ，わたしは永遠に回帰するのだ，再び一切の諸事物の永劫回帰を教えるために，—— ——再び大地と人間との大いなる正午についてわたしの言葉を語るために，再び人間たちに超人を告知するために」。

93 『善悪の彼岸』，304 - 305 頁。「生そのものは本質において他者や弱者を我がものにすること，侵害すること，圧服することであり，抑圧すること，厳酷なることであり，おのれ自身の形式を他に押し付けること，摂取同化することであり，すくなくとも——ごく穏やかに言っても搾取することである。[中略] ——これは何らかの道徳性や背徳性からでることではなくて，それが生きているからこそであり，生こそは権力への意志だからである。[中略] ＜搾取＞というものは，頽廃した社会とか不完全な原始社会とかに属する現象なのではない。それは有機的根本機能として，生あるものの本質に属するものなのだ。それは，生の意志そのものにほかならぬ本来的な権力への意志が然らしめるところなのだ。——よしこれが理論としては革新的なものであるとしても，——現実としてはそれはあらゆる歴史の原事実なのである。せめてこれを認めるほどにわれわれは

自分にたいして正直であろうではないか！——」。
94 ウェーバーは『道徳の系譜』からの引用だとするが，この文章は『善悪の彼岸』（44‐45頁）のものである。「ここで道徳というのは，すなわち＜生＞の現象が成り立つための支配関係についての教理と解されるべきである。——」。
95 『善悪の彼岸』，179頁。「（こういう連中にあっては，ついに＜主＞と＜奴＞という概念すらも拒否される――『神もなく主もなし』というのが社会主義的公式の一つだ――）」。
96 『道徳の系譜』，398頁。原語を直訳すると「憎しみのシチュー鍋」となる。
97 『善悪の彼岸』，179‐180頁。「みなひとしく同苦（同情）の宗教を信奉し，およそ感じ，生き，悩むかぎりすべてのものに同情する（この同情は，下は禽獣から上は＜神＞にまでおよぶ。――＜神にたいする同情＞という常軌を逸した妄念は，民主主義時代に固有のものである――）。彼らはこぞって同情を叫び，同情に焦り，およそ苦悩という苦悩のすべてに死ぬほどの憎悪をいだき，そして苦悩の傍観者でいることもできなければ，苦悩する者を苦悩するままに放置することもできない，というほとんど女性的な無力さを示す。彼らは一様に，いやおうもなく次第に陰鬱化し柔弱化してきており，この情勢の呪縛のもとでヨーロッパは新しい仏教に脅かされているように見える」。
98 『善悪の彼岸』，182‐183頁。「人間の全体的な堕落が，ついにはやがて，今日の社会主義者流の頓馬や愚物どもが＜未来の人間＞と見なし，彼らの理想と見なしている状態にまでゆきつくかもしれない！ ――このように人間が完全な畜群にまで（換言すれば，彼らいわゆる＜自由社会＞の人間まで）堕落し，卑小化するということ，すなわち平等の権利と要求をもつ矮小動物まで人間が動物化するということは，可能なのである。これには疑いの余地がない！」。
99 この部分『道徳の系譜』では「人間，このもっとも勇敢で苦悩に慣れた動物は，苦悩そのものを否みなどはしない。いな，苦悩の意味，苦悩の目的（Dazu）が示されたとなれば，人間は苦悩を欲し，苦悩を求めさえする」（583頁）となり，引用と大きく異なる。
100 『道徳の系譜』，398‐399頁。この部分，全集と大きく異なる。全集では「これにたいし，いとも厳峻な答えをするなら，こうだ，――ほかならぬあの貴族的道徳での＜よい者＞，つまり高貴な者・強力な者・支配者が，ルサンチマンの毒々しい眼差しによって変色され，意味を変えられ，逆な見方をされたにすぎないものこそが，まさにそれなのだ。ここでわれわれは，すくなくとも次の一事だけは否定したくない。すなわち，あの＜よい者＞たちを敵としてだけ知るようになった者は，またそれをただに悪い敵としてだけ知るようになったということだ。かくして，風習，尊敬，習慣，感謝によって，それにもましてさらに相互の監視によって，同等者間の嫉視によって，非常に厳しく拘束されているあの人たち，他面また相互間の態度においては顧慮や自制や思いやりや信義

や矜持や友情の点で大いに才能に富むところを示すあの同じ人たち，──そういう人たちが外部に向かっては，すなわち自分らと異なるもの・異郷に接する段になると，放たれた猛獣とさして選ぶところないものとなる。彼らはそこで一切の社会的拘束からの自由を享楽する。彼らは，共同体の平和のうちに永いあいだ閉じこめられ封じこめられていたことからきた緊張を，荒野のなかで思いきり解きほぐす。彼らは，いってみれば，つぎつぎに行われた身の毛もよだつばかりの殺戮・焼き払い・凌辱・拷問などから，昂然として泰然自若のさまで引きあげてゆく欣喜雀躍たる怪物のごとくに，猛獣的良心の無垢のなかへと立ち戻ってゆく。まるでそれは学生がストームでもやらかしたといったありさまであり」と続く。

101 『道徳の系譜』，399頁。「すべてこうした貴族的種族の根底には，猛獣を，獲物と勝利を渇求して彷徨する壮麗な金毛獣を，認めざるをえない。この隠れた根底にとっては，ときどき息抜きが必要である。野獣はふたたび放たれねばならない，ふたたび荒野へ帰らねばならない。──ローマの，アラビアの，ゲルマンの，日本の貴族，ホメロスの英雄たち，スカンディナビアの海賊たち，──彼らはそうした欲望を抱いている点ではみな同じである」。

102 『道徳の系譜』，403頁。「私にも一瞥をゆるしたまえ！ なお幾らかなりと怖るべきところある完璧なるもの，極上の出来栄えのもの，幸福なるもの，強力のもの，勝ち誇れるものへの，せめてもの一瞥を！」。

103 『道徳の系譜』，403頁。「ヨーロッパの人間の卑小化と平均化の光景には，それが見る人の心を倦ましめるがゆえに，われわれの最大の危険がひそんでいる，という事態にあるからなのだ……。今日では，より大きくなろうと欲するものの何ひとつとしてわれわれの目には映らない。すべてがいよいよ下へ，下へと落ちてゆき，より稀薄なもの，より温良なもの，より利巧なもの，より快適なもの，より凡庸なもの，より冷淡なもの，より支那的なもの，よりキリスト教的なものへと落ちこんでゆくのを，われわれは予感するのだ，──人間は，疑いもなく，いよいよ＜より善く＞なってゆく，……ここにこそヨーロッパの宿命があるのだ」。

104 『道徳の系譜』，403‐404頁。「人間の光景は，今や，見る者の心を倦ましめる，──これがニヒリズムでないとしたら，今日ニヒリズムとは何であるか？ ……われわれは人間なるものに倦み飽いた……」。訳中最後の一文は，全集にはない。

105 『善悪の彼岸』，84‐85頁。「──またわれわれはこうも考える，冷酷，強圧，奴隷状態，路上や心中に潜伏する危険，隠遁，ストア主義，あらゆる種類の誘惑術や悪魔的所業，また人間におけるあらゆる邪悪なもの・怖るべきもの・暴虐なもの・猛獣的なものと蛇のように陰険なものなどは，それと反対なものと同じぐらい＜人間＞という種族の向上に役立っているのだ，と。──これほど言ってさえも，なおわれわれは充分言いつくしたわけではない。ともあれわれ

われは，いまここで語るにしろ沈黙するにしろ，あらゆる近代のイデオロギーと畜群的願望とは反対の極端に立っているのだ」。
106 『善悪の彼岸』，326‐327頁。「イエスの生涯についての聖なる寓話や仮装のもとに，愛についての知の殉教のもっとも痛ましい例の一つが隠されているのかもしれない。すなわちそれは，もっと無垢にして熱愛的な心情の殉教であるが，この心情はいかなる人間の愛にもついぞ満足せず，峻烈と狂気と彼に愛を拒む者にたいする恐るべき激怒とをもって，ひたすら愛すること愛されることを渇望し，そのほかに何も求めなかった。これは哀れにも愛において飽くことを知らず足ることを知らなかった一人の人間の歴史である」。
107 『善悪の彼岸』，328頁。「深い苦悩は人を高貴ならしめる。それはその者を他から引き離す」。
108 「距離のパトス」については，『善悪の彼岸』「第九章 高貴とは何か」で次のように説明されている。

「およそ＜人間＞という型を高めることが，これまで貴族社会の仕事であった，――これからもつねにそうであるだろう。こういう社会は，人間と人間とのあいだの位階と価値差の長い階梯を信じ，何らかの意味での奴隷制度を必要とする。身分の差がこりかたまって，支配階級が不断に隷従者や道具を眺め渡し見下ろし，かくてまた不断に双方のあいだで服従と命令，抑圧と敬遠が行われることから生ずるような＜距離の激情＞がなかったならば，あの別のより秘密に充ちた激情も決して生まれなかったであろう。それはすなわち，魂そのものの内部にたえず新たに距離を拡大しようとするあの熱望であり，いよいよ高い，いよいよ稀有な，いよいよ遥遠な，いよいよ広闊な，いよいよ包括的な状態を形成しようとする熱望である。要するに，これこそは＜人間＞という型を高めようとする熱望，道徳的な常套語を超道徳的な意味にとっていえば，絶えまなき＜人間の自己超克＞の熱望である。もちろん，貴族社会（すなわち＜人間＞という型を高めるうえの前提たる）の成立史については，いかなる人道主義的な迷妄にも囚われてはならない。真理は冷厳である。これまですべての高度文化がどのようにしてこの地上に始まったかを，遠慮会釈ぬきに言っておこう！……」（『善悪の彼岸』，301頁）。
109 『善悪の彼岸』，346頁。ここはディオニュソスとニーチェの対話であるが，ウェーバーの引用では発話記号がないので，全集にならい訳者が補った。全集では次のようになっている。「『わし［ディオニュソス：引用者］はしばしば，いかにして彼［人間：引用者］をこの上さらに前進させうるか，いかにして彼を現在あるより以上に強く，悪く，深くすることができるかを，思いめぐらしているのだ』。――『より強く，より悪く，より深く，ですと？』びっくりして私は訊ねた。『そうだ』，と彼は重ねて言った，『より強く，より悪く，より深く，さらにまたより美しく，だ』」。

110 『善悪の彼岸』，343頁。「良心に対する〜罠」と訳した原語は「born rat-catchcer of conscience」。全集では「心情の天才をもっているような偉大な韜晦者，この誘惑的神とも生まれつきの良心の誘拐者ともいうべき者」と訳される。
111 『ツァラトゥストラ』（上），239頁。「新しい喧噪の創案者たちをめぐってではなく，新しい諸価値の創案者たちをめぐって，世界は回転する。耳に聞こえずに回転する」。
112 『権力への意志』（上），13頁。「大いなる事物の望むところは，それについてひとが沈黙するか，大いに語るかである。大いにとは，すなわちシニカルにまた無垢にということである」。
113 「モナド」とは，「単位」や「一なるもの」を意味するギリシア語「monas」に由来する哲学用語。もっとも単純に言えば，宇宙を構成する物的，心的要素を指す。より正確には，部分を持たない，それ独自で存在するような実体を指す。たとえば神もその一つ。

　ライプニッツ（Gottfried Wilhelm Leibniz, 1646〜1716）は，こうした考えをもとに単子論を唱えた。それによると，宇宙は神を頂点とした様々なモナドの階層構造であり，これらモナドの調和によって成り立っているとされる。これにより彼は，世界が物質と精神から，すなわち主体と客体，直観と経験からなるとする心身二元論に基づく存在論や認識論に代わる世界観を構築しようと試みた。

　純粋に物質であり，それゆえ小さいとはいえ広がりや質量を持つ科学用語「原子」と区別するために，モナドは「単子」と訳されることがある。
114 『権力への意志』（下），37頁。「真理とは，それなくしては特定種の生物が生きることができないかもしれないような種類の誤謬である。生にとっての価値が結局は決定的である」。
115 『権力への意志』（下），85頁。「『機械的必然性』はいかなる事実でもない，私たちがまずその必然性を生起のうちへと解釈し入れておいたのであるからである。［中略］すなわち，規則は，同一の生起が別の生起でもあることはないとの証明にすぎない」。
116 『権力への意志』（下），226頁。「快と不快とは，たんなる結果，たんなる随伴現象である。——人間が欲するもの，生命ある有機体のあらゆる最小部分も欲するもの，それは権力の増大である。この増大をもとめる努力のうちで，快も生ずれば不快も生ずる。あの意志から人間は抵抗を探しもとめ，人間は抵抗する何ものかを必要とする……それゆえ不快は，おのれの権力への意志を阻止するものとして，一つの正常な事実，あらゆる有機的生起の正常な要素である。人間は不快をさけるのではなく，むしろそれを不断に必要とする。あらゆる勝利，あらゆる快感，あらゆる生起は，克服された抵抗を前提にしているのである」。
117 『権力への意志』（下），235頁。「私たちの認識は，それが数と量を適用しうる程

度にしたがって科学的となった。価値の科学的秩序は単純に力の数・量にもとづいて築かれるべきではなかろうかという試みがなされてもよかろう……すべてこれ以外の諸『価値』は，先入見，幼稚さ，誤解である」。
118 『権力への意志』（上），307頁。「至高の価値に関する私たちの最も神聖な確信，私たちの不動の信念は，私たちの筋肉の判断である」。
119 『権力への意志』（上），382頁。「道徳は一つの動物園である。その前提は，檻にいれられているものにとってすら，自由よりも鉄柵の方が有益であるかもしれないということ，また他の前提は，怖るべき手段をもおそれず，——灼熱した鉄をもあやつることができる猛獣使いがいるということである」。
120 『権力への意志』（上），382-383頁。「道徳について公平に考えるためには，私たちは二つの動物学的概念をそれに代えなければならない，すなわち野獣の馴養と一定種の育成とを」。
121 『権力への意志』（上），390頁。「未来の犠牲となるよう個々人を駆りたてるための，類の幻想としての道徳。すなわち，一見個々人自身に無限の価値をみとめるようにみえるので，個々人はこのことを自覚して，おのれの本性のその他の側面を圧制し抑制し，ほとんどおのれ自身との和らぎが得られなくなってしまう。［改行］道徳がこれまでなしてきたことに対する最深の感謝。しかし現今では，宿業とまでなりかねない一つの重圧でしかない！ 道徳自身が実直性としての道徳の否定へと強制する」。この部分は，全集訳で「改行」と表記した部分以降しか一致しない。
122 『権力への意志』（上），22頁。「至高の諸価値がその価値を剥奪されるということ（…………）。目標が欠けている。『何のために？』への答えが欠けている」。
123 『権力への意志』（上），85頁。「日々の祈りにかわる新聞。鉄道，電信。巨大な量のさまざまの関心のただ一つの魂のうちへの集中化」。
124 『権力への意志』（上），84頁。「今日最も深く攻撃されているものは，それは伝統の本能と意志とである」。
125 『権力への意志』（上），84頁。「きわめて長期にわたる意志の緊張，未来の数世紀を処理することができるようにさせる状態や価値評価の選択——これこそこのうえなく反現代的である」。
126 『権力への意志』（上），89頁。「過労，好奇心，共感——私たちの現代的背徳」。
127 『権力への意志』（上），88頁。「この累積した印象に対する一種の順応が入りこむ。人間は行動することを忘れ，外部からの刺戟にやっと反応するだけである。人間はおのれの力を，一部は同化で，一部は擁護で，一部は反抗で，使いはたす。自発性の深刻な弱化」。
128 『権力への意志』（上），88頁。全集では「動きやすい外面と，或る深いだるさや疲労との対立」と名詞形で終わっている。
129 『権力への意志』（上），91頁。「商人や仲介者の，精神的なものにおいてすらの

第 6 章　ニーチェと破局

優勢」。
130 『権力への意志』（上），90 頁。「国家が馬鹿げてふくれあがった今日の時代には，すべての分野や専門において，本来の働き手のほかに，なお『代表者』がいる。たとえば，学者のほかになお文筆家が，苦しんでいる民衆層のほかになお，その苦しみを『代表する』饒舌なほら吹きの無能者がいる。——おのれは裕福な暮らしをしながら，厚かましくも議会では困窮状態を『代表する』職業政治家はいわずもがな」。
131 『権力への意志』（上），99 - 100 頁。「文化に甘やかされた者はアラビア人やコルシカ島人にくらべれば畸形児である。シナ人は，ヨーロッパ人よりもできのよい典型である。すなわち，長持ちのする典型である‥‥‥‥」。
132 『権力への意志』（上），52 頁。「背徳，病気，犯罪，売淫，困窮がもはや発生しない状況が，社会的結合がありうると考えるのは，すべての社会主義的体系家にとっては恥辱である‥‥‥‥しかしこれは，生を断罪するということにほかならない」。
133 『権力への意志』（上），63 頁。引用と全集が大きく異なる。全集では「現代の社会は，いかなる『社会』でも，いかなる『団体』でもなく，チャンダラの病的な一集合，——排泄する力をもはやもたない一つの社会であるということが，私たちにはわかった」となっている。「チャンダラ」とはインドの賤民を指す。本文では「賤民」と訳した。
134 『権力への意志』（上），52 頁。ここも引用と全集で大きく異なっている。全集では「『デカダンス』という概念，——堕落，頽落，廃物は，それ自体では断罪されるべきものではない。それは，生の，生の増大の一つの必然的な帰結なのである。デカダンスの現象は，生のなんらかの上昇や前進と同じく，必然的である。それを除去するということは，意のままにならないのである。理性は逆に，それにその権利をみとめようとする」となる。
135 『権力への意志』（上），133 - 134 頁。全集では「社会主義は——細民や愚民どもの，言いかえれば，浅薄な，嫉妬深い，四分の三が俳優である者どもの，徹底的に考えぬかれた暴政であるが——じじつ，『現代的理念』とその潜在的アナキストとがゆきついた結論である」となる。

　　ここで言う「俳優」とは，ニーチェの用語では「現代人の多彩さとその魅力。本質的には隠蔽と倦怠」（『権力への意志』（上），92 頁）と説明されている。引用部では「その言葉の四分の三がペテンである者ども」と訳した（原語は「three-quarters hocus-pocus」。「hocus-pocus」の意味は，たとえばマジックのときの「アブラカタブラ〜」のように，物事と直接に関係のない言葉。転じて，相手の気を引き煙に巻く言葉）。
136 『権力への意志』（上），37 頁。原語は「two-faced」。
137 『権力への意志』（上），123 頁。全集では「健康は増進し，強い肉体のための現

実的な諸条件はみとめられて徐々につくりだされており，『禁欲主義』はイロニーである——」となっており，引用部の前半「人間の〜高めていく！」がない。
138 『権力の意志』（上），127頁。「何ものかが達成されたとすれば，それは，官能に対するより無邪気な態度，官能性に対するより喜ばしい，より好意的な，よりゲーテ的な態度である。同じく認識に関しては感覚がより誇らかとなったことである。そのため『純粋の愚』はほとんど信用されていない」。
　「純粋の愚」とは，ワグナーの楽曲『パルジファル』のこと。パルジファルとは，アラビア語「Parseh（純粋の）」と「fal（愚）」の結合である。『権力への意志』訳者原の解説参照。
139 『権力への意志』（上），130頁。「政治に対する私たちの態度はより自然的である。私たちは，権力の問題を，権力量対他の権力量の問題をみてとるからである。私たちが，おのれを貫徹する権力にもとづかない権利を信じない。すなわち，私たちはすべての権利を征服であると観取する」。
140 『権力への意志』（上），130頁。「私たちは，激情を特権とみなし，大きな犯罪がおかされていないところでは何ものをも偉大とはみとめない」。
141 『権力への意志』（上），131頁。「要約すれば，一九世紀のヨーロッパ人はおのれの本能に羞恥することが少ないということを示す兆候がある」。
142 『権力への意志』（上），136頁。「私は，ヨーロッパのミリタリズムの発達を，内的なアナキズム的状態をも，よろこぶ。［中略］野蛮人は私たち誰でものうちで肯定されている，野獣もまた。まさしくこのゆえに哲学者もいっそううるところがあるだろう。——カントは，どのみち案山子である！」。
143 『権力への意志』（上），135頁。「ともかく，愚昧のうちに巻きこまれている社会の地底にもぐって，それを揺さぶるもぐらとしてなら，社会主義も何か有用有益なものとなりうるであろう。それは，『地上の平和』をおくらせ，民主主義的群居動物がすっかりお人好しとなることをのばし，ヨーロッパ人が，精神を，つまり奸智と戒心を保有し，男性的な好戦的な徳をすっかり破棄することのないように強いるからである。——それは，しばしの間，ヨーロッパをおびやかす婦女子的憔悴からヨーロッパを守る」。
144 『権力への意志』（上），137頁。「この民主主義的ヨーロッパにおいては人間はきわめて馴致されやすくなっているからである。容易に学び，容易に順応する人間が，常則となっている。群居動物が，しかも最高度に知性化されて，用意されているのである。命令しうる者たちは，服従せざるをえない者たちをみいだす」。
145 『権力への意志』（上），137‐138頁。「精神の啓蒙は，人間を，かえって不確かに，意志薄弱に，支援や支持をほしがるものたらしめるための，要するに人間のうちの群居動物を発達させるための間違いのない手段である。［中略］この点についての群衆の自己欺瞞は，たとえばすべての民主主義において，このうえ

なく価値あるものである。人間が卑小化し統治しやすくなることが『進歩』として努力されるからである！」。
146 『権力への意志』(上), 138 頁。「大衆の最大の愚昧さ残忍さ悲惨さと, 最高の諸個人の時代」。
147 『権力への意志』(上), 139 頁。「善悪の彼岸, ——しかし私たちは畜群道徳の無条件の遵守を要望する」。
148 『権力への意志』(上), 138 頁。「外面的には, 途方もない戦争, 転覆, 爆発の時代。内面的には, 人間の弱さの増大, 興奮剤としての事変」。
149 『権力への意志』(上), 140 - 141 頁。「私は, [中略] いくつかのことを予言し, ひょっとすると, それで戦争の原因を誘発しかねないが, このことを怖れることはない」。ウェーバーの引用では, 引用符の終わりが欠け, そのまま他の文章へと続くが, ここで区切らないと文意が通らない。
150 『権力への意志』(上), 141 頁。この部分は, 訳注 149 に続く文章である。ウェーバーの引用では, 中略記号をはさみ一続きとして引用されているが, 全集では 133 段の最後の文章と 134 段の最初の文章である。
　それぞれ「このうえなく戦慄すべき地震ののちには, 巨大な自覚。それは新しい諸問題をともなう」(133 段),「いまこそ大いなる真昼の時, 最も怖るべき晴朗の時である。私流儀のペシミズム, ——大いなる出発点」(134 段) となる。ここで「自己確認」と訳した原語は「stock-taking」。直訳すれば「在庫調べ」。
151 『権力への意志』(下), 237 頁。「人類は, 目標というよりも, むしろ手段である。問題は典型であり, 人類はたんに実験材料にすぎず, 失敗したものの巨大な過剰である。すなわち, 敗残の野である」。
152 『権力への意志』(上), 302 頁。「純粋な, 混り気のない, 生々しい, 新鮮な, 力にみち, 酷烈さにあふれたこのマキャベリズムは, 超人間的, 神的, 超絶的であって, 人間によってはけっして達成されず, たかだか触れられるにすぎない」。
153 『権力への意志』(下), 376 頁。「位階を決定するのは権力量であり, 君自身がこの権力量にほかならない。残余のものは臆病である」。
154 『権力への意志』(下), 271 頁。「大衆に関しては私たちは, 自然が無情であるのと同様, 容赦なく考えなければならない。すなわち, 彼らは種を保存するのである」。
155 『権力への意志』(下), 271 頁。「大衆の困窮を皮肉な悲哀をいだいてながめる。彼らは, 私たちでなければなしえない何ものかを欲しているのだ——ああ！」。
156 『権力への意志』(下), 272 頁。「労働者は兵士のごとく感覚すべきことを学ぶべきであろう。謝礼を, 俸給を受けるべきであって, 賃金を支払われるべきではない！」。
157 『権力への意志』(下,) 272 - 273 頁。「労働者はいつかは現今のブルジョワのごとき生活をいとなむべきである。——しかしこの労働者の上方には, 無欲によっ

て秀でつつ，それゆえ，より貧困でより簡素でありながらも，権力を掌握している高級階級があるべきである」．
158 『権力への意志』（下），389頁．全集では「未来のヨーロッパ人の総体的容貌．すなわち，きわめて勤勉で，根本においてはきわめて謙譲で，異常なまでに好奇心に富み，複雑で，甘やかされた，意志薄弱な，もっとも知性的な奴隷獣としてのこのヨーロッパ人，――一つの世界市民的な欲情と知性の混沌」となる．
159 『権力への意志』（下），389頁．「問題．二〇世紀の野蛮人はどこにいるのか？　彼らが，巨大な社会主義的危機ののちにはじめて姿をあらわし，身を固めるであろうということは，明白である」．「バンダル人」の原語は「Vandals」．ゲルマン民族の一種で，文明の破壊者を指す．
160 『権力への意志』（下），408頁．「人間の卑小化が長期にわたって唯一の目標として通用しなければならない．というのは，より強い人間種が存立しうるためには，まず広い基盤が創造されるべきであるからである．［中略］凡庸さを凡庸にもとうとは欲せず，例外的存在で凱歌を感ずる代わりに，臆病，虚偽，卑小，悲惨に悲憤しているのは，不条理な軽蔑すべき種類の理想主義である．これとは別様に意欲してはならない！」．
161 『権力への意志』（下），408頁．「間隙はより大きく引きさける！」．
162 『権力への意志』（下），408頁．「高級種は，おのれの存在のためにささげなければならない犠牲によっておのれを分離するよう，強いられるべきである」．
163 『権力への意志』（下），408‐409頁．「主要観点は，距離は引きさけるが，いかなる対立もつくりださないということである．中間層が解消してその影響力を減ずるということ，これが，距離を保つための主要手段である」．
164 『権力への意志』（下），412‐413頁．「人間の卑小化の増大は，まさしく，より強い種族の育成に想いをかけるための原動力である．［中略］この平均化された種は，それが達成されるやいなや，是認されることを要する．それは，主権をにぎる高級種に奉仕しているのであって，この高級種は，それを地盤としており，それを地盤としてはじめておのれの課題へと高まることができるからである．彼らは，その課題が統治することにつきる君主種族であるのみならず，おのれ独自の生活圏をもっている種族であり，美，勇敢，文化，最も精神的なものにまでおよぶ手法のための力をあり余るほどもっている種族である．あらゆる大きな贅沢をたのしむことの許されている肯定する種族であり――，徳の命令という暴政を必要としないほど十分強く，けちけち口やかましく言う必要のないほど十分豊かで，善悪の彼岸にあり，珍奇な選りぬきの植物の温室である」．
165 『権力への意志』（下），445頁．「私はここで『フォン』付きの貴族やゴータ版貴族名鑑のことを言っているのではない．念のため，鈍馬な者どものために挿入」．
　「フォン」の原語はドイツ語の「von」．この場合，英語の「from」に相当する前置詞で，「〜出身の」あるいは「〜家の」という意味で，貴族の家名を表す．

「ゴータ名鑑」とはヨーロッパで王家や貴族の系譜を確認するためにつくられた年鑑（初版は1763年）。「ゴータ貴族年鑑」とも呼ばれる。

　ニーチェの言う「血筋」とは，精神的な「訓育」や「育成」を経て新たに創出される階級を指し，伝統的な「お家」という意味での貴族ではない。ニーチェは，これまでのウェーバーの引用に見られるように，何度もそのことを繰り返しているが，実際の社会建設を論じるにあたり，いま一度この前提を「念のため」と再確認したのである。

166　『権力への意志』（下），417頁。「それはあまりに複雑すぎ，失敗するおそれこそきわめて大である。だから，そうした予見につとめることは，熱狂せしめない！——懐疑」。

167　『権力への意志』（下），417頁。「——これに反して私たちは，気力，洞察，冷酷，独立，責任の感情を高めることができ，天秤の精巧さをさらに精巧ならしめて，恵まれた偶然が助けにくるのを期待することはできる」。

168　『権力への意志』（下），252頁。「あらゆる結婚に先立って取りかわされ，市町村会の署名のある医学的調書。そのなかでは婚約者と医者との側からのいくつかの特定の質問が答えられていなければならない（『家族の歴史』——）」。

169　『権力への意志』（下），252頁。「あらゆる結婚の責任と斡旋は共同体の信用のおける一定数の人々によって引きうけられる。結婚は共同体の重大事とされるからである」。

170　『権力への意志』（下），308頁。「厳しい工芸家の陶冶。兵役，そのため上流階級のあらゆる男子が，その他の点ではどのような者であろうとも，平均して士官たるべきである」。

171　『権力への意志』（下），422-423頁。「道徳の新しい形式。すなわち，何をなさず何をなそうと欲するかに関して一致している堅い誓い，多くのことを断乎として断念すること。はたしてそこまで成熟しているかを吟味すること」。

172　『権力への意志』（下），422頁。「——厳しい鍛錬をうけて習得するのは何か？服従と命令」。訳出した引用部冒頭の［］部は，ウェーバーによる挿入。

173　『権力への意志』（下），429頁。「おのれを，野蛮人でないことの許されていない状態へとおもむかせること」。

174　『権力への意志』（下），456頁。「運命のごとく不可避的に，ためらいがちながら，怖ろしく，大いなる課題と疑問が近づきつつある。すなわち，いかにして大地は全体として管理されるべきであるのか？また，何のために『人間』全体として——だからもはや民族，種族としてではなく——教育され，育成されるべきであるのか？」。

175　『権力への意志』（下），457頁。「また，危険，冷酷，暴行，心情におけると同じく路上での危険，権利の不平等，秘匿，ストア主義，誘惑術，あらゆる種類の奸策，要するに畜群の願望するすべてのものの反対が，人間類型の向上のため

には必然的であるということを」。

176 『権力への意志』（下），457頁。「人間を快適な中級品に育成しようと欲する代わりに高所へと育成しあげようと欲するそうした逆の意図をもった一つの道徳，統治階級——未来の大地の主たち——を育成する意図をもった一つの道徳は，それが教えられうるためには，現行の道徳律と結びつけられて，このものの言葉と外観をかりて導き入れられなければならない」。訳中の「(ニーチェは，あからさまな偽善を示しながら繰り返している)」という部分は，ウェーバーによる挿入。

177 『権力への意志』（下），460頁。「今後は，いまだかつて比肩するもののなかったところの，より包括的な支配形体にとって有利な前提条件が与えられるであろう。だが，これはまだ最も重要なことではない。主たるの種族を，未来の『大地の主たち』を育成しあげる課題をおのれに立てるところの，国際的種族連合の発生が可能となっている。——このうえなく冷酷な自己立法の上に築きあげられた，新しい，巨大な貴族政治，ここでは，哲学的暴力人と芸術家的暴君の意志が数千年にわたって持続しつづける，——意欲，知識，富裕，影響力の優越のおかげで，大地の運命を手中ににぎるために，芸術家として『人間』そのもので形態化するために，民主主義的ヨーロッパを最も御しやすく使いやすい道具として利用する高級種の人間。要するに，ひとが政治について学びなおすであろう時代が到来する」。全集で「政治」とされる部分は，原文では「高度な外交（high diplomacy）」である。

178 『権力への意志』（下），465頁。「諸衝動の最大の多様性をもっており，しかもそれを，それに耐えとおし得るほど，相対的に最強度にもっているにちがいない」。

179 『権力への意志』（下），463頁。「偉大な人間は必然的に懐疑家である（こう言ったからとて，そうみえなければならないという意味ではない）。ただこのことは，何か偉大なことを，またそのための手段を意欲することこそ，人間を偉大ならしめるということを前提する。あらゆる種類の確信からの自由はそうした人間の意志の強さに属する」。

180 『権力への意志』（下），462頁。「彼は，『思いやり』の情けをかけられることを欲せず，むしろ奉仕者を，道具を欲する。彼は，他人と交わるときには，相手を何ものかに仕上げることをつねにめざしている。彼は，おのれが伝達のきかないものであることを知っている。だから，おのれが馴れなれしくなるときには，それを無趣味とみとめるのであり，また，他人が彼を馴れなれしいと思いこむときには，彼自身はふつうそうではないのである。彼は，おのれと独語していないときには，その仮面をつけている。彼は，真理を語るよりもむしろ虚言する。じつは，この方が精神と意志とのより大きな負担なのである」。ウェーバーの引用はここまでだが意味が通りにくい。全集ではこの部分に続き「彼の心のうちには，とうてい賞めたり咎めたりすることのできない孤独がひそんでおり，い

かなるそれ以上の法廷をも許さないおのれ自身の裁判権がひそんでいる」となっている。
181 『権力への意志』(下), 464 頁。「あの巨大な偉大さのエネルギーを獲得するのも, 育成によって, また他方いく百万という出来そこないの者どもの絶滅によって未来の人間を形成するためであり, つくりだされ, いまだかつて比肩するもののないところの苦悩で徹底的に没落しないためである！——」。
182 『権力への意志』(下), 466‐467 頁。「偉大な人間のうちには生の特殊な固有性——不正, 虚言, 搾取——が最大にある。しかるに, 彼らが圧倒的な影響力をおよぼしてきたかぎり, 彼らの本質は最もよく誤解され, 善であると解釈されてきた」。
183 『権力への意志』(下), 475 頁。「支配階級と結びついて, その最高の精神化としてのみ発生することができる。大政治, 地球の統治が切迫しているが, そのための原理がまるで欠けている」。ウェーバーは, この部分を区切って引用している。
184 『権力への意志』(下), 475 頁。「根本思想。新しい価値がまず創造されなければならない——それに手をつけずにおいてはならない！ 哲学者は私たちにとっては立法者でなければならない。新しい種。」。訳文末尾の「そして教育者に〜！」の部分は全集にはない。
185 『権力への意志』(下), 476 頁。「教育者というものは, おのれ自身が考えていることをけっして言わない。そうではなくて, つねにただ, 彼が教育する者の利益を考慮しながら, 或る事柄について考えていることを言うにすぎない。このように偽装するので彼の本心は推測を許さず, 彼の信実性が信ぜられるということは彼の名人芸に属する。彼は訓育と育成のあらゆる手段を駆使しえなければならない。彼は, 多くの者を罵倒という鞭撻によってのみ進歩させるが, その他の, 怠惰な, 優柔不断な, 臆病な, 虚栄的な者どもには, おそらくは誇大な賞賛を用いるのである。そのような教育者は善悪の彼岸にいる。しかし誰ひとりとしてこのことを知ってはならない」。
186 『権力への意志』(下), 476‐477 頁。全集では教育者の任務は, 「人間を『改善する』のではなく, あたかも『道徳性自体』ないしは理想的な種類の人間一般があるかのごとく, なんらかのやり方で道徳を彼らに説くのではなく, そうではなくて, より強い人間を必要とするような諸状態を創造すること！ このより強い人間は, 彼らの方では, 強化せしめる道徳 (もっと明確に言えば, 肉体的・精神的訓練) を必要とし, したがってそれを実際にもつにいたる」となる。
187 『権力への意志』(下), 477 頁。全集では, 教育者が「戦争から学ばなければならないのは, 1) 死を, そのために戦いつつある関心に結びつけるということ——このことが私たちを畏敬に値するものたらしめる, 2) 多数者を犠牲に供し, 他人を愛惜しないほどおのれの問題を重大視するということ, 3) 厳格な訓練,

しかも戦争においては暴力や奸計をみとめるということである」となる。
188 『権力への意志』(下)，484‐485頁。この部分，全集と大きく異なる。以下，文意が途切れないよう，引用の前後も記す。「いかにして人間は偉大な力と偉大な課題とに達するのか？ 心身のすべての徳と有能性は，多くの勤勉，克己，わずかのものへの制限によって，同一の仕事，同一の断念を何回となく執拗に忠実にくりかえすことによって，苦労してわずかずつ獲得されてきたものである。しかし，このように徐々に獲得されてきた徳と有用性の多様な富みを，祖先から受けついで自由に使いこなしている人間もいるのである——というのは，幸運な理性ある結婚と，また幸運な偶然にもとづいて，多くの世代の獲得され蓄積された諸力が，消費蕩尽されるのではなく，確固たる輪環や意志によって結合されているからである。つまり，最後には，ひとりの人間が，怪物のごとき課題を要望する力の怪物が現れるのである。なぜなら，私たちを意のままに支配するものが私たちの力にほかならないからであり，だから，目標と意図と動機の憐れむべき精神上の戯れは一つの前景にすぎない」。
189 『権力への意志』(下)，486頁。「支配する者の彼方で，あらゆる束縛から解き放たれて，最高の人間は生きる。だから，彼らは支配する者たちのうちにおのれの道具をもっているのである」。
190 『権力への意志』(下)，485頁。「個々人とは，言いかえれば，無数の未完成な断片的人間を考慮にいれての，充実した，豊かな，偉大な，全き人間のことである」。
191 『権力への意志』(下)，486頁。「価値を決定し，最高の本性の持ち主に方向を与えることによって，数千年の意志に方向をあたえる者こそ，最高の人間である」。
192 『権力への意志』(下)，486‐487頁。「私は信ずる，私は最高の人間の魂からいくつかのことを見ぬいてしまったと，おそらくは彼を見ぬく者の誰でもが，徹底的に没落するであろう。しかし，彼を見てしまった者は，彼が可能となるよう援助しなければならない。根本思想。すなわち，私たちは未来を私たちの価値評価すべてにとっての標準とみなさなければならず——私たちの背後に私たちの行為の法則をさがしもとめてはならない！『人類』ではなく，超人こそ目標である！」。
193 『権力への意志』(下)，487頁。原語は「Come l'uom s'sterna」。
194 『権力への意志』(下)，528頁。「ディオニュソス対『十字架にかけられた者』，そこに君たちは対立をもつ。殉教という点では相違はない，——ただ殉教というこのものが異なった意味をもっているにすぎない。生自身が，生の永遠の豊穣や回帰が，苦悶の，絶滅への意志の条件となっている」。
195 『権力への意志』(下)，528頁。「寸断されたディオニュソスは生の約束である。それは永遠に再生し，破壊から立ち帰ってくるであろう」。
196 『権力への意志』(下)，518頁。「そのために必要なのは，これまで否定されてき

た生存の側面を，必然的としてのみならず，望ましいとしてとらえるということ，だからそれを，これまで肯定されてきた側面に関して望ましいとして（たとえばこの肯定されてきた側面の補足や前提条件として）のみならず，否定されてきた側面自身のために，生存の意志をしてより明瞭におのれを語らしめるところの，より強力な，より豊穣な，より真実な生存の側面としてとらえるということである」。

197 『権力への意志』（下），509‑510頁。「人間は非動物でもあれば超動物でもある。高級な人間は非人間でもあれば超人間でもある，すなわち，両者がいっしょになっているのである。人間は偉大な高きものへと生長するごとに深い怖るべきものへとも生長する。他方抜きで一方を欲してはならない，──ないしは，むしろ，一方を欲することが徹底的であればあるほど，まさしく他方がますます徹底的に達成されるのである。［中略］豊満な強力な魂は，痛ましい，怖ろしくさえある損害，欠乏，略奪，軽蔑をきりぬけるのみではない。この魂はそのような地獄のごとき苦しみから，より大きな充実と力強さをたずさえて，また，もっとも本質的なことを言うなら，愛の浄福における新しい増大をたずさえて，抜けだしてくるのである」。

198 『権力への意志』（下），510頁。「その成果としての，愛と善意に満たされたゲーテ的まなざし」。

199 『権力への意志』（下），532頁。「一つの中間として，歴史においてしめる位置」。

200 『権力への意志』（下），532‑533頁。この部分，引用では二つの文章に分けられるが，全集では次のように一まとまりの文章である。「すべてのものは生成し永遠に回帰する，──このことからのがれでることは不可能である！──私たちが価値を判定することができるとすれば，このことから結果するのは何か？ 力に奉仕するところの，精選する原理としての回帰の思想（そして野蛮！！）。［改行］この思想にふさわしい人類の成熟」。

201 『権力への意志』（下），533頁。「もはや保存の意志ではなくて，権力。もはや『すべてのものは主観的であるにすぎない』と謙虚に言うのではなくて，『これもまた私たちの作品！──私たちはこのことを誇ろう！』と言うこと」。

202 『権力への意志』（下），519頁。「あの連結がふたたびみいだされるために二・三千年を要するということは，驚くにあたらない，──二・三千年などほとんど問題ではない！」。

203 『権力への意志』（下），541‑542頁。「そして君たちも，私にとって『世界そのもの』とは何であるかを知っているのか？ 私は君たちにこの世界を私の鏡にうつして示すべきであろうか？ この世界とは，すなわち，初めもなければ終わりもない巨大な力，増大することもなければ減少することもなく，消耗するのではなくて変転するのみの，全体としてはその大きさを変ずることのない青銅のごとく確固とした力の量，支出もなければ損失もなく，しかもまた増加もなく，

収入もなく，おのれ自身の限界をもつ以外それを取りまくのは『無』である家政，なんら消散せず，消費されないもの，けっして無限の拡がりをもつのではなく，一定の力として一定の空間のうちにおさめられてはいるが，どこかが『空虚』であるかもしれない空間のうちにではなく，むしろ力として遍在し，諸力と力の波浪の戯れとして一であると同時に多であり，ここで集積するかと思えば同時にかしこでは減少するもの，おのれ自身のうちへと荒れ狂い入り溢れ入る諸力の大洋，永遠に彷徨しつつ，永遠に走り帰りつつ，回帰の途方もない年月をかさねて，おのれの形成活動をときには怠りときには励み，最も単純なものから最も複雑なもののうちへと進みつつ，最も静かなもの，最も硬いもの，もっとも冷ややかなものから脱して，もっとも灼熱したもの，最も粗野なもの，最も自己矛盾したもののうちへと入りこみ，ついでふたたび充実から単純なものへと帰来しつつ，矛盾の戯れから諧和の快感にまで立ちもどって，こうしたまったく等しいおのれの軌道と年月をたどりながらも自己自身を肯定しつつ，永遠に回帰せざるをえないものとして，いかなる飽満をも，いかなる倦怠をも，いかなる疲労をも知らない生成として，自己自身を祝福しつつあるもの――，永遠の自己創造の，永遠の自己破壊のこの私のディオニュソス的世界，二重の情欲のこの秘密の世界，円環の幸福のうちには目標がないとすれば目標のなく，おのれ自身へと帰る円輪が善き意志をもたないとすれば意志のない，この私の『善悪の彼岸』，――君たちはこの世界にとっての一つの名前を欲するのか？ そのすべての謎にとっての一つの解決を？ 君たち最も隠れたる，最も強い，最も驚愕することのない，最も真夜中なるものよ，君たちにとってもの一つの光を？――この世界は権力への意志である――そしてそれ以外の何ものでもない！ しかもまた君たち自身がこの権力への意志であり――そしてそれ以外の何ものでもないのである！」。

204 引用末尾「というのは，わたしはそなたを愛するからだ，おお，永遠よ！［改行］というのは，わたしはそなたを愛するからだ，おお，永遠よ！」の部分は，『ツァラトゥストラ』（下）15節「七つの封印」で繰り返される詩の結び。

205 ゴンゴリズム。スペインの詩人ゴンゴラ（Luis de Gongora y Argote, 1561～1627）の文章に由来する，華麗で，凝った文体。一般には過度な装飾を指す。

206 教授議会。原語は「Professors' Parliament」。フランクフルト国民会議の別称。1848年，ウィーン体制の崩壊を受けたドイツの自由主義者たちはフランクフルトのパウロ教会に結集，ドイツ統一を目指し憲法制定会議を開いた。その参加者が他国のように資本家や農民，手工業者ではなく，大学教授や官吏だったことを揶揄して「教授議会」と呼ばれる。会議はフランクフルト憲法（1849年）を制定したが，ドイツ統一は実現されなかった。

207 「ダナンの割譲」について。ナポレオン戦争後開かれたウィーン会議（1814~15年）で，ヨーロッパ内部における勢力均衡が確認された。以後，ヨーロッパ内

部では武力衝突が回避されていた。しかし，19世紀の後半，ドイツの台頭やオスマン・トルコ帝国の弱体化によって勢力均衡が危機を迎える。

とくにバルカン半島を領有していたオスマン帝国の弱体化は，この地域の民族情勢を不安定化した。ロシアは，パン・スラヴ主義を唱え，バルカン情勢を南下政策に利用した。

これを食い止めるため，ドイツの宰相・ビスマルクの提案でベルリン会議が開かれた（1878年）。ロシアの南下を食い止めたいイギリス，オーストリア・ハンガリー帝国，ドイツは，オスマン・トルコの領有するボスニア，ヘルツェゴビナの2州をオーストリア・ハンガリー領とすることでロシアの南下を防いだ。

しかし，ここで指摘されているように，もともと多民族国家であったオーストリア・ハンガリーにスラヴ系住民が多数を占める2州が加わったことで，民族対立はより複雑化した。それがやがて一次世界大戦のきっかけとなる。

ここで「ダナンの割譲」と訳した原語は「Danaan gift of Bosnia and Herzegovina to austro-Hungary」。Danaanが人名か地名か不明だったので，このように訳した。

第7章　現代とその課題

　10年以上前の1933年頃，私は「迫りくる混沌から私たちを救うことができるのは，普遍的な新しい生の経験しかない」と書いた。その間に，この混沌は，私たちの前に突然現れ，——少なくとも私の考えでは——私たちに，件(くだん)の，普遍的な生涯にわたる経験を与えた。
　もしこの経験が，これまで生起してきた諸問題に対して何らかの重要性があるならば，実際その通りなのだが，この経験は新しい経験でなければならない。しかし，ここで「新しい」とは何を意味するのか。内的経験とは，下地となるどんな思索もなく，それ自体が私たちに力を及ぼして私たちを取り囲む表面的な一連の変化の奥深くに隠れているものをいきなり垣間見せるものであり，私たちが直に受けとめてきた何かである。また，そのようなものとして，私たちの思考によってのちに明らかにされるということであり，ひいては，私たちの経験に基づいた理解の一部にするのである。しかしながら，それは，ヤスパースの表現を用いれば，哲学的に獲得される「最終的経験」とはまったく異なるものである。なぜなら後者はつきつめれば，熱心な哲学的思索の結果にすぎないからである。私たちの経験は，それはまた批判的思想によって検証されなければならないが，その変化の発端(プロセス)において，直接的な所与として存在する。そのようなものとして，あるいはだからこそ，生は，根本的には不変であり，明白なパターンでしか変化せず，きわめて厳密にいえば，「新しく」はなり得ないのである。それは，より浅いかより深くにしかなり得ず，直接的な超越の層をより多く含むか，より少ないかにすぎない。かくしてそれは常に，一貫して与えられたものに対して新しく色づけをしているだけで，その目新しさは，歴

第7章 現代とその課題

史的な表面上のパターンの変化や最も目立つところの変化以外の何ものでもない「生成」から生ずるものである。ここで形而上学へと進展するあらゆる概念と同様に，もしくは，19世紀という最も非形而上学的な時代に由来し，かつ，その特徴をも生み出した，生成についてのニーチェのまったく非形而上学的な理論との完全かつ意識的な対比において，私たちの考える生成とは，最も深い意味において存在の変え難い経験を除いた，あらゆる可能性の類型であり，形式であり，限界である。つまり，できる限り目新しくするためのやり方のことである。それらは，古いもの，遠い昔に経験したもののぶり返しか再発見にすぎず，それらが与えられた歴史的かつ社会学的な背景における人間の意識と経験から，すなわち，様々な瞬間から，それらに独特な特徴と特殊な傾向を獲得するのでなければ「新しく」はないのである。言い換えるならば，あらゆる「目新しいもの」は初期と同じ深さの次元から生じるべきであり，また，その「目新しいもの」に影響する超越的領域の本質は，たとえ表現様式が異なっているとしても，自己同一的であるべきである。

　そうであるならば，西洋の初期の非教義的(ドグマ)で直接の超越的経験は議論され，それらの提唱者たちは今日の私たちのための「灯台」と指定するが，教義(ドグマ)が蔓延した18世紀から私たちが提示するのは，超教義的(ドグマ)突破と呼びうるもの，すなわち思索ではなく，むしろ直に啓発する経験と理解である。これらの経験は，ミケランジェロやシェイクスピアやレンブラントや，ゲーテのいずれも，今日，禁制の領域とされることはない。それらはみな，道しるべであり，霊魂をあの世に送る案内者である。「古の楼城の上に高く，英雄の気高き霊は立つ」。「精神の祝福」で，ゲーテがその詩の中で述べている通り，それらは，今日の私たち，とりわけ私たちの中でも未だ若い人々，あるいはもっと若い世代の人々に向けて送られるものである。

　私は，単なる解説者，仲介者として語り，また，実質的にはより若い世代に対してのみ語る。その若い世代の中でも，私が語っているものに関して実質的経験を持っている人々，あるいは，自覚的に，進んで自分たちの表面的な経験を内的経験（その奥深い魂，これは常に——そしてこれこそ私が目指している方向である——超越的経験を意味するのだが）へと移し変えようとし，また，そうす

ることのできる人々に対して語る。とりわけ，個人的な結論には左右されず，必然的結論を進んで引き出そうとし，かつ，そうすることのできる人々に対して語る。概して，私は，この若い世代の中の意識的に自分の殻に閉じこもっている者（たしかに彼らは，大変有能であるけれども，私たちの眼前にある教育というとてつもなく大きな課題に進んで対応しようと考えていないし，引き出される結論に対しても曖昧な態度をとっている人々）に対して語りかけているのではない。彼らが，後の世代に素晴らしい極楽鳥として保護されんことを！

　私には，生き残っている青年たちのどれくらいの人々が，もっと一般的に言えば，第一次世界大戦中に成長し，戦間期には自分たちが沈滞していると感じ，1933年の諸事件によって，すなわち，新しい世界——おそらく彼らにとって最初の現実の世界——によって圧倒された，もう少し若い世代のどれ位の人々が，今まさに私が語っていることを経験し，それゆえ，私の導き出す結論と同じ結論を導き出すことができるかは分からない。私が1933年に行った最初の研究はあまり人を励ますものではなかった。その間に成長したもっと若い世代によってなされた研究は，大部分漠然としたものである。しかし，私たちがまさに抜け出てきたあの恐怖政治の間の孤立と直接的なコミュニケーションの不能は，ある程度の習慣化，ないし，あらゆる深い感情（少なくとも現実的結果をもたらすかもしれないようなこと）の抑制，そして，「事態が変わらなければ，私にはそうした事態と戦う上での経験があまりにも欠けているのではないだろうか」という，あの特殊な，本質的に恥ずべき雰囲気を引き起こしたかもしれない（その雰囲気はきわめて普及していると思われるのだが，しかし，おそらくその雰囲気をすべての人々のせいにすることはできない）。いずれにせよ，多くの思慮深いドイツ青年——さしあたり，誇るべき例外事項，私たちが個人的に知っている犠牲を無視している——は，恐怖政治の何たるかを，また，私たちの歴史におけるこれまでのあらゆる世代が恐怖政治とはこうであると感じてきたであろうこと，つまり，わが国の品位を破壊する不名誉を感じているだろうか？私にはわからない。

　それでも，私は，強い力で私に迫ってきたものを普遍的なものとして，また，強烈な経験をもって表現しようと試みているし，また，私の眼前にあるものを相手に伝えようとしている。そして，私はできるだけ簡単にそのことについて

第7章 現代とその課題

述べるつもりである。

　まず第一に，1933年以降生起してきた事柄の本質は，古い偏見の粉砕でも，そうした偏見をより真なるものによって取り替えることでもなく，もはや生活を実際にコントロールできない古臭くなった観念の終了でも，古い観念を廃止するであろう新しい価値の出現でもなく，生き生きとした世界による淀んだ世界の破壊でもない――まったく違うのである。そのすべてはみせかけ(ファサード)でしかなかった。今日のどん底の状態こそ，このことについての十分な証拠である。

　西洋の古い精神と対立するあの心性が1880年頃以降支配的になっていなければ，物事は決してこのようなどん底の状態へと落ちてしまうことはなかったであろう。すなわち，ニヒリズムの表面的な克服者としてのちに有名になるニーチェにおいて，そのニヒリスチックな頂点に達する，あの深淵の欠如。精神の高尚な放蕩や，権力の野蛮な放蕩と結びついて，帝国主義とナショナリズムの増大する激しい爆発にその熱狂を発散させる，あの反知性。このことについて私は，すでに概略を描いてきた。多くの血と野獣性を，すなわち，当時と同様今でもまったく理解不可能な謎だらけの醜悪な時刻表のような，「一回限り」の遺伝表を，歴史の中に導入する人種の観念は，西欧によって達成された凡庸さの極み，要するに，西欧の深淵思想の欠如，すなわち，疑似科学的なくだらないお飾りの極みにすぎない。

　1933年にドイツにおいて除去された秩序の弱点や，あるいは，勝利をおさめた連合国の現実的怠慢によるドイツの決定的に困難な状況について糊塗する必要はない。というのも連合国は，勝利によってものが見えなくなっているだけでなく，あらゆる現実感覚がまったく麻痺してしまい，しかも，私たちの背後にある決定的要素，最後まで威厳を保とうとする私たちのあらゆる努力を否定したからである。また，当時のわが国の秩序の国内体制的弱点を糊塗する必要もない。なぜなら，当時の秩序が，その選挙名簿制度によってその中心的機関である議会を，あらゆる種類の旧来の役人のための旧制度に変え，また，比例投票によって利益集団の混合物に変え，同時に，若い血気盛んな人々からあらゆる政治的影響を排除したからである。そして，真に責任のある自治を樹立するのにはどれだけ時間がかかるか皆目分からない中で，不慣れな人々にとって最も危急の課題であったのは，新しい，しかも，能力のある指導者階級の選

出であったにもかかわらず，このような状況であったからである。これをひとまとめにして歴史的な誤りの集塊と主張する必要はない。なぜならそれは，原理的には賞賛に値するけれども，実際的には失敗に終わったからである。私は，まだ時間があるように思えたときに，このすべてを批判してきた。その批判が意図されている，耳を閉ざした人々にとって，必ずしも決定的に十分というわけではないにしてもである。いずれにしても，この体制は全体として，若い人々，および，もっと若い世代に，将来性のある国が海の彼方からやってきたという感情を与えることができなかった。

　私はまた，それに加えて1929年の，理解しがたい無分別な一時的興奮の中での，勝者による予期せぬ規模の壊滅的な危機の後，戦後構造の全体が，経済的にも社会的にも崩壊し，あげくに，とり残されたように見えたこと，世界経済が修復不可能に破滅したようであること，そして，果てしなくほとんど制御不能な失業の流れ，それらが意味してきたことを知っている。そのことも同じように，未来の国は海の彼方からやってくるという展望を生むものではなかった。

　以上のことは，まったくの事実である。したがって，もの欲しそうで，暗中模索的な，若々しく，軽率で非常に簡単に提供される，目新しいものへの喝采も，当然といえる。とりわけ世界的絶対的力(ジャガノート)の下で，精神的にも物質的にも粉々にされてしまったが，まだ，その最も重要な勢力は破壊されていないと感じているドイツのような国においては，無理からぬことである。それゆえに，1933年に対して許しを求める者は，許しを得ることができるであろう。しかし，その後の今日の状況に関してはどうであろうか。

　ここでは，表面的データには関心がない。もし全生活をコントロールし，人々を完全に奴隷化し，大衆心理学に長けて，その方法の選択に遠慮会釈なく，最も原始的な本能をうまく利用する，最も近代的で密接にからみ合った細胞組織の基本線に沿って発展した，完全に全体主義的な恐怖の体制が，精神的には怠惰であるが，子羊のように辛抱強く，従順で，秩序を愛する人々に対して，秩序とパン――そのパンは，当初から戦争のための熱狂的準備の結果として，つまり，一種の戦争参加の代償としてはじめて提供されるものであることについて，彼らはまったく疑っていない――を与えるときに，その体制が何を行お

第7章　現代とその課題

うとするかを知りたいと思うならば、そうした体制の最初の時期のことを徹底的に研究すべきである。そして、もし袋から解放される猫のように、厳粛な誓約がどのように破棄されたか、また、双方の指導者が、自分たちの方こそ軍備や戦争能力の点で優れていると思っていることから拡大戦争が、すなわち世界戦争としてしか終わらない戦争が、どのようにして開始されたかということを学びたいと思っているならば、また、もしこの戦争がどのようにして熱狂的な際限のない拡張主義へと成長していったのかということについて考察したいと思う人がいれば、すなわち、国民に固有の軍事的気質がどのようにして精神的に以下の点へと強制されたのか、すなわち、多くの大衆によってまったく望まれていない、要するに、明確に彼らによって現実の敵と感じられている、統治集団の利益になるように、国民が、金を絞り取られ、彼ら自身の生活の最後の残滓が実質的に破壊される点へ、どのように強制されたかということを学びたいという人が存在するならば、隠された歴史を解明するために必要な記録が残されている限り、そうした体制の第二の局面を、まさしく入念に学ばせるべきである。

　私たちにとって関心のあることは、むしろ、こうしたプロセスの中に封じ込められている、あるいは、そうしたプロセスから急に表れる心理的世界である。たしかに、このことを証明することはできる。すなわち、たしかに様々な可能性や条件を自由に利用しながら、今日、私たちを取り囲んでいる、ますます恐ろしくなっている現実を想起させる、自然な、人間的な要因が存在する。しかし、その心理的世界の創造者たちと同じように、その主唱者たちが常に、意図的に自分たちに脚光を浴びさせる方法を知っていたように、私たち及びその他の者はずっと、みな等しく、ほかに作用している何かが存在することをはっきりと感じてきた。

　人は以下のように言うであろう。すなわち、究極的にこれを引き起こす人間的主体性(イニシアティブ)は、まさにそうしたことやそうした人間に大変効果があった、と。しかし、これは、すでに二次的なものであるとして述べた社会学的条件を説明することができるだけである。このことに関しては、それ以上に多くのものがあった。それは、あたかもある力が地面の中からおどりでたかのようであった。すなわち、これまで誰も気づかなかった、あの権力に飢えた、悪賢い、活動的

な巨人たちが，竜の歯のように急成長したかのようであった。また，以前には考えられなかった内面的覚悟が，中産階級の多くの人々の熱狂の中に存在していたのであるが，そう言ってよいと思うが，そうした力は，最初から熱狂を生じさせていた。定義しがたい客観的な何かが解放され，普遍的な精神の波の中で，これまで当然とみなされ，揺るぎないと考えられていた価値を一掃した。そのときまで鎖につながれ，隠されていた集合的，超人間的力が，突然束縛から解放された。ひとたびそれが解き放たれると，それは，考えられるあらゆる手段によって刺激され，現実的に言えば，すべてのものを圧倒した。

　もちろん，人は，その力を集団心理学あるいは個人心理学によって，すなわち，その力を暗示やあらゆる可能な条件，変種，仮定と関連づけることによって，自由に解釈することができる。しかし，私たちは，これと同じように，そのプロセスの真の性質を把握することはできないであろう。以前には静かで恐らくまったく差別意識のない，しかも，一般的に無害なあの人々が，突然ずうずうしい口論をする人に変わった。彼らは，憎悪による逆上に身を任せるだけでなく，冷笑的な現実主義をもって，彼らの憎悪本能を実際に実行しようとし，究極的に迫害，盗み，血なまぐさい殺人に参加した。すなわち，今まで尊敬すべき人物たちは，たとえその他の人々とともに有頂天になって騒がなくても，最も下劣な嘘をつくことや暴力行為をまったく正しいとさえみなした。彼ら自身は，まじめに熟慮して，他者を残虐に服従させるための大衆統制を工夫したし，また，そうしたひどい行為を賛美し，堕落のどん底へと落ちただけでなく，彼らには，何らの罪悪感もなく，あらゆる種類の策略，弾劾，悪口に対してまったく不必要な支持を与えたが，こうしたことは説明しにくい。たしかに，市民的英雄ではないにしろ人の足元にひれ伏すことを異常とみなしていた人々が，ひれ伏すだけでなく，このあまりにもひどい奴隷状態を恥ずべきことだと考え，ひれ伏すことへの参加を拒否する，すべての人々に対して，あろうことか疑いをなげかけさえした。しかも，その上，決して発作的に激怒するのではなく，冷静に考察する上品さで，異教の思想家や，時にはその関係者たちを刃と残忍な死に引き渡すことになった。そうしたあらゆる事例は決してまれではなく，むしろまったく典型的な行動の表現であった。もっと言えば，言葉では言い表せない堕落の拡がりが突然進んで証言しようという気持ちと結びつ

き，非常に穏やかに残虐行為の極みを尽くすとになったのである。——この，ここでは詳しく述べることのできない他の多くの事柄と同様に，以前には誰も可能だとは思わなかった大衆現象として突然現れたものは，大衆教唆の単なる結果ではないし，また，そうではあり得ない。それは，たしかに，もともとは集団的であり，心理学によって操作可能であり，ある条件の下では発生させることのできる力，しかし，これまで測定されてきた心理状態よりももっと深いところから生まれる力の爆発であった。そのとき始まったのが，突然の心の暗闇化であった。すなわち，これまでその効力については歴史の本でしか読んだことのない，あの権力の不可解な羽ばたきを，精神的大衆伝染病という説明不可能な現象とみなすオカルト現象，しかし，これまでドイツ国民内部において，現実的なもの，言うまでもないことであるが，実際に可能なものとしては，決して評価されてこなかったオカルト現象であった。暗い悪魔のような力の羽ばたき，つまり，そうした超人間的及同時に超越的力に対して，いかなる他の言葉も存在しない。

　というのも，再度爆発したのは，訓練によって長く抑制され隠されていた原初的，根源的，野蛮な力，それゆえに，猛獣とつながっているものとしての，私たちすべての心の奥底に存在するものとして受け入れなければならない力だけではなかった。そうした力は，また，人間にのみ適応可能な否定的意味において，精神的に制限されていた。すなわち，そうした力は，この制限を言葉にすれば，非常に下劣であった。

　下劣なものに関して
　誰も不満を言わない，
　なぜなら，言うことができるのは神のみだからである。

とゲーテは書いている——あるいは，それを以下のように言い換えることもできよう。

　汚ないものすべてについて
　誰も不満を言わせない——

それについて不満を言えるものは神のみだからである！

しかし，ゲーテは，悪魔的なものについても知っていた。たとえ彼が悪魔的なものをこうした事柄とここで直接的に結びつけていなくてもである。私たちは，こうした権力の神秘的な内的複雑性を経験してきている。私たちは，こうした権力が自らを正当かつ受容可能な要求といかにうまく適合させているか（しかし，同時に，少なくとも当初は，その表明を正しいと認めざるを得なかった），そして，最も悲惨な方法で，忌むべき，かつ，恥ずべき最終結果をもたらしたかをみてきている。私たちは，そうした権力の人格的化身の下で，すなわち，絶え間なく私たちと世界に対して，悪いものと正しいものというあの印象的なヤヌスの顔をみせながら，ついに，これまでで最も恐ろしい破局の中へ全世界を投げ込んだ，権力の人間的化身の下で，生きてきた。私たちは，承知の上で，また，目を見開いて，このすべてに耐えてきた。

それでは，私たちは浅はかにも，ここで明らかになったより深いレベル，すなわち，初期の人間にとって周知の超越論的及び形而上学的レベル（その中の一つの側面，多くの側面の一つが，私たちの眼下で，一時期私たちの生活を思いのままに牛耳っていたのであるが）を無視してよいのであろうか？ したがって，もし私たちがこのレベルを理解するようになるならば，たとえこの最初の点からのみ始めるとしたら，それは，大きく口を開いているニヒリズムの裂け目を通過して，再び私たちを過ぎ去った時代と連結させてくれる，普遍的な経験ではないのか？

そうした連結とそこから生じる方向づけは，道徳的ではなく超越論的である。それらはともに私的な事柄ではなく，むしろ，客観的な力の理解に基礎づけられているので，そうした力を経験したすべての人々を普遍的に結合させる。それらは，快適でもないし容易でもない。なぜなら，私たちを決定と向きあわせ，私たちのそうした日々の決定を要求することこそ，そうした力の起源だからである。したがって，それらは，私たちがずっと語り続けている，より深いレベルの超越性――大部分，教条（ドグマ）によって歪曲されたり，あるいはひどく単純化されたりしているにもかかわらず，私たちがかつて18世紀に，意識的に私たち

第 7 章 現代とその課題

自身のものと呼んだもの——の理解及び実現と密接な関係を持っている。

本書を通じて，私は，恐るべき否定的要素の存在において経験している超越性，及び，今日意識的に感知することのできる，しかも，私たちの知的財産とすることができる超越性に「直接的超越性」という名称を与えている。この直接的超越性と，私たちを強要する生の深淵な次元は，その第二の顔として——必ずしも私たちが人格神を持ちだす必要はない——神のような特性を持っている。それは，私たちと私たち自身を超える全人類を維持している，したがって，適切に言えば，超越的であり神聖である，賛美し浄化する権力の存在，結合，現実性である。いかなる種類の鬼神論もここでは理解されない。その作用について，私たち全員が疑いもなく知覚している暗くて悪魔的なものは，私たちに，いわば，縁を与えるだけであり，したがって，私たち自身は，私たちのすぐそばにあり，また，現象界の背後にある形而上学的力の，あらゆるものを包含し，すべてに浸透する，遍在的な領域の解明をはじめなければならない。

ちょうどこの領域を統一的に矛盾なく経験し，また，この経験を論理的に矛盾なく与えることが不可能であるように，この領域を体系的に示すことは不可能である。この領域に関する原初的な経験を常にそれと結びついている情緒からできるだけ切り離して，一般的にこの領域について語ることができるのは，断片的な証拠という形でしかあり得ない。これらは，本書の最後の節で論じられる。

他方，繰り返して言えば，また，いわば誇張して言えば，私たちは，さらに問いを発し続けなければならない。

今でも私たちはきっぱりと，次のように主張することができるであろうか。すなわち私たちは，私たちが否定したあの 18 世紀の二つの大きな成果物——活動的かつ普遍的な「人道性」と「自由」——を手放すことができると。それは，その二つのものがその時前提としていた外観の問題ではなく，それらの本質の問題である。人間は，人類は，その所与の「特異性」において，何らかの超越論的レベル——明らかにまったく非観念的であり，また，まさに経験の核を表した観念——から生まれたのか，あるいは，そうでないのか。そもそも人類は，もし美しい比喩で語られてきたような「普遍的存在」ではないとすれば，少なくともただ「ひとつ」であるため，そのような「唯一性」（究極的に

は超越的であるにちがいない）でしか，普遍的で根本的な共同体の感覚，つまり私たちが友情，尊敬，愛情などと呼んでいるものにすべて集約されているものは理解できないということなのではないか？　そうした超個人的，基礎的「唯一性」を私たちの中で理解することが可能なのか。つまり，現実的には無数の頂点と多様な構造から成るもの，常に本来的にそこに存在するが，それらの実存でしか悟れないものを，理解できるのだろうか。キリスト教は，これを，あらゆる唯一性の中で最も普遍的なもの——あの世界的に人と人とを結びつける人間的共感——として理解した。意識化しさえすれば，私たちの内部に常に流れている地下の川のように機能し，そしてそこで自明のものとなれば，私たちの行為を支配することに役立つ，背後にあるこうした実体や力を，私たちはどう理解すべきなのか？　私たちは，それらをいかにして理解すべきなのか？　なぜ「自明」——そのもの自体の示す証明——としてなのか？　人間的唯一性の認識が私たちの中で現実的なものとなるとき，すなわち，外から入り込んだり，自発的に湧き出てくるとき，私たちの中に不自然に植え込まれたり教え込まされるものは何もないからである。それは，私たち自身の一部として，あるいは，もっと正確に言えば，私たちの存在の下位の層の一部として存在するのであり，したがって，効果的であり，活動的である（第8章参照）。

　私たちは，この存在の超越的次元全体がいかに人々を残忍性という不毛ながれきの下に埋めることができたのか，そして，誰も共通の人間性という建設的な基質を信じようとしなかったことの卑劣さが，そのような創造物とそれらがあらゆるものをよそに，同じ超越的階層からわき起こったということの中で，一体どのように存在し得たのかを見てきた。しかし，実際には，そうなのである。人間は多層的である。私たちがそうした人間を理解することができるのは，ただ私たちがとりわけこのことをよく知っていて，しかも，優性的及び劣性的な先天的力（それが人間を構成し，また，人間において交互に機能しうる）という概念で必然的な推論を引き出すとき——私たちが回帰しなければならない時点——だけである。

　しかし，続けよう。18世紀は，人間それ自体が，その超越論的性質のゆえに，自由を母胎として生まれるものであると理解した。そして，今日でさえ，人間を宇宙全体に適応させようとする思想を持ったあらゆる思慮分別のある人

第7章 現代とその課題

間,すなわち,科学者ないし生物学者[1]は,人間の精神的固有性,すなわち,全存在形式における人間の特殊な立場を,人間は自らが「自由を母胎として生まれた種」であることを知っていると主張することによって,また,それを証明することによって定義することができるだけである。ここでは,この所与の自由によって哲学的あるいは認識論的に理解されるものについて議論するつもりはない。事実は,人間,あらゆる種の中で人間のみが,種々の意思的行為によって,生の自然的条件を越えて,その上に,人間自身によって自由に形成された人間自身の人為的な条件を創造するということである。人間はその自由からその人為的条件をつくり上げる。それゆえに,人間及び人間のみが,文明の発達及び人間自身によって様々に類型化された歴史を知っている。とすれば,18世紀の詩的な霊感を受けた先見の明のある偉大な人物が,彼らの崇高な,真に超越論的な自然及び歴史解釈に支えられて,人間の特別な宿命と目的は,「人間性」に向けた「自由」を通じての自己発展にあると見るとき,彼らは間違っていたであろうか? あるいは,明らかに冷静なカントが,未熟であることあるいは自由の放棄から,成熟性あるいは自由の自制的な使用へと進むことが目標であると述べたとき,カントは間違っていたであろうか? 私はそう思わない。双方とも,その直接的経験を包む思想のベールがどんなものであろうとも,意図的に深淵を覗いたのである。私はただ,先見的な詩人と哲学者の双方とも,自由を通じた人間の自己発展の問題をその完全な意味において理解したことがなかったか,あるいは,それを理解することができなかったと思うだけである。

　自由を通じた自己発展や自由の中での自己統治へと人間を教育するというこの問題は,ただ,大衆・自由——大衆の自由——という状況において特別の重要性と特別な困難を帯びただけである。今日では自由や自己決定に対する大衆の能力の欠如に関して,明らかに諸事象によって十分に基礎づけられた,きわめて広範な意見がある。ル・ボン[2]の本のように,有名になった本と,蓄積された経験——言うまでもなく,私たちが最近になってドイツで持つことになった経験——は,この意見を確証しているように思える。だが,大衆の被暗示性にもかかわらず,すなわち,自己規制や自己形成に関するあらゆる試みを不可能にし,複雑な諸事実に直面したときにまったくの判断不可能性と結びつ

く大衆における悪魔的な集団的力の爆発にもかかわらず，こうした事柄はまだ決定的ではない。すなわち，一般的な解釈と同様，きわめて否定的な判断は単なる偏見でしかないであろう。結局，この問題は気質，伝統，大衆によって情緒的に受け入れられる支配階級の存在，状況の一般的な概況を把握し，大衆のムードを正しい方向に導いたり，あるいは，それらを抑制することのできる指導者たちに依存している。それゆえに，それは，危険なときに大衆とは切り離すことのできない欠点が克服されようとされまいと，精神的なリーダーシップと，その状況の客観的なコントロールという二つの課題に適したエリート，決定的なときにそうしたエリート層から登場する魅力的個性をもった人物に依拠している。しかしながら，最も重要なこと，実際的に決定的なこと——さらには，あらゆる一般的偏見を無視して，最大の力をこめて強調されなければならない——は，大衆の，すなわち，そうした個々の男女の平均的な人間における本質である。

　平均的人間における本質とは何なのか。それは，自らの判断に従って行動しようとする確固たる意思，たとえ自分の不利益になったとしても，自らの判断に従って断固として行動する意思である。

　私たちは，ドイツにおいて，こうした二つのものの欠如が何を意味しているのかについて考察してきた。私たちは，かつて——自由都市（16世紀におけるドイツ革命運動の現実的基盤）の時代に——自分自身の判断に対してきわめて頑固であり，自信に満ち，しかも，慎重であったドイツ人が，権威主義的国家の長い支配によって弱められていたけれども，1848年革命に至るまで古い種類の権利に対して深い感動をまだ示していたドイツ人が，どのようにして，3年間の兵役訓練，ロボットのようなプロイセン的服従，及び同様の訓練によって，性質を変えられ，自由の方向へ最低限の行動すらもほとんどできない，まして，自由を実行することなどまったくできない，今日私たちが知っている，堅苦しい，ステレオタイプ化した，辛抱強い秩序人間になったのかということについて経験的に知っている。ドイツ人は，必ずしも，このようなものではなかった——まさに，自分自身の意思を主張する限りにおいては，まったくその反対であった。

　そしてそれは，このことから，あるいは，すでに根本的な変化を被っている

かもしれないけれども，この関連でしばしば引き合いに出されるロシアから，あるいは，支配階級の崩壊したフランスのような気まぐれな国における大衆暗示の経験から一般化すべきことを，許しがたいほど狭いものの見方で見ることになる。イギリスの労働者の心理を取り扱った，今次戦争に関するイギリスの戦争小説を読む者は誰でも，あるいは，平均的な北アメリカ人（明らかに「大衆」という類型に変えられた北アメリカ人さえも）の外観や基本的前提について最低限のことを知っている者は誰でも，そうした判断がいかに要点をはずしたものであるか（それは，誰の中にもある粗野なもの，あるいは，下品なものに反論することではない）完全に理解している。「自己規制」や「自己統治」，こうしたものは単なる標語であるばかりではなく，アングロ・サクソン的性格から生じた基本的事実であるということを知らない人は，明らかにこの戦争が何に関係するものであるかということについてまったく分かっていないし，それゆえにその判断を自分自身に適用すべきである。しかしまた，他方でそういう人は，自由に対する大衆の無能力に関していかなる一般化も行うべきではない。いずれにしても，そういう人は，自由な大衆の統治は主として特性形成の問題であるということ，さらには，対応するエリートの形成を前提としているということを理解している人々の邪魔をすべきではない。また，それは，古い伝統やムードにはあまり左右されない気質によって促進されている。

　ある人々——傲慢な「距離のパトス」の擁護者だけではない——は，以下のような態度をとる。すなわち，「大衆を置き去りにせよ。彼らをそのままにせよ。彼らは，その歴史発展において影響をあまり受けず，心を乱されることがないので，主要なことは，現実的にも知的にも重要な役割を果たす，少数の人々に働きかけることである」。このことについて，私たちは，次のように答えることができる。すなわち，西欧の経済的及び政治的影響力が衰退しつつあるにもかかわらず，西欧意識の影響力を維持することのできる全体的文化がまだ存在しているところでは，誰も私たちヨーロッパ人の自由の観念を変節させようなどと考えないし，また，考えることはないであろうが，その文化とは，覚醒されるべき不滅の魂を持つ存在としてではなく，古代中国におけるように，宇宙的「単一性」において完全な形で現れる存在として——あるいは，インドにおけるように，そのまさに最高の状態において，「超宇宙的」自己解体を運

命づけられているような，定義不可能な何かとして——私たちとはまったく異なる自然的秩序へと人間を適合させる高度に発達した文化である。普遍的に認められている人間としての最低限の要素を支持することは，私たちの義務であるけれども，そうした文化は，ここでのように，原初的なものと結びつけられるべきではない。様々な精神的及び心理的構造を持つほかの偉大な文化が人間の超越的性質を私たち西欧人とはまったく異なる形で理解し，したがって，その実現に関しても，異なる結論に達するということは，大いにありうるかもしれないし，また，事実，ありうることである。

　しかし，現代の西欧の人々は，超越論的なものを理解するためのそうした異なる様式に影響を受けず，また，心を動かされないのであろうか？　否！　彼らは，かつて西欧に存在し，かつ，すでにキリスト教において形成され，のちに広く世俗化されたあの超越性の暗示（兆候）を容赦なく奪われてきたのである。彼らは，あちこちで心をかき乱され，安息の場を失っている——最近の12年間にドイツにおいてのみ，この延長線上で，これまで知られている資本主義のあらゆる苦悶をはるかに越えることが生じたことについて考えなければならない。無傷のままでいるわずかな宗教集団を除いて，大衆は物質主義的になった。彼らは，「民族性」思想（それがあらゆるものを決定しているように見えるけれども実際には決して存在しない）や排他的な人種拡大思想を越えた，あらゆる高次の人生観及び人間観を体系的に奪われてきたのである。要するに，大衆は，群衆心理を持つようになり，堕落したのである。

　私たちは，大衆を，このような状況に放置しておいてよいのか？　そんなことができるのか？

　私は，ここでは，知識人に対してのみ語りたい。私たち知識人は，自由，知的自由を望んでいる。私たちは，それがなければ私たちの自発性が失われるということをよく知っている。すなわち，私たちは，籠の中に捕らわれてわずかな食物をついばみ，私たちの知らないその他のものをついばむことなど決してできない，ただ羽ばたくだけの鳥であることをよく知っている。しかしながら，今日，政治的自由に基づかない知的自由などあり得るだろうか？　さらに，混乱した，伝統のない，物質主義的な大衆が自らの権利に覚醒し，守ろうとし，さらにそうした権利を強く主張している今日，政治的自由は，大衆の政治的自

由，すなわち，大衆の自治として以外にありうるのか？　もちろん，それ以外にあり得ない。

　だからこそ，大衆の自治なのだ！　したがって，大衆の自治とは，いかに自治が現実において様々に変化したとしても，大衆の自治はまさしく以下のことを意味する。すなわち，大衆が，彼ら自身の責任ではなく（不可抗力で），歴史的環境の結果として，自治をほとんど行うことができないでいるとき，また，できないところでは，——判断の基礎でなければならない彼らの事実認識が限定されているからではなく，性格上の欠陥から——判断の狭さと性格上の欠陥双方の改変を目標としなければならない。まさに大衆教育，生涯教育（私たちが最も多くのことを学ぶのは，常に，それを検証しなければならないときである）を通じて，また，教育改革を通じてである。

　したがって，ここでしばらく，私たちは，人間を形成することのできる，そしてまた，大衆的人間を再形成することのできる唯一の方法であるとして早い時期に示したものへと立ち戻る。まず第一に，エリートである。単に政治的及び現実的リーダーシップをとることができるだけでなく，精神的にも知的にも際立っていて，しかも，性格的にも際立った，だから，半ば無意識的に持続的モデルとして行動する人々から構成されたエリート——そのようなエリートは，精神的なリーダーシップをとることができるので，明らかに，少なくとも，あらゆる分野において，しかも，あらゆる点において，大衆の再形成と同様に，重要である。その外には，そうした再形成と密接に関係した，いかなる課題も存在しない。なぜなら，これだけは明らかだからである。すなわち，エリートが存在するから，エリートのための訓練が必要なのであり，今や精神的孤高を保つことのできるエリート訓練が必要なのである。こうしたエリート，彼らを完全に孤高の人として考える必要はなく，むしろきわめて普通の知識人であり，彼らから自然と恵みの雨が生まれ，それが喜んで受け入れられる（これによって，エリートと大衆との関係という他の不可避的な問題が回避される）ような人々のために，つまり，彼ら自身の存在からのみ生ずる影響力を与える手段のために，何らかの教育的機関と生活の手段は不可欠である。しかし，こうした孤高の人を救出することはきわめて重要であるが，彼らは，その内的性質やその直接的な課題において，この破局の克服に関して精神的に何の関心も示さな

い。この事例は，新しい時代において実際的かつ知的リーダーシップに対処しようとする，他の分野のエリートと事情が異なる。破局は，少なくともドイツにおいては，まさに，その時代の恐るべき課題，まさに最も重要な課題を，この分野のエリートに突きつけている。もしドイツ国民が，彼らに襲い掛かるにちがいない，経済的かつ政治的嵐の中で完全な破滅から救済されるべきであるならば，すなわち，もし彼らが，単なる生活手段を越えて，生きていく上でまだ価値のあるものを目標とするのであれば，その目標とはまさに——ニーチェの言葉を借りるならば，しかし，まったく別の意味で語るならば——「彼らの子どもたちのための国」でしかあり得ないのであり，その創造のために彼らは手を貸さなければならない。しかし，彼らの子どもたちのためのこの国において，人々は内面的に変化し彼らの古い起源へと回帰し，かくして——古い宗教的伝統がもはや影響力をもたなくなっている限り——生を新たに理解することのできるように成長しなければならない。ロボットでも，機械の歯車でもなく，まさに存在の超越論的意味を新たに理解し，その多様性と深淵性において理解される人間性を信じて生きることへの誇りをもった人々が成長しなければならない。「独自性」に生きること，超越性に根ざした，しかし，現実の生活及び政治へとつながる自由の中で生きること——ドイツにおいて以前には決して起こらなかったこと——に誇りを持った人々が成長しなければならない。

　人々は，「文化」について，また，文化領域において人々が創造しつつあること，あるいは，創造したいと望んでいることについて，非常に多くを語り，また，語ってきた。特に人は，会話や善なる意図をもって文化の邪魔になることを行うことは決してないので，文化の変化については黙っておこう。これは，やがて天と時の贈り物となる。私たちが行うべきことは，人間について語ることであり，人間を人間として考えることであり，しかも，大衆の中の個人について考えることである。なぜなら，そういう人間から，大衆は成り立っているからである。

　しかしながら，個人は，すでに述べたように多層的であり，個人の中に具体化している先天的な諸力の複合体全体と調和している。個人は，それ自身の中にこうした優性的な力と劣性的な力を持っている。そして，こうした力は，交互に影響を与えることができる——また与えている。

人々，そうした人々の集合体，そして，そういう人々の性格は均一的に配備されていないし，必ずしも同じ時に同じであるわけではなく，先天的な諸力の組み合わせが変われば変るものである。それらは，特に一定期間たてば，変化する。なぜなら，大衆の中の各個人は，自分自身の中に，その盛衰が時とともに変化する——変化するが，影響も受けやすい——優性的な力と劣性的な力を持っているからである。変化は，きわめて影響を受けやすいので，平均的性格はほとんど見分けがつかないほど変化する。

遺伝的な力は，超個人的，客観的，心理学的あるいは生物学的な基礎力を具体化したものであるので，変化は，生命の優占種としてのこうした客観的力の侵入を通じて，外部から，いわば伝染的に起こる。しかしながら，変化は，訓練や生活様式によって，内部から完成される。最近私たちを支配するようになってきた平均的ドイツ人の恐るべき性格変化としてこれまで私たちが描いてきたものは，こうした暗い悪魔的な力の出現によってもたらされたものであるが，これは，外部からやって来た。先天的な力，今までの劣性的な力が支配的となり，そして，ドイツ人民のかなり多くの部分の心を摑み，ドイツ人民を変化させ，恐ろしいほどに歪曲した。私たちは第二の進展を警戒しなければならないし，同時に，平均的ドイツ人においてはほとんど衰弱してしまった力，しかし，平均的ドイツ人の中で，自由へと駆り立てる衝動として，すなわち，性格とは関係なく，平均的ドイツ人自身の生活を決定する能力として機能していたあの力を復活させ支配的にしなければならない。

ひとたび私たちがそれを行えば，すなわち，ひとたび私たちが眠りに沈んでいる普遍的な人間的独自性の諸力を呼び起こすならば，私たちはドイツの未来，ドイツの精神的基盤，ひいては，新しいドイツ人をつくり出すことができる。

これ——新しい人間類型を創造すること——は，非常にやるべき価値のある課題ではないか！　これは，ドイツのエリートの主要かつ最も緊急な課題ではないか。

たしかに，外見的な生活類型，すなわち，行政における政治的自律性及び可能な限り，経済的社会的自律性への適応は，決定的役割を果たさなければならなくなるであろう。しかし，人間的活力が存在しないところでは，人は自発的に働くことはできない。人間的活力は，私たちがわが国の青年を形成する方法，

すなわち，教育から生じなければならない。

　したがって，ここで私たちがはっきりと言うことができるのは，以下のことである。すなわち，国民社会主義がドイツにおいて最近数十年間に企ててきたことや，その歪められた目標にもかかわらず，実際に外見的に達成してきたこと，また，他方で，ソビエト・ロシアが教育によって不活発なロシアの小農民を誇り高く，機転の利く，そして，物覚えの良い工場労働者に仕立て上げることができたこと，こうしたことから初めて，青年の教育及び教化に大いに取り組み実行しなければならないことが分かるとともに，人間変革の過程で何をなすべきかも明らかになるのである。当然のことながら，これを活性化するには，常に超越論的な背景を持っていると私たちが考えている，より大きな精神的深さの方向へ向かわせるよりも，皮相な合理性あるいは原始的な民族的本能の方向へ向かわせる方が容易である。しかし，諸事象は，私たちの前に開かれている。そして，私たちが進歩させてきた諸観念の視点から即座に理解することのできる途方もなく大きな可能性を示した。すなわち，教育によって（それが学校教育であれ，生涯教育であれ），優性的な先天的力や劣性の先天的な力を，性格形成に役立たせたり，判断力に従ってそれらを背景へと押しやることが，有効的に行われる可能性である。いかなる人間も，自分自身の影を飛び越えることはできない。そこには潜在的に，訓練によって確立されるもの及び優性的になるものが存在するにちがいない。問題は，それを埋もれた状態から引き上げ，それを最も重要な意味を持つものにつくり上げることだけである。私たちが必要としているあらゆる先天的な力は，事実，ドイツ人及びドイツ人大衆の中に存在している。過去のドイツ人を一瞥すると，このことを示す十分な証拠がある。

　この種の徹底的な教育あるいは「人間工学」によって標準化された人間類型あるいは人間型が生み出されるという危険はまったくない。各個人の中に隠れている多様な「部分」の観点から見ると，いかなる観念にもそれなりの十分な根拠がある。ひとたび生活と教育が超越論的なものに基礎をおいた自由の発展と適用を視野に入れるならば，こうした部分が現実的となり，画一的な型にあわせて調整された人間を生み出すということは不可能となるか，あるいは，いずれにしても心配しなくてもよくなる。各個人の中に存在する様々な遺伝的要

素に依拠した多様な個人が，無尽蔵に存在する。また，もし大衆の中のこの多種多様性が，とりわけ，私たちの知っているまったくの道具として用いられる大衆の中の多種多様性が，まさに十分に開花した人格をもたらすのではなく，断片的な生き物，すなわち，全体として平凡な同一の要求，同じ平凡な娯楽やほとんど計算可能な反応を持つ生きた小片――それゆえ，将来の「シロアリ人間」というあの恐ろしい姿の初期段階のもの――をもたらすとしたならば，実は，私たちの眼前に存在する多くの困難とは，人間を機械として取り扱うことの魂破壊的効果を考慮に入れながら，あらゆる人間の中に存在する魂を救済しなければならないということである。したがって，この救済は，より一層，精神的領域における最大の人間的及び社会的問題となる。しかし，もしこの機械化された近代的な人間性から何か救出されなければならないとすれば，それは，彼らの自然な自発的行動の覚醒を通じてでなければならないし，また，それは，とりわけ，政治的自由と自治によって，自由に対する人間の生来の能力を最大限に育成し，刺激することを意味する。

　労働を組織する方法は，少なくとも政治的自由を通じて人格を発展させることと同じくらい重要であるけれども，自由と人格の発展の観点から必ず精神的により強く影響を受けるであろう労働組織の現代的形態に対して，現実的な提案を行うことは，本書の枠を越えているし，また，それ以上に，著者の能力を超えている。現代の労働過程やそうした労働過程の適応性の程度と限度，労働過程と労働者権力との統合の可能性などに関する最も詳細で，しかも専門化された知識からしか，何らかの価値あるものは提案されない。しかし，それでも，慰めとして，人は，以下のことを示唆することができる。すなわち，合目的的な「フォード化した」アメリカ労働者も，同様のイギリスの労働者も，あらゆる思想が正反対であるにもかかわらず，脱人格化されていないということである。極端な機械化にもかかわらず，双方（アメリカの労働者とイギリスの労働者）は，彼らの自由と自己決定権の際立った，しかも，最も周到な番人であるし，あるいは，私たちの用語で言えば，彼らの超越論的に基礎づけられた人間性の番人である。したがって，脱人格化は，決して不可避的ではない。また，脱人格化は，以下のようなところでさえも決して存在しない。すなわち，少なくともドイツにおいて，今日では労働者と比べて精神的麻痺のかなり強いとこ

ろでさえも，様々な理由から，知的に平準化して，真に群れを成す動物となっている．また，先の体制の主柱であった，羊のように従順な傾向を持つ多くの被雇用者や役人においてさえ脱人格化は決して存在しない．こうした諸階級は，他の国々では難なく同化された．必要ならば，そうした階級を精神的に新たな方向に向けさせる方法が存在しなければならないし，また，自己決定や深い自己発展のために，そうした階級の自発性を復活させる方法が存在しなければならない．

　さらに，現実的自由の用途や，現実的自由と超越論的に基礎づけられた本質的自由との関係に関して見てみよう．たしかに，大衆のおかれた対外的に限られた状況において，現実的ないし人格的自由は，まずこの状況の拡大を目指すに違いないし，それゆえに，主として，物質的改善（賃金，労働時間など）を目指すに違いないのであるが，それと同様に，こうした事柄に関する自己決定もまた一つのシンボル，すなわち，純粋な労働者の存在の中で取り返しのつかないほど失われてしまった，まさしく，あの独立した「人間」のシンボル（象徴）であることもたしかなのである．この種の改善のためのあらゆる闘争，そこに含まれている物質的生活のあらゆる経済的支援のほかに，常に存在するのは，それを統括する精神としての，人間を解放しようという労働者の意志である．それは，この闘争を高め，また，それと結びついている決定的な関心（利害関係）を崇める．

　もちろん物質的利益を求める公然たる闘争，すなわち，産業的自由一般は，原則として，人間にとって欠くことのできない，あのほとんど超越論的な本質的自由，すなわち，私たちの特別の関心である，発展するために必要な自由とはまったく関係がない．こうした明らかに時代遅れの自由原理に対するあらゆる否認——それは，まったく誤解されている——は，産業的自由——おそらく，当然のこととして，今日では，まったく時代遅れとなり，機会主義の一つの機会にすぎなくなっている——と，人間的に本質的な，超越論的に基礎づけられた自由とを混同することから来ている．したがって，産業的自由それ自体を求める闘争ないしその擁護は，産業的自由についてのあの先述の「神聖化」とほとんど関係がないけれども，にもかかわらず，こうした人間的に脅かされた労働者たちのあらゆる物質的闘争以外にも，常に特殊な性質，すなわち，人間性

のためのわずかな自由な行動が存在する。この場合，自由の具体的使用は常に通常の産業的自由の文脈から離れて，純粋かつ単純に判断されなければならない。

　ここで，具体的状況の中で成長しながら，私たちは直ちに，現実の生活において，とりわけ政治において問題となる，超越論的に基礎づけられた自由と私たちが呼んでいるものの性質の確認と様々な限界の明確な徴候を得ることになる。これは，少なくとも，現代の西欧的意識の発展にとって，過小評価することのできない，また，過小評価されるべきではない何かであり，それがドイツにおいて恐ろしいほどの範囲で失われてしまったけれども，もし私たちが人間性を実現しようとするのであれば，再度努力して取り戻さなければならないものである。私たちが再度じっくりと学ばなければならないものは，まさに自由の用途であり，自由の内的及び外的構造である。

　しかし，明らかに，また，輝くランタンのように昼夜を問わず私たちの眼前に保持されていることがある。すなわち，ドイツの大衆を，勤勉で従順な動物から，独立心のある，正直で，自信を持った，自らの自由の権利について熱心であるような，統合された人間類型へと変える課題である。そして，この課題は，その目的に沿って意図的になされる徹底した教育によって必要な準備がなされ，また，現実生活及び現実政治において自立した行為のための機会が与えられるならば，必ず実現できる。

　もちろん，外見上，現に今そうであるように，この機会が私たちに与えられるかどうか，また，どのように与えられるかということは，かなりの程度私たちにではなく，他の人々に依存することになる。ドイツの一般的な大衆は，それがなければ「変化」することができないということ，あるいは，大衆の中に隠れている他の勢力が優勢となることも，今，画一化や屈従に手を貸している人々に取って代わることもできないということを，勝者は絶えず留意し続けるべきである。果てしない軍事的統治や軍事的占領でもなく，警察措置や政治的屈従でもなく，徹底的な教育によって，自由な自治への扉を開けること，これのみがその変革を実現できるのであり，世界の人々の間で，ドイツ人の立場を変更させ健全にし持続させることができる。近い将来において必要だと考えられる支配がどんなものであろうとも，勝者は，以下のような三つの事柄を同時

に実現するほかのいかなる方法も存在しないということを知らなければならない。すなわち，勝者がまったく当然のごとく望んでいる，彼ら自身の安全性，ヨーロッパ及び世界の平和化，そして，それと同様に，強制によらない——だから長期的に維持できる——統合，すなわち，偉大でかつ古い文化を持つドイツ国民を新しい世界全体へと組み込む，人間的にも道徳的にも必要な統合である。

　しかし，私たちの課題に着手するために，もう一つだけ言わなければならない。すなわち，私たちは，現実的及び政治的リーダーシップをとることのできる高い知的能力を備えたエリート，その個人的性質から大衆が自分たちの位置を確かめることのできるエリートを生み出す努力をしなければならない。現在，私たちは，このことにまったく取り組んでいない。かつてそのような先陣やその残存者たち——若い世代の希望の星——がいたのであるが，彼らは，実際に可能であれば勇気を持って独裁的な傾向や措置に抵抗したために，先の政権には「消す」理由があったのであり，平たく言えば，殺したのである。こうした古いエリートの生き残りや可能性を持った新しいエリートは，背負い込んだ危険を冷静に「固定」したり一掃したりする点で，創意に富んでいた。そういう人々こそ，旧体制にとって代わることのできた唯一の人々であったし，「白紙状態（タブラ・ラサ）」を構成するものは，まさに彼らであった。ここに，最も恐ろしい悲劇がまったくの沈黙の中で静かに進行した。ある日，よく知っている名前とともに，多くの名前が並ぶであろう。このことを私たちは決して忘れてはならない。しかし，今日，私たちは，ほとんどゼロから出発しなければならない。したがって，海外から戻ってくるかもしれないすべての古い世代の人々や，もしかして，彼らの魂を救うことのできていたかもしれないすべての古い世代の人々，今やリーダーシップを取り指導する立場にいると考えられている，あるいは，間もなくそう見られるであろうすべての人々に対して，ただ執拗に次のように言わなければならない。「エリートのいなかったいわゆる『ワイマル期』の後の恐るべき災難のことを考えるならば，あなた方のなすべき任務は，あなた方の後継者を見つけること，知的に優秀な政治志望の人物が先頭に立ち，同時に，貧しくて，打ちひしがれたドイツ国民に近い将来何とかしてパンと仕事を与え，大衆の中に自治を育てあげることのできる，エリー

第7章　現代とその課題

ト養成のメカニズムをつくり出すことである。もしあなた方が，これを十分に，かつ，適切に行わなければ，そして，とりわけ，無私の心で，良いタイミングで，新鮮な血を送り込む準備をしなければ，あなた方は，権力についただけの無能な人々のしくじりによって別の破局をもたらすことになるだけであろう。気をつけよ！」

　私たちが心の中で思い描くようなエリートとなる人々は，政治行為に必要な能力を十分備えているであろうし，また，歴史や現在に対する広い視点を持つ上で必要な現実的知識を持っているであろう。しかし，何よりもまず，彼らは，人生の最高の価値とは，人間及び人間の展開の中にあるということ，そして，この展開は，人間の——まさにあらゆる——生の超越論的背景の理解からしか生じえないということを知るであろう。このことだけが私たちに，人々とともに何をなすべきか，人々のために何を望むか，競合する生の諸力の只中で私たちの道をどのようにして見出すかを教えることができるのであり，ひとたび私たちが，私たちから明確な「イエス」あるいは「ノー」を要求する彼らの客観的特質を感知したならば，このことだけが私たちに，今日の獣性化した生気論からの救済，その目的のない相対主義と主観主義からの救済，そして，ついには，ニヒリズムからの救済を示すことができるのである。

　したがって，人は，あらゆる生の内的問題を明らかに支配しているので，恐ろしい風景のようにいたるところで生の外的問題に直面する時代に生きているのではないということ，精神的問題や目的について語ることによって希望のない袋小路や，自国民の有害な分裂をもたらすと脅しているわけでもないし，この国民が，おそらく別の方法をとりさえすればもう二度と深淵へ引き込まれるという危険はないと論ずることができよう。

　私たちは，こうした事実について熟知しておかなければならないし，同時にまた，以下のことについても知っていなければならない。すなわち，ドイツ国民はきわめて軽率にも彼らにもたらされた破局の帰結として，今後何十年間もドイツ国民の宿命となる，いかなる生活困難にも耐えることができるし，ドイツ国民は今後どんなに長い時間をかけても埋め合わせることのできない祖国の破壊に立ち向かうことができるし，ドイツ国民は，おそらくドイツの男性及びより一層若い世代の多くの女性にとって最も貴重なものの消失，ドイツ文化の

最も貴重なモニュメントの破壊，ドイツ人の印刷された知的保有物の紛失の後でも自らの貧困と困窮に立ち向かうことができるし，彼らは，彼らの単に政治的だけでなく社会的経済的悲惨さと，外部の世界で彼らの果たすべき人間的役割の減少にも耐えることができるし，ドイツ国民は，賠償問題（これは，長い時間をかけてドイツ国民自身の手で再建するという大規模な試みを確実に遅らせることになる）における他国民に対するドイツ国民の義務をもって，彼らの生活を困惑させることになる，この「削除すべきものこそカルタゴである」を克服することができる。――もっとも，彼らに残されている重要な物理的及び精神的資源において，彼らがまさに外面的な目標ではなく，共通の精神的目標を持っていさえすればであるが――。ドイツ国民は，大きな強い意志をもたなければならないけれども，それは，ただ大きな希望の中にのみ存在する。私たちはこれまで，そうした希望の知的枠組み，そして，できる限り，精神的内容をも示そうとしてきたのである。

　この希望に物質的基礎を与えるかもしれない他の一，二のことを付け加えておこう。今日，物質的にも知的にも，この戦争の結果として生じることになる，大きくて新しい地球的諸条件の枠組みの内で，また，それらが将来にとって決定的であるからこそ，本書が明らかにしている概略に沿って，一つの国あるいは一つの国民について考えなければ無意味なのである。

　自立的で物質的な世界の中心としてのヨーロッパ，対等に競争する権力国家という古い意味におけるヨーロッパは，消失することになる。ロシアを中心とする東側とイギリス及びアメリカを中心とする西側という権力圏が，双方とも，どのようにしてヨーロッパを侵食し，とりわけドイツを支配下――外見的には軍事的支配――におくのであろうか，こうした権力圏が実際にどのようになるかということは，最高の司法権を有するヨーロッパ及び世界「委員会」のプログラム及び計画をみても，まだはっきりしていない。これは大部分，そうした「委員会」内の新しい権力圏間の交渉と判定に委ねられなければならないし，また，そうした「委員会」が，総体的に人道主義的で，しかも，現実的に有効な統治形式に対してどの程度内面的に服従するかということに委ねられなければならない。この点に関するいかなる予断も許されない。

　このことが当てはまるのは，何よりもドイツである。すなわち，ドイツの役

第7章 現代とその課題

割は、いかなる表面的意味においても、決して物質的役割ではあり得ない。むしろ、ドイツは、精神的に物質的条件に対して直接的影響力を行使するかもしれない。まさしく、もしそうした競合している諸国家から成りたっている世界が時代遅れのものであり、また、一時的に競合している諸勢力が何とか協働しあって一つの大きな世界的な諸集団から成り立つシステムへと組み込まれるならば、したがって、もしそうした競合している諸国家がせいぜい半主権でしかなく、また、歴史的必然性の問題として、大なり小なり行政的「委員会(グレミウム)」の跡を残しているならば、ドイツは少なくとも、最初の段階で、自らの政府を持つことさえないであろう。さらに、ドイツは、来るべき新しい世界において信頼されうるリーダーシップとガイダンスのほとんどすべての要素を奪われるであろう。したがって、歴史的に言えば、たとえ恐るべき事態の再発を阻止するために、ドイツの産業的潜在力が支配されたとしても、犯した恐るべき事態の後であれば至極当然であろう。

　おそらく、以下のような留保的な考えがある。すなわち、ドイツ人は、支配の形式を明白にすることによって、その支配形式は不必要であるのでそれを受け入れることができないのであり、また、とりわけ、ドイツの存続にとって決定的に重要な、しかも、最高の科学的水準の業績を可能にする工業施設の破壊や分離を未然に防ぐことができる——すなわち、国有化、あるいは、よく言えば、ドイツの戦争を支える決定的に重要な潜在的産業のいくつか（鉄鋼や化学など）を、国際管理の下におかれた設備として機能する公共団体へと転換すること——という考えである[3]。それによって、私的資本主義の政治的誤用を削減すると同時に、徹底した管理の必要性に対する正当な要求に気がつくであろう。

　これに関連して、以下の点を指摘しておきたい。すなわち、連合国は、十分理解可能な憎悪感情や一般民衆の感情主義の波にもかかわらず、言語や文化、自然な感情の点で、ドイツに属している固有の領土をドイツから分離するという誤りに陥らないことが期待される。もし連合国がそれを行ったならば、連合国は最初からドイツにおける精神的な癒しと変革の一切の過程を麻痺させることになる——このプロセスこそ世界平和の前提条件である——。ドイツ重工業の潜在的な天然資源は、ドイツ周縁地域に集中して存在する。ドイツは現実に、

こうした天然資源をほとんど奪われ，ひいては国内の経済循環が絶望的に混乱し，この混乱の結果としてパンを欠いた産業労働者大衆をかかえながら，ヨーロッパの中心において餓死寸前で救いがたい疫病の流行地となることは避けられず，周辺の各地への感染源となるであろう。というのも，ヨーロッパは基本的に，これまでのようなヨーロッパ的政治構造とその意義を失うままにするか，あるいは，修正すべきかは，その密度の高い人口を満足させる福利を実現するために，かつての経済構造に近い回復を行うことができるかどうかにすべて依存している。誰もが事実として知っていること，すなわち，イタリアがドイツの石炭及び重工業生産物の配給なしには，また，イタリアで余った果物をドイツが吸収しなければ，あるいは，バルカン諸国が自国のタバコや穀物をドイツの工業製品と交易しなければ，やっていけないということなどは，ヨーロッパの経済統合，すなわち，一方の領域が他方の地域に依存することによる繁栄（そのためにも，統一ドイツはドイツの中心的位置，大きな人口，そして，巨大な生産能力の点で絶対的に不可欠である）の一例にすぎない。ドイツの生産力と消費力なしにヨーロッパの経済統合を十分かつ健全な方法で行うことは，経済的及び風土的必然性の問題として，ドイツそのものの総合的経済の一部分である，ヨーロッパの中心から離れたところにあるその他の地域にとって，不可能である。

　この経済統合は，それ自体を回復させようとする粘り強さと能力によって（あらゆる反対にもかかわらず，オーストリア，ハンガリーの脱退によって大きく変更された1918年以後のヨーロッパにおいてさえも）今や基本的なヨーロッパ現象として機能するようになっている。経済統合は，第一次世界大戦後の困難な数年に，そのかつての形式と力の水準まで，ほとんど完全に回復している。こうした事実は，ヨーロッパの経済にとって自明なことであり，また，あらゆる政治的分割を超えて，ヨーロッパを一つの経済的世界へと統合することを目指した，決定的な将来像の前兆となるものであるから，こうした事実は，直ぐに調査され，先の戦争の後，私の音頭で，また，私の指導によって，徹底的に検証された。その結果として出された二つの論文[4]，すなわち，戦後のヨーロッパ産業とヨーロッパの経済統合に関する二つの論文は，以下のことを強調するものであった。すなわち，当該の，そして，あらゆる政治的境界線を乗り

越える観点から，産業的に核となるヨーロッパと，圧倒的に農業的な周縁的ヨーロッパ（前者を構成するのは，イングランド，ドイツ，ベルギー，ルクセンブルク，オランダ，スイス，フランスの東部地域，イタリアの北部地域，そしてオーストリアとチェコスロバキア，後者を構成するのは，そうした国々の周りにある諸領域のすべて）とを区別しなければならない，というものであった。容易に分かるように，産業がヨーロッパの中心部に集まることは，歴史的偶然の出来事ではなく，一つにはこうした国々の中に位置づけられている，一つには，こうした国々を取り囲んでいる，原材料や重工業の潜在的可能性によって，また，鉱山とそれを利用する工業（それらの間で，あるいは，それらの近くで，石炭やそれに類するものを利用するような労働を吸収する産業の最適の成長点がまず発展した）によって条件づけられている。もし今，第二論文が示しているように，ヨーロッパのこの経済統一体に十分な経済循環があるならば，産業の中心地は，明らかに，周辺の圧倒的に農業的な地域にとって一定の市場であると同時に，周縁地域から，その産業部品を得ていること（1930年現在で，それぞれ平均80％と83％である）が分かるであろう。こうした周辺地域は，まったく明らかに，まだ十分に産業発展していないし，また，ヨーロッパ産業統一体を補助する構成国（そうした国々は，その輸出市場や国内供給に関して，中心地の繁栄に完全に依存している）のレベルにも達していない。しかし，これは，世界経済とかみ合った高度に統合された構造である。それは——第一次世界大戦後，あらゆる既存の障害にもかかわらず，代表として登場する傾向を常に示しながら——そこで進行している産業プロセスのあらゆる部分において統合されている。中心国の様々な地方は，中心国自身の最良の顧客である。なぜなら，そうした地方は，それらの内部で自らの輸出商品の半分を交換するからである。しかも，この交換の半分は，原材料と半完成品から成り立っている。だから，それゆえに，それは，統合された生産過程内の動きであり，そこでは，様々な局面が，最適の地域性にしたがって，自らを区分し，最後の完成に達するまで互いに補完しあう。最後に，その中心国は，ヨーロッパそれ自体において完成品の半分を取引する。すなわち，周辺諸国は発展が遅く購買力が小さいために，周辺諸国においては比較的小さな範囲でしか取引できない。ヨーロッパ外の領土（植民地など）においては二番目に大きな範囲で取引する。中心国は，そこ

から，原材料の50%と，食材の30%以上を獲得し，そういうものに対して商品，輸送サービス，外国投資からの収益で支払う。だから，ヨーロッパは，政治的にはかなり分断されているが，自然的にも歴史的にも，しかし，とりわけ，その中心において，最も密接で最も強い経済的絆によって結びつけられた単一のユニット（単位）であり，そうした部分の一つひとつが，その潜在力の十全な使用に関して，その他のすべてのものに密接に依拠していることが，明確にわかるようになる。そして，大変興味深いことであるが，この事態には，イングランドも含まれる。たとえイングランドが大英帝国の一部であったとしてもである。というのも，1930年にイングランドは，ヨーロッパに向けて，また，（そのヨーロッパの輸出が64.1%に達している）一見自給自足的なフランスに向けて，自国の輸出の32.1%を輸出しているからである。それゆえ，ヨーロッパは，経済的観点からみてそれほど重要ではない周辺国との経済的結びつきと比べるならば，産業の中心国とヨーロッパ諸国との間にきわめて重要な特別の経済的結びつきを持つ（原材料や食材の輸入，完成品の輸出）統一体である。しかし，ドイツと国境を接している，あるいは，関係を持っている中心諸地域と同様に，中南部イタリア，ギリシア，スペイン，スカンジナビア諸国といった周辺的地域（領域）は，もしドイツが経済的に崩壊あるいは衰退すれば，成長することができないのである。

　先の戦争以降，強力に統合されたドイツの経済界は，その最大の責任にもかかわらず，実質的には無傷のままであった。それは，ドイツだけではなくヨーロッパ全体（ヨーロッパは，この回復と密接な関係を持っている）の比較的急速な回復（のちに信用市場操作によってもたらされた途方もない危機によって混乱することになった）の原因であった。にもかかわらず，さらなる政治的及び心理的原因によって，世界貿易全体におけるヨーロッパの重要性は，この戦争において37%から30.6%へ下落した——おそらく，ヨーロッパを包囲している若い資本主義世界の重要性がますます増大しているが，それ以上に急速に，独力で実現していくことになるであろう。

　ドイツのライバル（対抗）国は，ドイツに課す賠償負担金（今回は，残念ながら正当化される）にもかかわらず，自分たちの利益のためにドイツを経済的に破滅させてはならないという事実をたえず念頭に置くことに最大の関心を抱い

第7章　現代とその課題

ている。全ヨーロッパの回復と——ヨーロッパの永続的意義のゆえに——世界の回復は，確実にそのことに依存している。もし全ヨーロッパと世界が心理的に判断を誤って行動したならば，もし全ヨーロッパと世界が当然の苛立ちから，長期的には耐えられないような事態をドイツに課すならば，彼らは，十分理解される彼ら自身の物質的利害に反する行動を粛々としてとることになるであろう。もしヨーロッパの真只中に経済的に腐敗した悲惨な中心国があれば，それは，必ず他へ伝染し，将来のヨーロッパ及び世界の利益に役立たないであろう。しかし，おそらく逃げることのできない義務を負ったドイツの経済界は，まだその自然な諸条件と一致して発展可能性を持っているので，その義務から解放されるならば，ヨーロッパ及び世界の役に立つことになるであろう。

　おそらく，長い間に，この経済界は疲労して，かつてのような自律した政治的統一体としては，時代遅れとなっている。ドイツは，このことを，ドイツの最近のリーダーたちが突如として狂ったように世界及びドイツそれ自体に対して犯してきたことの不可避的な帰結と見なければならないし，また見るべきである。たとえ，ドイツが最終的にもう一度正常な外交関係のサイクルの中に引き入れられたとしても，ドイツはもはや決定力を持つ世界の大国になることはないであろう。ドイツはいつの日かヨーロッパの諸会議において，その重要性に見合った地位を得て，その後，全行政の一端を担うであろうこと——もちろん，ドイツの軍事的潜在力の使用の外的コントロールを前提として——を望むことでよしとすべきである。しかし，それと同時に，ドイツは決して再び，かつてのような主権的で自律的で，競争的な権力国家になることはないであろう。このようなドイツの存在は，まさに終わったのである。周知のように，これこそ，私たちが行わなければならない歴史との決別なのである。

　知的に自由かつ独立した国民文化，しかし，決して自由に競争しない国民国家，そして様々な経済的及び一般的政策がそこにおいて樹立される，秩序だった「委員会(グレミウム)」あるいは司法組織(シンジケート)——そうしたものこそ，新しいタイプの歴史世界なのである。

　ヨーロッパ，そしてとりわけドイツを中心とするヨーロッパは，同時に，自由民主主義に基づいて自らを組織し，直ちに人間性及び人間的品位を保証しな

ければならない。そしてさらに，ドイツを中心とするヨーロッパは，対外的に最も差し迫った事柄とともに，国内的に最も差し迫った事柄として，政治的自由について大衆教育し，政治的リーダーシップについてエリートを訓練しなければならない。ドイツが目指さなければならないことは，経済的統一性の完全な維持とは別に，ドイツの教育的独立性の維持である。なぜなら，それがなければドイツは自らの精神的再生と転換という課題に対処することができないからである。したがって，あらゆる外国勢力は，以下のことについてはっきりと知っておくべきである。すなわち，風がおのがままに吹くように，精神を強制することはできないということである。外国勢力は，精神や性格の再生をドイツ人自身に委ねなければならない。それ以外の方法としては，じっと復讐の機会を待つか，何らかの別の新しい世界シンジケート（組織）あるいは同様に不吉なものへ向かって突き進むことしかないであろう。しかし，いずれも，最悪の事態をもたらすだけであろう。

　もしドイツにのみ，ドイツ人の自己再生や自己転換への善意を示すことのできる条件が与えられるならば，ドイツは，今日まで自らの展望に関して恐るべき経験をしたし，また，自らの性格の恐るべき欠陥を経験した後であればこそ，自己再生や自己転換への善意をいつでも手にいれるであろう。自治を行ないたいと望んでいる，したがって，そのために必要な，学校教育や日々の生活の中での普段の訓練による視野の拡大を通じて，自ら判断することのできる真っ当なドイツ人を作り出すこと――それこそ，この恐るべき崩壊の後，ドイツ人が掲げ続ける大きな希望でありうるし，また，希望であろう。

　この希望の内的目標のいくつか（それらは，例外的に希少な物質的諸条件の下で何とかやって行くことになるであろう）を，そのより深い超越論的背景を示すことによって定義すること――このことこそ，普通の生活の表面上の社会学的大変動の分析を除けば，本書の意図であった。要するに，本書は，とりわけ，精神的に積極的なエリートとして，この希望の実現に向けて，私とともに献身したいと思っている人々のために書かれたものである。私たちの精神的指導者や宗教的指導者たちは，これまで，このことを十分行ってこなかった。今必要なのは，新しい教育とこれまでとは異なる考えを持ったエリートの創出という課題に身を捧げることなのである。二つのものは密接に関係している。私たち

第7章　現代とその課題

は国民としてこれから物乞いのように貧しくなるであろうし，まず第一に，国民的転換という大きな課題のために実際に役立つ教師をほとんど持っていないし，さらに，一般的に私たちは，克服しなければならない古くからの深くしみ込んだ教育習慣を持っている。もし私たちが教育を通じて，国民的性格を大きく変え，判断力を広げたいと思うのであれば，私たちは，ロシアが，文化的に遅れていることを前提にして，（公立学校では！）教員一人につき生徒平均20人を最大としたし，しかもどの地域でもそのようにしたということを想起しなければならない。国民の中に入ること，そして，徹底した教育による性格や判断力の変化を惹き起こすこと――これを行おうという衝動は，まだ残っている私たちの精神的エリートやこれから生まれるエリートを通じて，洪水のように流れ出るに違いない。教育によってまだ色づけされていない若い人々，これから新しい理念を教え込むことのできる若い人々以上に，申し分のない，あるいは，価値あるものが，存在するであろうか？　愚かにもスーパーマン，すなわち，勇気に充ち溢れたあの想像上の人物を作り出したいと望むことはおこがましい。まず，人間の生来の知的次元から，真の人間を創り出そう――人間の中にある，これまで表に出ていなかった力を奮い立たせ，これまで支配的だった力を抑えることによって。

　私たちは，最も広い意味で，しかも，大きな規模で，このことに取り組まなければならない。私たちは二つの大きな，しかも，まったく可能な課題を持っている。すなわち，今日の平均的ドイツ人を別のタイプの平均的ドイツ人に変えること，そして，精神的に破綻したエリートを別のエリートに変えることである。まさに，人は越えられるためにある。それは，「距離のパトス」だけでその優越性を示す実態のない人間あるいは知的パラサイトによってではなく，大衆の中にあって，性格的に自由でありかつ豊かな人間，また，エリートにあっては，かつて偉大で非教条的なヨーロッパ人の原型がかつて見たことのある，また経験したことのある，内在的―超越論的深淵に満ちた人間によってである。

　したがって，この人間は，独力で物事を決定することができるであろう。独力で「イエス」と「ノー」を言うことができるであろう。したがって，この人間は決して複雑ではないし，十分に発達した人間としてどうあるべきかという

ことに関して，自分の中にまったく明確な感情を持っているであろう。したがって，この人間は，たとえどんなに貧しくとも無所有であろうとも，人間的品位を持った自由な市民として生きることができる。それこそ，私たちが必要としているものである。そこにこそ，私たちの未来がある。

〈原注〉
(1)たとえば，Richard Woltereck "Ontologie des Lebendigen".
(2) "Psychology of the Masses"
(3)戦後補遺。もしシンジケート思想が，アメリカと同じように，原則的に拒絶されるならば，選択肢としては，こうした団体を，管理のしやすい鉄道事業や郵便事業のような「公益事情」として扱うことしか残されていない。これならば，実際の「国有化」は必要ではない。
(4) Otto Schlier, "The Reconstruction of European Industry after the War" と Herbert Gaedicke and Gert von Eynern, "The Economic Integration of Europe" (Berlin, 1932) この二つの著作には，ハイデルベルク大学社会・政治学研究所へのロックフェラー財団からの特別奨学金の一部が使用された。

第8章　超越性の暗示

　ここで提示されているものは，哲学的すなわち論理的に終結した知見ではない。むしろそれは，経験を解釈的に秩序立てたものの断片であり，あらゆる経験の背景に影響する。したがって，形而上学的な解釈を目指すものである。

　この解釈は，あらゆる内面的及び外面的経験を構成する二つの要素の根本的差異という経験による知識に基づいている。すなわち，そのまさに起源における不可解な一つの力として，目に見えない，計り知れないほど深い背景から生じる自然発生的な現象と，それ自体の中で自分自身を実現する自然発生的な現象との差異である。私たちは，後者を，そこにおいて具体化が生じるものであり，そして，そこから具体的表現が得られるものとして，「条件神経叢（conditional plexus）」と呼ぶことにしよう。

　これらの要素の違いは，すでに二元的であるが，精神と自然あるいは精神と物質との差異とは無関係である。なぜなら，これらは双方ともに，演繹法によって到達した抽象的な二律背反であり，まだ十分に議論の余地があるからである。私たちの差異が，能動的かつ自発的な力が自然と物質に作用するという方法で直接的なありのままの経験から生ずるのに対して，私たちが「精神」と呼ぶものは，存在全体に満ちる自然発生的な現象のある一つの特殊な表現にすぎないのである[1]。

　より詳細なことは，これから示される圧倒的な経験についての断片的な解釈によって，明らかになるにちがいない。

第1節　無生物における超越性（本質と経験）

　直接的あるいは内在的超越性とは、現象世界で直接に経験したものとして、さらに私たちが現象世界に含まれる限り私たち自身の中で直接に経験したものとして、超越性が超越性そのものを私たちに押しつけるものと見なすべきであるが、だとすると一体いつ私たちは、条件神経叢の中で理解できないものは何かと自問するというのだろう。

　私たちはわかっている。外の世界でも私たち自身の内側の世界でも生ずる諸現象のあらゆる分析において、そこで直面する事柄の現実的原因を、論理的に理解可能で定式化可能なものとして把握することは、絶対に無理なのである。できるとすれば、諸条件及び特定の権力や勢力が作用する条件の組み合わせだけである。権力や勢力とは、それらが組み込まれる条件神経叢とはまったく種類の異なるものであり、さらに、私たちに関する限り、その本質についてはまったく不可解なのである。

　古い考え方の物理学者が、重力の法則を定式化し、天体の動きを「説明」しようと考えたとき、本質的に不可解な力、すなわち重力が何らかの方法で現象界に重力として現れるための諸条件の組み合わせ以外には、何も明らかにされていないということを理解するのを妨げたのは、私たちの思考習慣だけであった。

　同じことがかつて起こったし、今も起こっている。化学者は現代世界の「本質」を要素に分析し、こうした本質の合成構造に沿って、諸要素の類似性あるいは非類似性を証明し、それを公式化する。だが、類似性は、私たちにとって不可解なものであり、立証可能であっても、それ自体は理解できないものなのである。なぜなら、現象界において私たちが実際に立証できる発現とは、現象界が機能するための諸条件の組織のみであり、つまり、諸要素を構築したものだからである。

　それゆえに、私たちは、現代物理学に進む必要はない。現代物理学は、現象界の根本的な実際の素粒子を把握することを目指して、現象界の時空構造をはぎ取ること、つまり、現象界とその目に見える具体性を解明することを強いるのである。それは完全に、不確定性の中に隠れているものを見出そうとして

いるだけである。不確定性の条件は正確には固定できるものではなく、そのため、現代物理学は不確定性を確率計算に含めようとしているのである。私たちは、こうした感嘆すべき探求の道をたどる必要はない。それは、現象界全体を描き出し、彼ら科学者の経験による現象界の解明のお陰で、言わばわかりやすくし、いたるところに存在する目に見えないものを、世界を構築する要素として私たちがある程度感知できるものにしたのである。さらには、超越性を、あらゆるもののうち最も非超越的なもの、つまり物質からなる構築物の中にすでに存在するものとして理解させてくれるからである。私たちは、超越性をこの現象界で明らかになっているものとして理解するこの方法を手放しても大丈夫である。なぜなら、超越性を理解するということは、多大な困難を伴って初めて経験され得るものであって、経験から離れた直接性において経験されるものでもないし、まして軽視されるものでもないからである。無生物の世界で継続する経過(プロセス)を私たちにわかりやすくする役割を果たす、おなじみのよく知られた比較的やさしい方法でさえ、よく調べてみると一つの分析であることがわかる。すなわち、そこでは、私たちは現象界において作用する超越的な力(重力、類似性など)を原因として立証するが、そのとき、私たちはそれを、説明のための数学公式において、それらの作用としての条件神経叢以外の何ものでもないと規定するのである。その結果、無生物の領域においてさえ、私たちがその機能をまったく機械的に、数学的規則によって理解しようとすれば、諸事象の真の原因としての、超越的な力以外の何ものでもないものに取り囲まれていることがわかる。無生物世界において、私たちは、直接的かつ内在的な超越性と向き合っているのである。

第2節 生物における超越性（生物学的超越性）

生物及び生物の継続的発展を、環境によって、すなわち、生物を取り囲む条件神経叢や、これまで機械論的に理解されていた生物の反応によって説明しようと試みる古い生物学においてさえ、生物はまだ、その本質においてまったく神秘的なもの、暫定的世界とはまったく異なったもの、あらゆる機械論的ある

いは因果論的分析をまったく超越したものであった。なぜなら，それらが何であれ，あらゆる生命保持者における自己変容的適応性，自発性，合目的性として直接的に目にする諸特性は，単に機械的な反応（化学的挙動様式など）として理解されるときでさえ，他の非生物的，超越的な諸要因に還元されたにすぎないからである。しかし，とりわけ，そうした方法は，こうした諸要因の真の性質をまったく公平に取り扱うことができなかった。なぜなら，諸要因の性質は，どこでも，諸要因の中に見えないように含まれている自発的意図と，また，物事をそうした目的にそって利用することに依拠するものであったからである。

最新の生物学は，このことを認識し，単なる機械論的な解釈を拒否している。最新の生物学は，生気論——ドリーシュ（Driesch）と彼に関係する他の人々——のように，あるいは，何らかの他の形式において——たとえば，リヒャルト・ヴォルテレック[2]——，生命保持者が「外部」と「内部」を所有し，それ自身の中に目に見えない「力」を保持している（そうした「力」が，厳密に目的論的に言えば，「外部」——物体——をその器官として形成し，それをそうした「力」の表現のために用いる）自己編成的単位であるとしてとらえ，そこから出発するので，この生物学ははっきりと，生物を内在的に超越論的なものと描く（したがって，ひとたびこのように物事を受け止めることに慣れ切ってしまうと，生物をそのように見るためには，ただベールを引き剝しさえすればよいことになる）。

ヴォルテレックの最新の生物学においては，生物の継続的発展は，生命保持者の不可視の「内部」において生じる「特殊的なもの」の発生，すなわち，「外部」において実現を見る一連のさらに新しい発生，これまでとはまったく異なった「種の類型」の発生として理解されている。したがって，生物は，不可視のものの中で神秘的に発生し，しかも，物質の中で内在的に自らを実現する，超越性の継続的展開として考えられている。あらゆる生命保持者の「内部」において作用する不可視の多くの「力」が前提されているのは，この超越論的な生気の物質的表現を完全な方法で解釈するためである。

「特殊な諸要素」という超越論的生気が，時間的及び空間的に限定されていると考えられているかどうか，すなわち，以前の事例では，生命保持者の「内部」にこうしたあらゆる不可視の「力」が充満している（できる限り形而上学をそれに近づけないために）と考えられているかどうかはそれほど重要ではない。

第 8 章　超越性の暗示

　そうした「内部」，すなわち，不可視の「特殊な（本質規定的な）」諸力の複合体は，明らかに，ドリーシュの非空間的及び非時間的な「エンテレケイア」と同様に，神秘的な超越論的全体なのである。なぜなら「エンテレケイア」は，「魂の作法において」論じられるものであり，生命体をその有機的秩序，その闘争，反応などによって規定するものだからである。生命体の自然発生的な行動を唯一公正に取り扱おうとするこうした二つの視点において，私たちが衝撃を受けるのは，純粋に表現手段として用いられ，また，「外部」そのものを代表する「器官（道具）」へとつくりかえられる物質の条件神経叢とは対立する，完全に異なった，実際に超越論的な生の性質によってである。

　その結果，物質のすぐ背後に横たわり，どこにでも存在し，そして，様々な型，形式，表現を形成する層[3]のように，人は超越性を，絶えず活動的ですぐに目につくものだと思う。

　さらに，この「層」には，個体を創り出すという特質だけでなく，統一体として継続させるために，包括的な展望が行えるような，全体を形成する種——それは，その「特殊な」諸観念を形式的にも本質的にも適切に表現している——を調和させるという特質がある。この事実を考察しながら，初期の生物学者が語ったように，自然にとって重要なのは，個体よりも種である。したがって，繁殖を確実にするための，おびただしい，しかも，時には非常に複雑な方法から考えると，生物学的諸力の超個人的性質の表現として念頭に浮かんでくるのは，周知のような，両親の子どもたちに対する自己犠牲やその他の種類の事例である。しかし，それは，すなわち，超越的な層は，さらに先へと進む。種の内部において，あるいは，種の下位グループの内部において，超越的な層は，動物の縄張りのような集合体を生み出す。こうした集合体においては，諸個体は，機能的のみならず身体的にも，種全体を構成するそうした永続的な下位の部分，あるいは，特定の構成員へと還元される。この極端な事例として，シロアリの集合的な有機的組織がある。それゆえに，生物界における超越的層は，明らかに，超主観的（超個体的）である。超越的層は，諸個体の性質，形式，及び協調的活動を規定する集合的諸力のための媒体である。

第3節　精神における超越性

　このことに基づいて，今や，明らかになるのは，精神における超越性あるいは内在的超越性によって私たちが理解したこと，そして，ひとたび私たちがその本質を理解したならば，それがどのような形式で私たちにそれ自体を押しつけてくるのかということである。このアプローチが私たちときわめて密接に関わっているのは，今日の精神的ニヒリズムという観点においてである。

　超越論的背景を持つ諸力は，純粋に生物学的に言えば，きわめて不規則である。そうした諸力の形態は，600万種類の昆虫を生み出すことができることからわかるように，あらゆる状況に適応し，おびただしい数で噴出する。そうした諸力は，その生産性において，ときどき，袋小路を突破するが，他方において，恐竜のように過度に発達してついには死滅する運命にある種をも生みだす。そうした諸力はまた，徐々に発達しながら，大脳や目（これらは，内面に向かい，意識に基づいて，まったく新しい発達のための条件を提供しているように思える）のような精巧な器官を持つ，人間のような種を生み出すことができる。その結果，生物学者は，種の形成過程——それを生物学者は因果的連鎖とみなす——における前頭部の変化，すなわち，種の形成過程を精神的なものへと方向転換することについて述べることができると考えている。

　しかし，超越論的背景において活動的な精神的力は，まさに進化の最終的所産ではない。私たちがまず人間の意識の発達において精神的力を経験するということは，精神的力が人間生活においてのみ存在すると言っているのではない。ひとたび私たちが精神的力を把握すれば，私たちはそうした力が作用している兆候をいたるところで見るのであり，また，私たちは，そうした力が構成的要素として，生物の領域において，いたるところで混合していること，まさに，そうした力の活動領域がもしかすると非有機的かつ宇宙的な領域にさえ拡大するかもしれないということを実感する。

　というのも，生物の形相世界のいたるところで活動的であるのは，種——それ自体は，いわば不規則に生の衝撃によって生み出されたものである——を，同じように不規則に，超生体的で，本質的に異なるもの，すなわち，それ自体を私たちに押しつけ，私たちが唯一精神と呼びうるものの伝達手段及び表

第8章　超越性の暗示

現へとつくり上げる力である。見事な羽を持つ孔雀は，孔雀がそのことを知っているかどうかにかかわりなく，その種の何かを伝えるための媒体である。それは，単に生にかかわるものという以上のものの表現である。毒蛇は，その外見だけでなく，性質や行動においても，単に生にかかわるものとしてのみ理解されるのではない。忠実な犬，騎手の自慢する馬も，同様である。その他いろいろ。新しい世代の生物学者によって把握された「特殊な要素」は，単なる生にかかわる要素を圧倒し，それを内部から美醜，悪意，聖霊，勇気，愛情などへと形成し，人間領域まで，及び，人間領域を超えて拡大しながら，生命そのものに可能な完成をはるかに超生体的質，生命保持者の一部となり，単なる生命にかかわる力との協働において生命保持者を形成する精神的諸力の表現そのものである質を含んでいる。こうした精神的諸力は，生物学的に適切な諸力と同じように，内部から形成される。しかし，生物学的に適切な諸力がそれにふさわしい適切な完成のみを目指すのに対して，精神的諸力は，その種の完成を超えたものを目指す。精神的諸力にとって，物質の条件神経叢はまた，そうしたものを表明するための「器官」であり，したがって，もしそれらが自らを表明することを望むならば，さらに「手段」でもある。このようにして美と醜は，内部から，すなわち，それらが含まれる超越性の領域から初めて理解されうる。すなわち，精神性は，本質的にはまったく内部に留まっているが，一般的には，その表現を通して，本性を現す。私たちは，これを評価するために，科学的な観相学を必要としない。私たち一人ひとりは，まさしくこのようにあらゆる瞬間，他者との関連で行動し自らの現在位置を確かめる。私たち一人ひとりは，他者の中に，具体的に現れる客観的なものを理解する。私たち一人ひとりは，目に見える形で，超越論的な背景を持つ精神的な力に触れる。すなわち，その力とは，背景として，純粋に生き生きと生命を形成する，精神的力の他の表出においてと同様に，この流出【訳注：万物の流出は一者あるいは神からの完璧なるものの流出によるとする考え】においても，超主観的なものとして，また，人間の立場から言えば，超人間的な力である。その主体は，まさしく，ドリューシュ（Hans Adolf Edward Driesch, 1867～1941）【訳注1】の純粋な生命のエンテレケイアやそうした力の物質の中への侵入及び物質の中での主権性の場合と同様に，行動において外面的にあるいは間接的に経験された「現象化」

のための台座，媒介物なのである．
　こうした断章においては，このように階層的に組織された，遍在する精神的諸力の全領域を吟味するいかなる試みも存在し得ないし，存在するはずもない．なぜなら，そうした力は，物質の中に入ってくるし，物質の一部として私たち自身の中へ入ってくるし，しかも，ひとたび把握されれば，超個人的な客観的諸力として，直接的に私たちにのしかかってくるからである．そうした精神的力の本質，そうした精神的力と純粋な生命力あるいは生物学的な諸力との差異化，そして，そうした二つの力が結びつけられる範囲に関しては，以下のことで満足しなければならない．もし私たちが，人間的レベルでの精神的力の表出や，そうした精神的力を経験しうる方法について強調するならば，私たちは，そうした精神的力があらゆる生命の超越的背景の放出であることを忘れてはならない．すなわち，これまで私たちが述べてきたように，精神的力は，私たちには近づき得ない方法や領域において，すなわち，非有機的なもの及び無限なものの中で作用しているということを，忘れてはならないのである．

i　超越的力の本質と複雑性

　精神的力が，超越性の，単なる生命の，あるいは，生物学的な流出(エマナチオ)と異なるのは，以下の点においてである．すなわち，私たちが内面的経験あるいは外面的事象としてそうした力と直面したとき，そうした力は私たちに「イエス」か「ノー」の回答を強要し，ある種の態度をとらせるという点においてである．というのも，そうした力によって解放されると，私たちは大きくなったように感じたり，上昇したように感じたり，さもなければ，締めつけられたり，断ち切られたり，時には現実的苦痛を伴って私たち自身の自我へと追い返されるように感じるからである．同時に，私たちは，そうした力がどのような形をとって現れようとも，私たち自身とそうした力との内密のコミュニケーションをいたる所で感じる．あたかも私たちは，私たちに内在するある種の可能性のおかげで，そうした精神的力を経験したり理解したりするというまさにそうした事実によって，そうした精神的力によく似たものへと変形されうるかのように，私たちは精神的な力の中にあって，私たちと対立する力の客観的な領域の一部となる．私たちは，それらを客観的に私たちの外部にあるものと感じる

第8章 超越性の暗示

が，また同時に，私たちの中に具体化していると感じる，あるいは，少なくともその可能性を感じる。そうした力に対する私たちの「肯定（イエス）」あるいは「否定（ノー）」は，さしあたり，私たちの中での一種の自己変革を意味しているように思える。というのも，その性質に従い，それを通じて，私たちは，解放されていると感じたり，また，心が高揚したり，あるいはまた，窮屈に感じたり，孤立していると感じたり，苦痛や恐怖に至るまで私たち自身に向かいあうからである。

私たちの「価値」は，私たちがそう名づけているように，多くの異なるものによって形成されている。しかし，そうした価値の一部——少なくとも，ひとたび客観的と認められたならばそう呼ばれる——は，間違いなく，ここで示されるような諸経験の抽象的な沈殿物である。宗教は常にこうした価値の背景に気づいているし，したがって，宗教にとって，暗くて危険な力は常に，明るくて解放的な力と同じくらい，現実的である。宗教は，また，否定的な価値を，既存の活動的な超越的力の現れとみた。宗教は否定的な価値を単に肯定的な価値の抽象的な反対物あるいは転倒としてしか見ないような，視野の狭い多くの哲学的諸体系には決して屈しなかった。なぜなら，そうした肯定的価値は，超越的なものの直接的な経験によって獲得されたものであるから，一方的に，あらゆる価値の唯一の源泉として理解されたからである。そこには，「規範」と「価値」と等置するあらゆる理想主義の基本的誤謬がある。理想主義は，肯定的な力の影しか見ないので，原初的かつ直接的に経験した力と結晶化した抽象物とを混同する。このことを理解し，明確に述べた人物こそ，すでに歴史編（本書第4章）で述べたように，鋭い洞察力を持つフリードリッヒ・シュレーゲルであった。

こうした力は，その精神的形態において，きわめて複雑である。こうした力は，計り知れないほど複雑であり，相互に密接に結びついているため，それらは，ひょっとすると神話学の玉虫色の象徴によって把握できるかもしれないが，純粋な論理によってはまったく把握することができない。私たちが，美しい，醜い，良い，悪い，利己的，悪賢い，卑劣な，高尚ななどと呼ぶものは，決して一つの超越的な力，あるいは様々な力の複合体の表現として必ず整然として現れるのではなく，ほとんど常に，他の精神的あるいは生物学的力との様々な

関連において現れる。私たちが「美」と呼ぶものが一つの力として私たちに作用するところでは，「美」と呼ぶものがそれと区分できないほかの何かとはこれまで混合されていないだろうか？　たしかに，ごくわずかな事例においてのみ，おそらく一般的には，植物から生ずる美においてのみ，そういうことがある。また，醜さは，精神的輝きを救済するためのある種の手段としてしばしば生ずるというのは本当ではないのか？　アンティゴーネの愛と自己犠牲（それは，まったく明白に，彼女の内部で支配する超越的な力の表現である）は，単に偶然であるだけでなく，本質的に彼女が彼女の妹に対して感じる，情け容赦のない過酷さを伴うものである。深い想像力を持つ詩人によってしばしば跡づけられる愛情と憎悪の内的絡み合いは，心理学的二律背反〔アンビバレンス〕の事例ではなく，それが生ずるところでは，両面的あるいは多面的な明暗のある悪魔的力が存在することを示す事例なのである。ひとたびこのことに気づけば，ニーチェの驚くべき心理学的諸発見に対する曲解の半分以上を取り除くことができる。彼の有名な「憤り」，すなわち，彼の「転倒した権力本能」は，明白に，最も豊かで，あふれるほどの愛情と神聖さを伴っている。これらは単に，そうした愛情と神聖さのための「憤り」にすぎないのか。また，彼の上品さや鋭敏さにもかかわらず，彼が，無限に多様で玉虫色の超越的なものが人間の情緒的な世界へと侵入し，歴史や生のいたる所で遭遇すると見るのではなく，同じもの，すなわち，「権力への意思」の歪みと転倒をいたる所で見るのは，心理学的に認められない過剰な単純化ではないのか？

　価値あるいは非価値についてのあらゆる名称は，現象界において現れる超越的な力のある側面に対して私たちが添付する非常に多くの概念的ラベルである。なぜなら，その力は，同時に，様々に混ぜ合わされ，しかも，非常に神秘的に調和しているために，それらの様式が全体として，論理的には理解できないほどまったく異なる側面を示しているからである。それは，私たちの不十分な知性をもってとらえようとすれば，ちらりと垣間見る巨大な波，しかも，現象界の波頭のように感じられるだけである。

　まさにその発現がそれほど複雑とは思えないところにおいて，すなわち，混じりっけのない純粋な美とむき出しの醜さを経験していると私たちが思っている植物界においてのみ，これは存在しうるのかもしれない。もっとも私たちの

第8章 超越性の暗示

見解が基本的に正しいものであると仮定すればの話であるが。なぜなら，植物界では，私たちは，動物に関してできるように，いわば植物の現実的衝動を，直接的に経験できないし，また，それに近づくこともできないからである。この側面は，内部から隠されたままである。しかしながら，対外的には，植物の美は，しばしば，まったく明白に，実際の生物学的力，繁殖力と結びついているように思える。たとえこうした力がその対外的形式について何も説明しないとしてもである。無生物に関しては，ただ推測することができるだけである。しかし，植物の生き生きとした世界において表現の美を競い不思議な方法で変化を生じさせる力を私たちが経験するとき，たとえば，アルプス渓谷の交響楽的に組み合わされた植物相(フロラ)の絨毯（そこでは，その力は，個としても種としても別個のものを結合させている）の場合のように，その力を，それぞれまったく異なっているけれども統一的な一つの現象として経験するとき，それゆえに私たちは，この力を，諸現象へと発展的に広がる自由に浮動する背景として経験するとき，その力は，しばしば無生物をも含み，全体を明るい色と線のメロディーへと高めているかのように思える。たとえば人は，山々の外観について考えるが，セザンヌは山々を感じるのである。したがって，暗いものや邪悪なものに関しても，同様である。ぬるぬるした生き物や危険な生き物，胸の悪くなるような生き物には，漠とした内的関連性がある。同様に，ある初夏の日の色彩とその動物相(ファウナ)——ヒバリやそれに類するもの——との間に微妙な絆がある。また，透き通った，星の多い夜，私たちの目に広がる宇宙が私たちの前でベールを脱ぐとき，私たちは，その本質と構成の中に，荘厳な意思の存在を感じながら，天の川は，数学によって，あるいは，物理学が立証する運動のベクトル，光速度，電磁場，世界線【訳注2】によって，私たちにとって接近可能な諸力の中心（収束点）以外の何かによって構成されていることを想像することができる。この「それ以外の何か」は，ベルの音のように，私たちの心の中で響くだけかもしれない。しかし，それは，生活においてだけでなく，私たちが見たり冷静に受け入れたりするところではどこでも，原因（背景）として私たちの前に立ち現れる。したがって，その完全な展開は内部から——人間生活において——私たちに直接的に接近可能であるあの単調な超越性の領域内部におけるある種の普遍性を暗示している。なぜ内部から私たちに接近可能であるかとい

うと，それは，目に見えない，場所の確定していない背景を支配している諸力の本質と私たちがかなり近い関係にあるからである。しかし，これは，そうした力がなぜここ——偶然にも私たちにとって最も接近しやすい場所——にのみ存在するのかということを何ら説明していない。

ⅱ　主体の存在の構造，存在の核，化身力としての先天的力

　生物学者は，自ら立証する生命にかかわる大地の力を，実体を「特定するもの」と呼ぶ。もちろん，生命は遺伝的な諸力の単なる集積以上の異なる何かであると，知ってのことである。ドリーシュがエンテレケイアと呼ぶものは，理解できないけれども経験可能な存在の核として全体を構成する，概念的中心である。同様に，超越性の純粋に生物学的な領域は，いわば物質の条件神経叢の背後に超実体的に存在する。それは，物質をその「器官」として用いるとき，あらゆる実体において，実体，種，生命の形状因子として数多くの「力」（生物学者によってはっきりとそう呼ばれている）を統合する。したがって，それは，その超実体的観点からみれば，実体の中にそうした因子を具現する。まさしく同じことが，その背景となる領域に由来する精神的付属物についても当てはまる。

　あらゆる生物には，単に生にかかわるだけでなく精神的でもある，破壊することのできない核が存在する。すなわち，それは，私たちが，構造の必然的差異を前提にして，背景となる領域から神秘的に生まれたあの主体に特有なもの，したがって，紛れもなく個人的なものとして感知するものである。そして，まさしく，生体的な先天的な力と同様に多くの精神的な先天的な力も，様々な割合で，また，形状因子として利用可能な，この個人的な核のまわりに集まった超主体的力の具体化されたものを示している。

　生命衝動の影響下であらゆる所与の種の構造がますます細分化され精巧になるにつれて，核の周りで具体化した，生体的な先天的力と精神的な先天的力は，ますます矛盾するようになる，すなわち，単に統合されていないだけでなく，明らかに対立するようになる。魚における生体的，及び「精神的な」反応は単純である。しかし犬，猫，馬の「内面」は，相対的に言えば，不可解なものであり，そうした動物の「内面」の表現はまったく異なった化身に依拠している

ので，主人あるいは女主人でさえ必ずしもそれらの「内面」を解読ないし予見できるものではないのである。

ⅲ　人間の固有性

　内向的な洞察としての意識は，すでに暗示したように，十中八九，よく見える二つの目と発達した大脳皮質の協働に依拠している[4]。人間は，意識によって自分自身をその「外部」及び「内部」としての，したがって「対象」として，任意で様々なイメージと突き合わせることができるという点で独創的である。すなわち，意識によって，心的な対象世界のあの巨大な展開と，同時に，その世界の一部分が，人間自身によって創り出された，おそらくは不完全な，変動する外界の「間世界」——人間の環境——へと投影されることが可能となる。そのような環境から，あるいは，人間の「本質」に関する他の前提から述べられるあらゆることは，ここでの私たちの関心ではない。私たちが必要とするのは，ほかの文脈ですでに紹介したいくつかの簡単な命題のみである。

　もし私たちが，人間に固有の超越論的観念，すなわち，人間に限らず動物界ではどこででもお目にかかれる自発性という観念について語りたいならば，明らかに，この考えは，私たちが「自由」と呼ぶものへ向かう。自由とは，基本的に人間の意識と様々に衝突する，イメージの構成の結果である。それゆえに，何よりも，自由はまったく外面的に見られるものなのである。人間の意識の前に自発的に持ちだされるようにみえるかもしれない様々な物体像は，結びあわされ，かたちづくられ，外部へ投影されるので，そこに人間固有のあの「間世界」[5]がつくられる。かくして人間は，自由に構想しながら条件神経叢（そこに人間の本質がある）を働かせるのである。ますます——現在の過程（プロセス）が急速に進行しているので，私たちはその速さによって今日を見ることになる——人間は自らの存在の条件神経叢を変化させるようになり，たえず諸条件を新たに結合させながら物質的現実へと導入する。その結果として生ずる文化的及び社会構造的な環境の構築（これによって，変転極まりない世界が創り出され，その内部を人間が支配するのであり，また，その内部において人間はたえず新たな客体化の流れを創り出す）は，沈殿物，いわば，人間が自発的に自由へ向かって進んでいるという外面的及び可視的な標識（サイン）以外の何物でもない。それは，言うなれば，

外部からみた人間の自由である。この自由（人間は，この自由の永遠の変化に身をゆだねる）こそ，人間をニーチェの「不完全な動物」にするものなのである。

　これに対応して，意識及び内向的洞察から生まれた自由には内的側面が存在する。意識の明確性が意味しているのは，歴史が進歩するにつれて，人間自身の生体的及び精神的な質もまた一つの対象となり，ますます幅も深さも増大するということである。人間は，人間の精神性を理解するためにどんな方法を取ろうとも，すなわち，宗教的，神話学的，あるいはどこで，どのように自由に思索するにしろ，人間は，その形式が何であれ，自らが，その存在において特殊なものであり，また，生物学的なものと精神的なものを混合して，人間と人間に固有の観念を自然にもたらしてくれるあの超越的背景によって形成されていることに気づくに違いない。だから人間は，人間を動物から区別するその本質的特性として，この観念の中に自由を発見する。この自由とは，あるまったく生体的で，しかも，現実的な目的を生み，一定の精神的な決定をもたらすが，また，実際的に妥当な判断を下し，純粋に生体的な目的を変形するという，最も広い意味での自由である。それゆえ，目を内部に向けると，人間は，自らの存在の超越性に由来する自己決定の力と権利を持つ精神的に自由な存在であることに気づく。したがって，ある哲学者たちが，人類の歴史における意識の発達と拡大について考察し，人間の自由の意識における「進歩」について語りながら，ある注目すべき弁証法的方法によって，人間そのものをこの進歩の帰結として限定し，人間からその自己決定を奪おうとするとき，それは，人間を満足させるものではない。否，現実的な自己決定（それは，今日ではとりわけ，政治的自己決定を意味する）は明らかに人間存在の目標なのである。すなわち，人間の意識が生の直接的な背景へと突き進み，人間が，そこから成長してきた超越性と接触するようになるとき，すなわち，人間が，その自発的活動によって人間が形成されるというあの「イデア」についての明確な概念を獲得するとき，人間が立ち向かわなければならない目標なのである。

　にもかかわらず，この基層を発見し，それを人間の内面の意識へと高めるとき，人間は決して自分自身を一人ぼっちであるとか，孤立した主体として経験することはない。人間は，生物全体を観察するときと同じように，ここでも，孤立した存在であることをほとんど経験することなどあり得ない。あらゆる特

第8章　超越性の暗示

定の生命保持者の存在を生物学的に理解するとき，その生命保持者は，個として登場すると同時に，「種」という全体性あるいは「種」の超主体的下位集団としても登場する。換言すれば，人間は，その存在において，自分自身をそういうものとして自由に経験し理解しながら，メダルの半面においては自分自身を自由な個人としてのみ経験し，メダルの他の半面においては自分自身が全体性へと刻み込まれていることに気づく。人間は自由であり，また，全体の一部でもある，あるいは，そうした全体からなる同心円の一部である。しかし，自由は，人間存在の超越論的核であるのだから，ひとたび人間がこのように人間の本質的核に気づくようになったならば，人間の自由への前進は，人間自身の自由に基づいてのみ行われることになる。人間の自由は，深く経験されると，自然にこの前進を実行するようになる。

　生体的，あるいは，生物学的なレベルで，このことが一般的に，苦もなく生じているのは，いずれにしても，その現実的な直接的意義を毎日感じることのできる，そうした輪をなす全体性に関してである。なぜなら，とりわけ，そうした全体性は単に生物学的に経験されるだけではないからであり，そうした全体性には常に（家族，国民等において）精神的質，すなわち，敬虔，伝統，言語など，運命的な力が強く浸透し，そのすべてが酵母のように活動しているからである。

　一般的にはそうした生物学的全体と，少なくとも部分的には人格的自由は，きわめて「遺伝的」なものであるという事実にもかかわらず，人間は，この二つのものの融合と，この融合の完全な成果——たとえば，国民及び国家の中に完結的で超人格的な全体を自由に樹立すること——を意識的に経験し，それらを何度も検証するようになるまでには随分長い時間がかかった。周知のように，人間が初めてこうした事柄に気づくようになり，したがって状況に応じて行動し，歴史にとって決定的な諸結果をもたらすことになったのは，古代ギリシアにおいてであった。また本書の歴史編において考察したように，キリスト教も，積極的な人間の「独自性」の自覚にとって決定的であった。

　さらに，このように「人間性」及び「自由」として定義される人間の特殊性と，人間を支配し，また，その只中で人間が自己決定を求めて戦わなければならないあの超越論的力との関係も，広く私たちのテーマであった。

そして最後に，ひとたび私たちが，人間の中に具現されている超越的な力が人間の「多層性」を規定していることについて認識していれば，いかにして性格形成と性格の変化が人間の中にあるこうした力のいずれの層が優性であるのか，あるいは劣性であるのかという点から，理解されるようになるについて明らかになっていたかもしれない。これは，すべてが人間の変革にかかっている状況にあって，明らかに十分現実的な満足を与えてくれるものである。

以上のことから，これまで素描してきた内在的に超越的なものという視点と，本節において説明しようとしたあらゆる要点との内的関係は，十分に明らかとなったであろう。

iv　絶対的なものと相対的なもの

誤解を避けるために，以下のことを追加しなければならない。すなわち，自己顕現的な力が，現象界を越えたところに存在するということ，そうした力は現象界の状況について何も知らない領域から生じるということ，それゆえに，そうした力は絶対的であるということである。私たちは，たとえば，地質学的及び生物学的な条件神経叢の内部における変化，人間的「間世界」における変化を知っているだけであるので，また，時間と空間は，間世界に対してのみ有効であるので，時間と空間を越えて存在するこうした力は，あらゆる超越論的基礎と同様に，不変でなければならないし，それゆえに，その言葉の人間的意味において，永遠でなければならない。したがって，そうした力も，同じ方法，同じ形式，同じ類型，同じ方向で常に自己を表明する傾向を持っているにちがいないように思われた。

そして，それこそがまさしく問題なのである。

しかし，一見したぐらいではそうは見えない。こうした自己表明力において，私たちが善と悪，美と醜などと呼んでいるものの本質，まさにそうしたものの実質が一様に異なるのは，歴史が場所と時間に応じて，すなわち，人によって，歴史体によって，そして後者においてはある程度，時代によって姿を現すからである。こうした力の本質と実質は，磁針の振動のように，軽い振動のみに左右されるのではない。むしろ，アジア人やインド人が美しいとか醜いと感じるものは，平均的な西洋人によって受け入れられる美の化身とは基本的に異なっ

第 8 章　超越性の暗示

ているように思えるし，また，ゴシック期中世の西洋人の美の化身は，大雑把な事例を挙げるならば，その精神的先祖であるギリシア人やローマ人の美の化身とも異なっているように思える——芸術史家によって跡づけられるあらゆる微妙な変化は，言うまでもない。なぜなら，個々の芸術家の様々な個人的な美の理念の間には差異があるからである。いわゆる実践的価値の有効性のレベルにおいても同様である。今日でさえ，中国人——まさしく，その職業態度（それは非常に信頼できる）においてではなく，その生活態度において——は嘘をつくことだけでなく，機会があれば，騙すことも，「すぐれた」性格の一つであると主張する。平均的ロシア人は，並々ならぬ親切さと援助を示すにもかかわらず，革命前の時代（私たちがそのことについての記述を信頼する限りにおいてである）においてさえ，厄介で言うことをきかない年老いた隣人が，通常の殺人といってもよいような方法で，殺されていくことをまったく当然と見なしていた。そしてドイツ人！　ドイツ人の大部分は，秘密裏になされた人民の「抹殺」を，10年以上にわたって「血と人種」によって正当化された素晴らしい表現とみなしてきたのではなかったか。他の人々が，我慢できないほどの下劣さとしてそれを恥じ入っていたにもかかわらずにである。

　それゆえ，美と醜，善と悪などの理念や概念以上に相対的なものがあるのか。
　しかし，最後の，非常に粗雑な事例において，このことは，物事を自然に感じ，経験する者にとって，まったく明白である。すなわち，頑固な無知と同時に意識のゆがみがある。後者は，不完全な啓蒙の帰結（中国人やロシア人の場合）であり，前者の本質は，かつては劣性であったが，現在は優性である（ドイツ人の場合と同様に）先天的な力の性質に関する自己欺瞞にあり，これによってもたらされるものは，「物が見えなくなること」か，あるいは，単に虚偽のレッテルが貼られるだけである。行為や権力そのものの絶対的な性質は，変わらないままであり，したがって，客観的な目にはすぐに分かることである。
　物事の核心により近く，そして，決定的に迫ることは，二の次である。すなわち，それは，超越論的に言えば，どこでも同じである先天的な力の「外形」のところですでに述べた変化と関係している。ここで重要なのは，以下の点である。すなわち，絶対的な力は，化身による変化と呼ぶのが最もふさわしいことを経験する。つまり，化身による変化とは，絶対的な力がある特定の時間と

いうものに流入する際，それらが明らかにされる場所で，自動的にその特定の条件神経叢の跡をたどるのである。もし美の理念や道徳的理念が，先天的力の優性あるいは劣性とは関係なしに，単に中国人と日本人の顔つきがだいぶん違い，さらに西洋人などとはまったく異なっているのと同じようなものであるとすれば，それが意味しているのは，それ自体絶対的かつ無条件的な超越論的力は，一定の時間というものあるいは人種というものにおいてはじめて現れることができるということである。そして，この要素は，歴史的にも，地域的にも，気候的にも，遺伝子的にも異なっている。だから，超越論的力は，常に，私たちがそれらと出会う歴史的文脈を通じて，歴史の中でその特殊な外観を獲得する。超越論的力それ自体は，単純ではなく，むしろ極端に複雑で，論理によっては明白にとらえることができないので，そうした力の外観は，時間と空間に従って，まったく異なる様相を呈する。これこそが，そうした力の歴史的可変性であるが，しかしながら，その背後にある力の絶対性や無条件性には何ら影響を与えることはない。

　しかしながら，それにもかかわらず，この可変性には限界がある。概念的に限定できないけれども，それでもなお存在する限界がある。とりわけ以下のような限界がある。すなわち，ひとことで言わせてもらえば，この可変的な「顔つき」には，永久に有効な，ある形式と価値が存在する，ということである。そして，そうした形式と価値は，発見されるとすぐに，ふたたび隠されるが，その後また発見されることになる。なぜなら，より単純な，あるいは，より複雑な，あるいは，より大きな価値を持つ「外観」が複数存在するからである。任意に一例を挙げれば，バロックからシューベルトまでのドイツ音楽は，人間の立場から言うと，明らかに不変の，しかも一般的に理解可能な性質の表現である。さもなければ，ドイツ音楽は，まったく異なった外観を持つアジア人によって，今日，受け入れられることなどできなかったであろうし，理解されることもできなかったであろう。いわゆる美の古典的観相も，大部分同様の性格を持っているに違いない。さもなければ，それは，中国や東洋で名声を博すことができなかったであろうし，また，12世紀から13世紀初頭までのゴシック期の最高の造形的表現に対する施肥力（豊かにする力）のように作用することもなかったであろう。

第8章 超越性の暗示

　同様に，能動的な「人間性」に関するキリスト教の大発見は，すでに見てきたように，実際には，人間の中に先天的にある，大きくて，普遍的で，超越論的に基礎づけられた層の意識的発見であった。ここで開示されたものは，人間の中にある普遍的で絶対的なもの，かつて優位であったけれども現在では劣位になっている，しかし，まだ，絶対的であり続けているもの，すなわち，永遠の人間的価値であった。

　意識のあらゆる展開は，この種の不変的な，しかも，人間的感覚でも永遠の，先天的な層の発見であるか，あるいは，発見であるにちがいない。したがって，ひとたびこの発見がなされたならば，私たち自身の中で作用するこうした力をもはや二度と取り消すことはできない。考えられるあらゆる方法を用いてそれらを隠したとしても取り消すことはできない。このことは，次のように表現することも可能であろう。すなわち，原罪を内に抱く人々は，もう二度と無邪気になることなどできないのである。

〈原注〉
(1) これは，他のあらゆる様態の経験や，それに基づく哲学的解釈を損なうものではない。
(2) Ontologie des Lebendigen (Stuttgart, 1940)
(3) この言葉は，それが不十分であることを十分認識したうえで選んだ。それは，その本質からして目に見えない，時空を超えたもの，すなわち，このようにして何とか理解可能にしようとしている不可解なもののシンボルにすぎない。
(4) Woltereck
(5) この言葉は，ここでは，先述のヘルマン・キーザーリングの未公刊書『思想から創造性の源へ』で用いられた意味とは少々異なる意味で用いられている。

【訳注】
1　ドイツの生物学者，哲学者。ハイデルベルク，ライプチッヒで教鞭をとる。発生学における実験的研究の草分け。のちに生物学に目的論的，生気論的思想を復活させた。
2　4次元時空を運動する粒子の軌跡を表す線。

訳者あとがき

　本書は,『Farewell To European History or The Conquest of Nihilism』(Alfred Weber, Translated from the German by R. F. C. Hull, London 1947) を訳出したものである。本書は,『Abschied von der bisherigen Geschichte——Uberwindung des Nihilismus』として1945年にドイツ語で書かれたものであり, 翌1946年には, ハンブルグ版やスイス版が出ている。ここでは,「ヒトラー体制崩壊後, ドイツからはじめて公刊された書物の一つ」として高く評価され, かつてハイデルベルク大学のアルフレッド・ウェーバーのもとで教授資格論文を執筆したカール・マンハイムを編者とする「International Library of Sociology and Social Reconstruction」の一つとして出版された英語版を, その歴史性に興味を抱き, 訳出した。もちろん訳出に際しては, 英語版を基礎にしながら, 不明な点に関してドイツ語版を適宜参照した。

　アルフレッド・ウェーバー(英語版を用いたので, アルフレート・ヴェーバーではなく, アルフレッド・ウェーバーとした)は, 周知のように, 世界的に著名なマックス・ウェーバーの4歳年下の弟である。彼は, 1868年にドイツ東部のエアフルトで生まれたが, 父親の仕事の関係ですぐにベルリン郊外へ移り, ギムナジウムを終えた後, ボン大学, テュービンゲン大学を経て, ベルリン大学で法律学と経済学を専攻し, 1897年にはグスタフ・シュモーラー教授のもとで博士論文を執筆, 1899年には教授資格請求論文をまとめている。その後彼は, ベルリン大学で私講師をしていたが, プラハ大学からの招聘を受けて, 1904年から1907年までプラハ大学の正教授として教鞭をとった。そして, ハ

イデルベルク大学からの招聘を受け 1908 年夏にハイデルベルクへ移ってからは，1933 年の「辞職」までハイデルベルク大学で教鞭をとり続けた。

　こうした大学生活での彼の交友関係として，プラハ時代では，後の初代チェコスロバキア大統領のトマーシュ・マサリクや，教え子としてのマックス・ブロート，フランツ・カフカといったユダヤ系ドイツ知識人がいるし，ハイデルベルク時代の教え子としては，博士論文の指導を受けたエーリッヒ・フロム，タルコット・パーソンズ，カール・マンハイムなどがいる。

　ところで，ウェーバーは，1933 年になぜ「辞職」したのか。「定年まで 4 か月を残すのみ」であった 1933 年 4 月 27 日に，なぜ彼は「辞職」したのか。このことは，「ハイデルベルク大学 1933 年 3 月――アルフレート・ヴェーバーと遅ればせの市民的勇気」（杉浦忠夫著，明治大学教養論集 279 巻，1995 年 3 月）に詳しいが，本書の公刊にもかかわることなので，簡単に触れておこう。

　1933 年 1 月 30 日，ヒトラー政権が樹立されたのち，強制的同質化が強化され，「伝統的な大学を全面的にナチズム精神によって染め上げる」ナチの大学政策はハイデルベルク大学にも押し寄せ，教員も学生もこれに抵抗する力を失って，「大学の自治」「学問の自由」「研究と教育の統一」を空文化させる状況を生み出していた。そうした中，ナチ党勝利とワイマル共和国終焉の象徴的表現として，ハイデルベルク市庁舎にナチ党のハーケンクロイツ旗と旧帝政旗が翻り，大学校舎にもハーケンクロイツ旗を掲揚するようナチ学生団体やナチ教員から要求された。これを拒否する学長の行動により，一旦は市庁舎の党旗は取り外され大学には掲揚されなかった。しかし，ウェーバーは翌日の『ハイデルベルク日報』に，なぜ市庁舎を一政党の示威運動の対象にするのかという抗議の公開書簡を発表した。それを受けて，ナチ機関誌『民族共同体』がウェーバーを激しく攻撃し，ライヒ政府による州政府の強制的同質化により，一転して，公共建築物への党旗の掲揚が許可され，翌日には，大学校舎やウェーバーの社会学・国家学研究所にも党旗と旧帝政旗が掲揚された。これに対し，学長が反対声明を発し，ウェーバーも党旗を降ろさせる行為に出たが，翌日，SA と SS の一隊が 2 台のトラックで研究所に駆けつけ，党旗が再度掲揚され，また，国家全権委員からの圧力を受けて学長は抗議を断念した。これ

に対して，ウェーバーは，研究所を閉鎖するという行動をとることによって抗議の意思を示したのであるが，同日開催された緊急評議会において，同僚や研究仲間の賛同を得られず孤立無援となって，ウェーバーの行動は否定された。そして，ナチ指導下の新しい州政府が正式に成立し，党旗問題に関する大統領令が出され，党旗掲揚が正式に許可され，学長の出す掲揚指示に従わざるを得なくなり，ついに，ウェーバーは，定年4か月前の4月27日，辞表を提出したのである。

たしかに，「人種的・政治的理由からハイデルベルク大学の多くの教員が国外亡命か国内での沈黙を強いられていた」中で，A・ウェーバーの「市民的勇気と闘争精神」は，「1933年3月の僅か数日間のナチ党旗の掲揚をめぐるトラブルで開花しただけで萎んでしまった」(杉浦)。その後，ウェーバーは，ナチ体制崩壊までの12年間，公的沈黙を強いられていた(アメリカの社会学者E. E. ユーバンクが1938年8月にウェーバーを訪問したとき，ウェーバーは「夏はハイデルベルクとミュンヘン郊外の間を定期的に往復していた」とのことである。――『社会的冒険』128頁，ディルク・ケスラー著，山本鎮雄訳，恒星社厚生閣，2003年)。

しかし，その間，彼に沈黙を強いたナチズムの根底にあるものとは何か，なぜ大衆を巻き込むこのような恐ろしい現象が起こったのかについて考究し，その成果を，戦争の最終末期に，待ちかねていたかのように，一挙に公表したのである。その成果こそ，本書なのである。

戦後，ウェーバーは，ハイデルベルク大学教授に復職し，時代の寵児として，執筆や講演で戦後復興について人々に語りかけ，「ドイツ復興の精神的支柱」の一人として仰がれた。したがって本書は，ヨーロッパ史の中にナチズムへ至る水脈を抉出しその危険性を告発するのみならず，ナチ崩壊後のドイツの再生について熱く語る，アルフレッド・ウェーバーの魂の迸る書物である。

以下の文章は，当時の『タイムズ・リテラリー・サプリメント』に発表された本書に対する書評の一部である。「ヒトラー体制崩壊後，ドイツからはじめて公刊された書物の一つ」に対する欧米の評価として記しておきたい。

訳者あとがき

「中欧の破滅と廃墟の中から，現在の運動が人類の歴史において，少なくともヨーロッパの歴史において，決定的な転換点であると公言する預言者が登場したとしても，驚くべきことではない。第一次世界大戦後，シュペングラー『西洋の没落』は，その非情な歴史法則の教義によって，ドイツ人――ドイツ人のみならず――の注目を集めた。今次大戦直後にドイツで出版された幾つかの本の中で，歴史的に重要な現在状況およびそれにつながる諸事象についてのアルフレッド・ウェーバーの解釈は，まさにシュペングラーと同様の説得力を持っている。たとえ彼がシュペングラーのような普遍的な歴史解釈を目指しているのではないとしても，彼のビジョンはきわめて広範なものである。しかも，彼のアプローチはきわめて直接的かつ人格的であり，彼の究極的なメッセージは希望に満ち満ちている。……ナチの挑戦に直面した際のウェーバーの道徳的および知的誠実さは明白である。彼は直ちにナチスからその地位を奪われ，12年もの長きにわたって閑居していた。ベテランの社会学者であり，マックス・ウェーバーという哲学者および熱烈なる民主主義者の弟は，いまや80歳である。彼は，ドイツ降伏直後，以前の地位に復帰した。そして，彼は今，ハイデルベルグ大学再生の中心人物の一人であり，また，主要な知的雑誌『転換』の共同編集者でもある。……本書は，今次大戦の末期に書かれたものである。本書は，きわめて広範な諸事実に関する知識と強烈な全人格的アピールとを結合した，刺激的かつ重要な書物である。ドイツの抑圧された長い暗黒の時期に，ひるむことのない真理への探求が，少なくとも先見の明のある少数の人々の中に生き残っていたということを検証するためだけでも，この英語版は歓迎されるべきものである」(原書帯文より引用，中道訳)。

また，本書を理解する上で以下のような評価，すなわち，ウェーバーは，「因果分析や機能主義的手法のみの社会学には，人間の主体性だけでなく，人間全体が社会学的事実であるという最も重要な点をも見失ってしまう危険性がある」と警告し，彼は「人間の学」としての社会学に立ち戻ろうとした人物であるという評価（Milton Colvin, "Alfred Weber-The Sociologist as a Humanist", The American Journal of Sociology）や，「ウェーバーの考える社会学は，ある意味で，古い歴史哲学の伝統に組するものである。彼にとって社会学とは西

洋の『危機から生まれたもの』である。彼にとって社会学は，『私たちは歴史の流れの中のどこにいるのか』という問いに，なんとしてでも答えなければならないものなのである。彼はその問いに答えるために，歴史過程を三つの『要素』あるいは三つの領域に区分する。すなわち，文明過程，社会過程，そして文化運動である。……ウェーバーの意図は，もちろん，諸現象を区分することではなく，三つの領域の相互連関を明らかにするための基礎を得ることである。……この理論こそ，アルフレッド・ウェーバーの社会学に対する最も重要な貢献である」(Rudolf Heberle, "In Memoriam—Alfred Weber 1868-1958", The American Journal of Sociology. LXIV September, 1958) という評価が必要である。

　ヘベルレのいう「この理論」とは，生の流れ全体を包括し分析しようとする「歴史・文化社会学」のことであるが，このことの詳細については，別稿に譲るとして，ここでは，以下の説明をあげることにとどめたい。「人間存在の肢体的な全形態の諸変化，すなわち自然的な衝撃力と意志力を一般諸形態のうちにもたらし，最も根源的に働いている社会過程，意識の開明と精神的・技術的進歩に基づいている文明過程，およびこの両者にむすびつけられた生の実体の心的・精神的貫徹から生み出される文化運動が，歴史の内的構造を示す三つの領域なのであり，これによってはじめて歴史・文化社会学は，歴史的過程の経験的・実証的な統一把握を行うとともに，一定の歴史圏，文化圏における各時代，各文化の本質と相貌を明らかにすることができる」(『現代ドイツ社会学研究——戦後における展開』秋元律郎著，早稲田大学出版部，1960年)。

　本書は，この歴史・文化社会学の手法に基づき，壮大なスケールで，現下の危機状況の来し方，行く末について考察した，戦後ドイツの復興と再生のための書なのである。

　以下，アルフレッド・ウェーバーの著作および彼に関する文献と，わが国のウェーバーに関する文献について紹介しておきたい。
　彼自身の著作としては，以下のものなどがある。

Kulturgeschichte als Kultursoziologie, Leiden 1935, 2 Auflage, 1950.

Das Tragische und die Geschichte, Hamburg 1943.

Prinzipien der Geschichts- und Kultursoziologie, 1951, 邦訳（部分），山本

訳者あとがき

新・信夫正三・草薙正夫訳『文化社会学』創文社，1961年．
Der Mensch und die grossen Kulturen, 1951.
Der dritte order vierte Mensch, Munchen, 1953.
 (Hrsg.) Einführung in die Soziologie, 1955.
Haben wir Deutschen nach 1945 versagt? Politische Schriften, Frankfurt a/M., 1982.
R.Brau,E.Demm,H.G.Nutzinger und Walter Witzenmann (Hrsg.), Alfred Weber Gesamtausgabe, 10Bde., Marburg 1997-99.

ウェーバーに関する文献としては以下のものなどがある。

Viktor Willi, Das Wesen der Kulturhöhe und der Kulturkrise in der kultursoziologischen Sicht Alfred Webers, Köln-Opladen 1953.
Salomon Wald, Geschichte und Gegenwart im Denken Alfred Webers, Polygraphischer Verlag AG, Zurich 1964.
Roland Eckert, Kultur, Zivilisation und Gesellschaft, Die Geschichtstheorie Alfred Webers, ein Studie zur Geschichte der deutschen Soziologie, Kyklos-Verlag, 1970.
Eberhard Demm (Hrsg.), Alfred Weber als Politiker und Gelehrter. Die Referate des Erste Alfred Weber-Kongress in Heiderberg (28-29 Oktober 1984), Stuttgart 1986.
E. Demm, Ein Liberaler in Kaiserreich und Republik, Der politische Weg Alfred Webers bis 1920, Boppard am Rhein 1990.
E. Demm, Von der Weimarer Republik zur Bundesrepublik, Der politische Weg Alfred Webers 1920-1958, Düsseldorf 1997.
H. G. Nutzinger (Hrsg.), Zwischen Nationalökonomie und Universalgeschichte. Alfred Webers Entwurf einer umfassenden Sozialwissenschaft in heutiger Sicht,Marbug 1995.
E. Demm, Geist und Politik im 20. Jahrhundert. Peter Lang, Frankfurut am Main. 2000.
E. Demm. Alfred Weber zum Gedachtnis. Selbstzeugnisse und Erinnerungen

　　　　von Zeitgnossen. Peter Lang, Frankfurt am Main. 2000.
　　E. Demm. Geist und Politik im 20. Jahrhundert. Gesammelte Aufsätze zu Alfred Weber. Peter Lang. 2000.
　　E. Demm. Soziologie, Politik und Kultur. Von Alfred Weber zur Frankfurter Schule. 2003.
　　Peter Molt, Alfred Weber heute. Politische Meinung Nr. 387, 89-95 Peter Lang, Frankfurt am Main. 2002.
　　M. Schluchter, "Max und Alfred-zwei ungleiche Brüder". www.uni-heidelberg.de/uni/presse/rc7/5.html

　また，ウェーバーに関するわが国の文献に関しては以下のようなものなどがある。
　　秋元律郎『現代ドイツ社会学研究——戦後における展開』早稲田大学出版部，1960年．
　　秋元律郎『ドイツ社会学思想の形成と展開——市民社会論研究』早稲田大学出版部，1976年．
　　江口豊「アルフレート・ヴェーバーの文化社会学について」『メディア・コミュニケーション研究』57号．
　　柴野博子「アルフレート・ウェーバー著『文化社会学としての文化史』翻訳研究（その1），（その2），（その3），（その4），（その5），（その6）『駒澤大学外国語部研究紀要』第8-11号，第18号，第19号，（その7）（その8）『駒澤大学外国語部論集』第30-31号．
　　西岡久雄「アルフレート・ウェーバー批判への反批判」『駿河台経済論集』第5巻第2号，1996年3月．
　　野崎敏郎「マックス・ヴェーバーとハイデルベルク大学——人事案件・教育活動・同僚たち（1）」『社会学部論集』第39号，2004年9月．
　　杉浦忠夫「ハイデルベルク大学1933年3月——アルフレート・ヴェーバーと遅ればせの市民的勇気」『明治大学教養論集』279巻，1995年3月．
　　三ツ石郁夫「初期アルフレート・ヴェーバーにおける労働問題の意義」『中嶌太一教授退官記念論文集』（第315号）．

訳者あとがき

山本新『文明の構造と変動』創文社，1961年．

さて，最後に，本書を訳出することになった経緯について述べておこう。もともとは，本書の原本を，今は亡き内山秀夫先生（慶應義塾大学名誉教授）が「蔵書の整理をしていて見つけた捨てがたい本」として送っていただいたことに始まる。当初，先生の意図を汲みながら，ナチズム研究の一環として少しずつ読んでいた（訳していた）のであるが，なかなか手ごわい英文だったため，一緒に読んでくれそうな4名の方々に声をかけて，訳出してみることにした。この訳出作業が本格的になるのは，2011年3月11日の東日本大震災を経験してからである。とりわけ本書の終りの諸章で，未曽有の破局の中にあってドイツを懸命に復興，再生しようと語りかけるウェーバーの情熱に接し，彼のたたずむ状況と，原発事故を含めて想像を絶する東日本の破壊の現状とを重ねてみるとき，どうしても訳出しなければならないものとなった。

しかし，そうした訳出作業が実を結ぶまでにも，二転三転した。そして，今回も福村出版の宮下基幸氏のお世話になった。あつくお礼申し上げる。そして，編集を担当してくれた小川史乃さんには，言葉で言い尽せないほどのご配慮をいただいた。常々，本はみんなで一緒に作るものと思っているが，今回ほどそのことを強く感じたことはない。示唆に富む鋭い指摘から多くの事を学ばせていただいた。記して，心より感謝申し上げます。

中道 寿一
2013年3月7日

訳者紹介

監訳・訳

中道寿一（なかみち ひさかず）　北九州市立大学法学部 教授
……………………………………緒言・序論・第 7 章・第 8 章，訳者あとがき執筆

訳

中野次吉（なかの つぐよし）　西南女学院大学 講師
………………………………………………………第 1 章・第 5 章・第 6 章

篠原佑美（しのはら ゆみ）　法政大学大原社会問題研究所 嘱託研究員
……………………………………………………………………………第 2 章

藤田忠尚（ふじた ただひさ）　折尾愛真学園 講師
……………………………………………………………………………第 3 章

矢澤久純（やざわ ひさずみ）　北九州市立大学法学部 教授
……………………………………………………………………………第 4 章

A・ウェーバー「歴史よ，さらば」
戦後ドイツ再生と復興におけるヨーロッパ史観との訣別

2013年3月30日　初版第1刷発行

著　者　　アルフレッド・ウェーバー
監訳者　　中　道　寿　一
発行者　　石　井　昭　男
発行所　　福村出版株式会社
〒113-0034　東京都文京区湯島2-14-11
電話　03-5812-9702　FAX　03-5812-9705
http://www.fukumura.co.jp

印刷　モリモト印刷株式会社
製本　本間製本株式会社

©Hisakazu Nakamichi 2013
Printed in Japan
ISBN978-4-571-41051-2
定価はカバーに表示してあります。
落丁本・乱丁本はお取替え致します。
本書の無断複写・転載・引用等を禁じます。

福村出版◆好評図書

中道寿一・仲上健一 編著
サステイナブル社会の構築と政策情報学
● 環境情報の視点から
◎3,800円　ISBN978-4-571-41044-4　C3036

「持続可能な社会」を築く環境政策を東アジア視点から提示。地方自治体からの具体的な政策発信も詳説する。

中道寿一 編著
政策研究
● 学びのガイダンス
◎2,800円　ISBN978-4-571-41042-0　C3036

政策研究を学ぶために必要な基本的技法の紹介と実際の研究について実践事例を紹介する初学者に最適の入門書。

櫻庭総 著
ドイツにおける民衆扇動罪と過去の克服
● 人種差別表現及び「アウシュヴィッツの嘘」の刑事規制
◎5,000円　ISBN978-4-571-40029-2　C3036

ナチズムの復活阻止を目的とするドイツ刑法第130条を詳細に分析、その比較から日本の差別構造の本質を撃つ。

S.S.ウォーリン 著／尾形典男・福田歓一 他 訳
政治とヴィジョン
◎19,000円　ISBN978-4-571-40017-9　C3031

名著『西欧政治思想史』に2004年ウォーリンが増補した第2部を完訳、戦後アメリカ政治学の金字塔がついに原題で全訳刊行。

L.ローゼン 著／角田猛之・石田慎一郎 監訳
文化としての法
● 人類学・法学からの誘い
◎3,300円　ISBN978-4-571-41043-7　C3032

クリフォード・ギアツ『ローカル・ノレッジ』の先へ――解釈人類学による比較法文化学研究の新しい基本書。

角田猛之・石田慎一郎 編著
グローバル世界の法文化
● 法学・人類学からのアプローチ
◎5,000円　ISBN978-4-571-40025-4　C3032

"非西欧法"を法学・人類学など学際的方法で探求する千葉理論の成果を集約。法文化学の礎となる共同研究書。

E.ヘリゲル 著／稲富栄次郎・上田武 訳
弓と禅
◎1,400円　ISBN978-4-571-30027-1　C3010

ドイツの哲学者ヘリゲルが弓道修行を通して禅の思想への造詣を深めていく様子を記す。S・ジョブズの愛読書。

◎価格は本体価格です。